W0386441

Die Ehe – ein Geschenk für uns !

Ken Ortize

Die Ehe

Ein Geschenk für uns

Ken Ortize

Titel der Originalausgabe:
Marriage - the way it's made to be

ISBN 0-9644634-1-5 (Second Edition)

ISBN 978-3-934957-09-1

Übersetzung: Marion Achenbach
Umschlaggestaltung: Samuel Behr, sambehr.com
Druck und Verarbeitung: Druckerei Friese Koblenz

Inhaltsverzeichnis

Danksagung

Was immer man über eine „Danksagung“ sagen könnte, sie ist ein klares Zugeständnis, dass das Buch ohne die demütigen und oft selbstlosen Bemühungen derer, die sonst nicht gebührend gewürdigt würden, nicht seine endgültige Form erreichen würde. Obwohl der Autor die primäre schöpferische Kraft ist, ist jedes Buch in Wirklichkeit eine gemeinschaftliche Leistung.

Mein Dank gilt zuerst Dave Johnson, dem Produzenten meines täglichen Radioprogramms, der mich zuerst auf den Gedanken gebracht hat, ein Buch zu schreiben. Er war einer der Ersten, der überzeugt war, dass die Mühe sich lohnen würde.

Als Nächstes haben mir Don und Kim Stewart gezeigt, wie ich dieses Vorhaben in die Tat umsetzen kann. Don, der bereits über zwanzig Bücher geschrieben hat, gab mir moralische und praktische Tips, wie ich meine Worte schriftlich zu Papier bringen kann. Kim, die für die Aufmachung und das Layout zuständig ist, hat mir ebenfalls immer wieder Mut zugesprochen. Wenn ich zeitweise zu langsam arbeitete, hat sie mir immer wieder einen Stoß gegeben.

Genau zum richtigen Zeitpunkt schickte Gott mir Barb Flynn, die den Text auf liebevolle Weise und sorgfältig bis ins Detail korrigierte, Grammatik und Satzbau verbesserte und ihn somit bearbeitete und neu herausgab.

Die nervtötende und mühselige Arbeit eines Schriftsetzers hat Don Wiley erledigt. Er hat sich geduldig durch zahlreiche Verbesserungen und „Meinungsänderungen“ hindurch gearbeitet.

Zuletzt möchte ich der wichtigsten Person danken, nämlich meiner Frau Jamie, die Liebe und Partnerin meines Lebens. Dieses Buch ist hauptsächlich durch die Feuerprobe unserer Beziehung entstanden. Sie war es, die mir in Zeiten, in denen ich ernsthafte Zweifel hegte, oft versichert hat, dass ich etwas Lohnenswertes zu sagen habe. Sie hat meine Launen und meine

Arbeitswut ertragen, während ich an der Entstehung dieses Buches arbeitete. Sie hat auf zahlreiche gemeinsame Abende und Wochenenden verzichtet, während ich da saß und die Worte in meinen Laptop hämmerte und viele ihrer Bedürfnisse nicht wahrnahm, um die sie sich dann selbst kümmern musste.

Mir ist bewusst, dass ein „Dankeschön“ an all die oben genannten Personen nicht ausreichend ist. Ich weiß, ihr wart motiviert durch eure Liebe zu Christus und durch den Wunsch, dass andere durch dieses Buch erreicht werden, damit Christus in ihrem Zuhause und in ihren Ehen verherrlicht werden kann. Ich danke euch für die Ehre, die ihr mir durch die gemeinsame Arbeit an diesem Ziel erwiesen habt.

„... so sind auch wir, die vielen, ein Leib in Christus, und als einzelne untereinander Glieder ... Darum legt die Lüge ab und »redet die Wahrheit, jeder mit seinem Nächsten«, denn wir sind untereinander Glieder.“ (Römer 12,5; Epheser 4,25).

Mein besonderer Dank gilt auch der Firma Klundt & Hosmer Design für ihre Hilfe bei dieser zweiten Auflage.

Kapitel 1

Schon wieder ein Buch über Ehe?

Jemand stellte einmal fest, dass der Anreiz für ein Psychologiestudium meistens darin liegt, dass die Studenten eine kostenlose Therapie für sich selbst suchen. Ich bin mir nicht sicher, ob das immer der Fall ist, aber ich weiß, dass das der Grund war, warum ich mich mit dem Thema Ehe beschäftigt habe. Meine eigene Ehe war eine Katastrophe.

Meine Frau und ich wollten ganz sicher nie, dass es so weit kam. Ich bezweifle, dass das überhaupt jemand will. Wir waren anfangs so selbstsicher, so zuversichtlich. Warum auch nicht? Wir dachten, was wir über glückliche Ehen wussten würde ausreichen, um selbst eine erfolgreiche Ehe zu führen. Wir hatten im Kino den neuesten Film über „Romeo und Julia" gesehen und unsere Gefühle schienen perfekt mit denen der beiden Liebenden auf der Leinwand übereinzustimmen. Wir waren verliebt. Und was uns das Wichtigste schien: Wir waren beide Christen. Später mussten wir feststellen, dass genau das unser größtes Missverständnis war.

Ich erinnere mich daran, wie meine Frau mir von einem Gespräch erzählte, das sie am Abend vor unserer Hochzeit mit ihrem Vater geführt hatte. Er hatte sie gebeten, Platz zu nehmen, weil er mit ihr über einige Herausforderungen sprechen wollte, die ihr als Ehefrau begegnen könnten. Bevor er jedoch richtig loslegen konnte, hatte sie ihm schnell das Wort abgeschnitten: „Mach dir keine Sorgen, Dad. Wir sind Christen. Wir werden solche Probleme nicht haben."

Dies erwies sich als eine entscheidende Fehlkalkulation. Dass wir Christen waren, hatte überhaupt nichts damit zu tun, wie wenig Verständnis wir von einer funktionierenden

Ehe hatten. Wir wussten nur sehr wenig darüber, was in der Bibel über die Ehe steht, und das bisschen, was wir wussten, hatte nichts zu tun mit Weisheit oder Erfahrung. Wir hatten im Grunde genommen keine Ahnung davon, worum es in der Ehe überhaupt geht.

So war es auch nicht überraschend, dass wir uns bald beide in unserer Ehe nicht mehr wohl fühlten, und das aus einem guten Grund. Die bewundernswerte Frau, die ich geheiratet hatte, war plötzlich zu einer launischen, kritischen und depressiven Nörglerin geworden. Der starke und einfühlsame Mann, den meine Frau geheiratet hatte, war jetzt egoistisch, rücksichtslos und kindisch. Wir fühlten uns beide übers Ohr gehauen, getäuscht, betrogen und deprimiert. Was sollten wir tun? An wen konnten wir uns wenden?

Wie viele andere jungverheiratete Paare spielten auch wir allmählich mit dem Gedanken, uns scheiden zu lassen. Wir kannten die Bibel gut genug, um zu wissen, dass das nicht Gottes Wille für uns war. Bis jetzt hatten wir uns beide die Treue gehalten. Wie sollten wir unseren Freunden und Familienangehörigen unsere Scheidung erklären, wo wir doch vielen von ihnen, die noch keine Christen waren, von unserem Glauben erzählt hatten?

Langsam aber sicher fügten wir uns beide unserem Schicksal. Wir kamen zu dem Schluss, dass es ein schrecklicher Fehler gewesen war zu heiraten, aber um Gottes willen wollten wir durchhalten „BIS DER TOD UNS SCHEIDET“! Anscheinend gab es nur zwei Möglichkeiten, wie wir unserer unglücklichen Ehe entkommen konnten: Entweder musste einer von uns beiden sterben oder wir wurden entrückt. Da wir aber beide nicht im Gefängnis landen wollten, begannen wir zu beten: „Komm bald, Herr Jesus!“

So pathetisch das jetzt auch klingen mag, es war ein lebenswichtiger Schritt in die richtige Richtung. Auf diese Weise gaben wir unserer Ehe die nötige Zeit, um den Prozess der Heilung und Wiederherstellung in Gang zu bringen.

Heute, 25 Jahre und vier Kinder später, können wir eher darüber lachen. Unsere Erlebnisse aus der Vergangenheit erwiesen sich später in unseren Gesprächen mit anderen als sehr nützlich, weil wir ihnen damit helfen konnten, in ihrer eigenen Ehe die Ursache für ihre Probleme herauszufinden. Aber wie bei einer alten Wunde, die längst verheilt ist, bestehen die Narben aus jener Zeit immer noch. Sie sind eine ständige Erinnerung an den Schmerz, der einmal unser Leben bestimmt hatte.

Dieses Buch ist eine Zusammenfassung der Einsichten und Erkenntnisse, die wir über die Jahre mit Hilfe des Heiligen Geistes gewonnen haben, indem Er uns durch Gottes wundervolles Wort, durch andere Menschen und in unserer Beziehung gedient hat. Jeder Fehler und jedes Versagen, das ich in diesem Buch anspreche, ist uns beiden persönlich sehr bekannt. Sie werden einen Einblick in unser persönliches Versagen, unsere Schwächen und unsere Sünden bekommen.

Gute Entscheidungen

Ein junger, leitender Angestellter, der noch nicht lange im Dienst war, fragte einmal den in die Jahre gekommenen und erfahrenen Firmenchef eines sehr erfolgreichen Unternehmens nach dem „Schlüssel" zu seinem Erfolg. Der ältere Mann antwortete: „Gute Entscheidungen." Der junge Mann war damit noch nicht ganz zufrieden und konterte: „Aber wie treffen Sie gute Entscheidungen?" Ohne zu zögern entgegnete der ältere Mann: „Indem ich schlechte Entscheidungen treffe."

Wenn dieses Buch Ihnen hilft, Dinge besser zu verstehen, seien Sie sich darüber im Klaren, dass diese Einsichten durch unsere zahlreichen Fehler, Irrtümer und schlechten Entscheidungen entstanden sind. Erst im Lauf der Zeit entwickelten sie sich zu Erkenntnissen – allerdings nicht Erkenntnisse, die wir selbst entdeckten. Sie wurden uns vielmehr durch einen barmherzigen Gott offenbart, der uns in unseren Stunden des Schmerzes und der Not, in denen wir verzweifelt nach Antworten in Seinem Wort und im Gebet suchten, begegnete.

Diese Antworten fanden wir aber meistens nicht in den vielen Büchern, die es über die Ehe gibt (ich habe zu viele davon gelesen), sondern in *dem* Buch der Bücher – in der Bibel. Es gibt keine Patentlösungen, einfache Maßnahmen oder kluge Regeln. Ich bin überzeugt davon, dass es ein lebenslanger Prozess ist, eine Ehe, die von zwei sehr sündhaften, menschlichen Wesen geführt wird, zum Funktionieren zu bringen. Wenn es überhaupt gelingt, dann im Endeffekt nur deshalb, weil diese beiden eben genannten Sünder ihren Willen und ihre Wünsche dem Allmächtigen Gott der Bibel übergeben und sich dem lebenslangen Prozess der Wiederherstellung unterwerfen, insbesondere der Wiederherstellung ihrer Ehe – eine Ehe, die nach Seinem Willen und zu Seiner Ehre geschaffen wurde.

Glücklich oder heilig?

Vor einigen Jahren kam ein Leiter aus meinem Team, der keine theologische Ausbildung gehabt hatte, mit einer Frage auf mich zu. Er und seine Frau waren dabei, einen Ehekurs zu gründen, der sonntags stattfinden sollte. Sie hatten monatelang für diesen Kurs gelernt, recherchiert und sich vorbereitet. An diesem bestimmten Tag kam er mit einer Broschüre in mein Büro, in der ein Ausbildungsseminar für Laien angeboten wurde, die an Seelsorgearbeit für Ehepaare beteiligt waren. Der Seminarleiter war ein bekannter christlicher Eheseelsorger. Die Frage, die mein Freund mir stellte, war einfach und direkt: „Denkst du, dass sich der Aufwand für uns lohnen würde, wenn wir an diesem Seminar teilnehmen?“

Ich dachte einen Moment lang über die Frage nach und bald war mir klar, dass sich die Zielsetzung dieses Seminars in einem entscheidenden Punkt von der unserer Gemeinde unterschied. Meine Erklärung lautete so: „Ich bin sicher, das Seminar ist ausgezeichnet. Ich kenne den Leiter gut, und ich habe viele seiner Bücher gelesen und davon profitiert. Aber er hat nicht dieselben Ziele wie wir. Sein Wunsch ist es, den Leuten beim Aufbau einer glücklichen Ehe zu helfen. Unser Wunsch ist der Aufbau heiliger Ehen durch einen geheiligten Lebensstil.“

Das Seminar bot sämtliche Kommunikationsmethoden und Seelsorgemodelle an, die den Ehepaaren helfen sollten, sich besser zu verstehen und freundschaftlicher miteinander auszukommen. Aber ein zentraler Bestandteil fehlte: das Wort Gottes.

Die Bibel ist nicht gegen Kommunikation. Sie nähert sich diesem Thema vielmehr von einer anderen Perspektive. Laut der Bibel können wir deshalb so schlecht miteinander kommunizieren, weil wir nie gelernt haben „die Wahrheit in Liebe zu reden“ (Epheser 4,15; Elberfelder). Stattdessen wird unser Reden davon bestimmt, „wovon unser Herz voll ist“ (Matthäus 12,34), und das Herz ist normalerweise sündhaft und selbstsüchtig.

Beim Thema Kommunikationsmethoden muss ich an eine spöttische Bemerkung denken, die ich einmal gehört habe. Sie lautet so: „Hauptsache man ist aufrichtig. Wenn man gelernt hat, anderen Aufrichtigkeit vorzutäuschen, dann hat man es geschafft.“

Ich behaupte nicht, dass wir uns alle bewusst irreführend oder manipulierend verhalten. Das spielt sich eher in unserem Unterbewusstsein ab. Es ist ein natürlicher Vorgang, der uns angeboren ist und unserer sündigen, selbstsüchtigen menschlichen Natur entstammt. Die Ursache liegt in der Tendenz, dass wir unseren Partner als ein Objekt betrachten, durch das unsere Bedürfnisse und Wünsche befriedigt werden können. Wenn wir den anderen aus dieser Perspektive betrachten, können wir die Kommunikationsmethoden und -fähigkeiten leicht als Mittel benutzen, unser eigenes Glück zu vermehren, anstatt die Bedürfnisse des anderen zufrieden zu stellen.

Wir brauchen keine neue Fähigkeit oder Methode, sondern ein neues Herz. Das bedeutet, dass wir keine Angst mehr haben dürfen vor der wahren Gottesfurcht, wie sie uns Jesus in Seinem Umgang mit anderen gezeigt hat. Wir dürfen uns nicht mehr davor fürchten, dass Gott unsere Herzen erforscht und uns von innen heraus verändert. Das heißt, wir müssen lernen, wie der

Psalmist zu beten, der in seiner Verzweiflung ausrief: „Erforsche mich, o Gott, und erkenne mein Herz; prüfe mich und erkenne, wie ich es meine; und sieh, ob ich auf bösem Weg bin, und leite mich auf dem ewigen Weg! " (Psalm 139,23.24). Im Wesentlichen bedeutet das, dass unser Wunsch nach „Heiligkeit" größer sein sollte als der, „glücklich" zu sein.

Ich habe doch ein Recht darauf, glücklich zu sein, oder etwa nicht?

Einige von Ihnen haben vielleicht Schwierigkeiten, den Unterschied zwischen Heiligkeit und Glück zu verstehen oder zu akzeptieren, den ich gerade gemacht habe. Davon gehe ich aus, denn fast jedes Ehepaar, das zu mir in die Seelsorge kam, nannte als Gesprächsziel eine „glückliche Ehe". Viele, die ohne Partner zu mir kamen und die sich in einer für sie sehr frustrierenden Situation befanden, rechtfertigten sich mit der Frage: „Ich habe doch ein Recht darauf, glücklich zu sein, oder etwa nicht?" Sie waren jedes Mal überrascht, wenn ich ihnen mit einem überzeugten und unmittelbaren „Nein" antwortete.

Sie können jede einzelne Seite in der Bibel studieren, aber Sie werden nicht einen einzigen Abschnitt darin finden, in dem steht, dass wir ein Recht darauf haben, glücklich zu sein. Anstelle dessen werden Sie herausfinden, dass der Zweck unseres Daseins auf dieser Erde darin besteht, Gott zu verherrlichen. Oft geschieht das in den Zeiten, die schmerzhaft für uns sind, in denen wir leiden oder unglücklich sind. Tatsächlich ermahnt uns Petrus, dass wir notvolle Zeiten nicht als etwas Merkwürdiges oder Ungewöhnliches betrachten sollen: „Geliebte, lasst euch durch die unter euch entstandene Feuerprobe nicht befremden, als widerführe euch etwas Fremdartiges ..." (1. Petrus 4,12). Und Paulus weist ganz richtig darauf hin, dass Verheiratete Probleme haben werden: „... doch werden solche Bedrängnis im Fleisch haben ..." (1. Korinther 7,28).

Ich bin überzeugt davon, dass die Ehe eines der Werkzeuge ist, die Gott benutzt, um Seine Heiligen zu läutern. Läuterung geschieht durch das Feuer der Prüfungen. Petrus beschreibt den Läuterungsprozess wie folgt:

> „Dann werdet ihr euch jubelnd freuen, die ihr jetzt eine kurze Zeit, wenn es sein muss, traurig seid in mancherlei Anfechtungen, damit die Bewährung eures Glaubens (der viel kostbarer ist als das vergängliche Gold, das doch durchs Feuer erprobt wird) Lob, Ehre und Herrlichkeit zur Folge habe bei der Offenbarung Jesu Christi." (1. Petrus 1,6.7).

Selbst heute noch erhitzen Goldschmiede bei der Reinigung von Gold dieses so lange in einem Kessel, bis die Verunreinigungen an die Oberfläche steigen. Nur dann können die Verunreinigungen von dem flüssigen Metall getrennt und entfernt werden. Ebenso benutzt auch Gott die Leiden und Nöte, um „das im Finstern Verborgene" (1. Korinther 4,5) an die Oberfläche zu bringen, damit wir sie erkennen, Buße darüber tun, Vergebung empfangen und sie durch Seine Gnade aus unserem Leben entfernt werden können.

Ich habe persönlich erfahren, dass meine Ehe die effektivste Methode in meinem Leben war mir zu zeigen, welch ein Sünder ich bin und wie gnädig Gott ist. In meiner Ehe konnte ich am besten lernen, was es bedeutet, bedingungslos, treu und gleich bleibend zu lieben.

Lieber Segen als Glück

Die Bibel ebnet uns nicht den Weg zur reinen persönlichen Glückseligkeit, aber sie lehrt uns sehr wohl, wie wir gesegnet sein können. Sie fragen sich vielleicht: „Was ist denn der Unterschied zwischen Segen und Glück?"

Unglücklicherweise haben manche Bibelübersetzungen diese beiden Wörter nicht sorgfältig unterschieden. So sind wir zu der Auffassung gelangt, dass es sich um Synonyme handelt. Selbst im Englischen gibt es einen Unterschied. In meinem „Encyclopedic Unabridged Dictionary" (englisches ungekürztes Nachschlagewerk) ist die Beschreibung für

„glücklich": „vom Schicksal begünstigt; Glück haben; es gut haben". Im Gegensatz dazu wird „gesegnet" beschrieben als „von Gott oder von höchster Stelle begünstigt, was zu innerem Frieden, Zufriedenheit und Gefühlen des Glücks führt".[1]

Wenn Sie genau hinsehen, liegt der Unterschied in der Quelle, von der die Gefühle des Friedens, der Zufriedenheit und der Freude herkommen. „Glück" ist abhängig von äußeren Umständen und dadurch ist dieser Zustand extrem unbeständig und schwer zu erhalten. „Gesegnet sein" bedeutet glücklich sein in Gott trotz äußerer Umstände. Dadurch entsteht der innere Friede, von dem Paulus in seinem Brief an die Christen in Philippi schrieb: „Und der Friede Gottes, der allen Verstand übersteigt, wird eure Herzen und eure Gedanken bewahren in Christus Jesus!" (Philipper 4,7).

Tatsächlich tritt das entsprechende griechische Wort für „glücklich" (*euteches*) im Neuen Testament nie in Erscheinung. Immer wenn wir das Wort „glücklich" im Neuen Testament sehen, ist es eine Übersetzung von *markarios*. Der griechische Gelehrte Spiros Zodhiates verhilft uns auf folgende Art zu einem Verständnis der Unterscheidung dieser beiden Begriffe:

> Glücklichsein heißt, von den Umständen begünstigt zu sein. Der Christ und der Nichtgläubige können beide glücklich sein, aber nur der wiedergeborene Christ kann gesegnet (*markarios*) sein.
>
> Der Herr Jesus hat nie ein Glücklichsein versprochen, das sich auf die Umstände gründet, aber er hat den Segen (*markariotes*) versprochen.
>
> Das Wort markarios bedeutet auch „völlig zufrieden gestellt sein". Wenn Jesus Christus uns rettet, wohnt Gottes Natur in uns (2. Petrus 1,4). Aufgrund dessen sind wir von Natur aus zufrieden gestellt, egal wie die äußeren Lebensbedingungen aussehen.
>
> Glücklich sein bedeutet, in günstigen Umständen zu sein, aber gesegnet sein bedeutet, die volle Zufriedenheit

in dem in uns wohnenden Christus zu finden. Dabei ist man unberührt von den äußeren Umständen. Es bedeutet, den Frieden Gottes in sich zu tragen trotz möglichen Leids von außen. Der Gesegnete ist einer, der durch die Gegenwart Gottes, die in ihm lebt, zufrieden gestellt wurde, unabhängig davon, wie gesund er ist oder wie viel Reichtümer er besitzt.

Ein glücklicher Mensch ist einer, der Glück erlebt. Das Wort „Glücklichkeit" kommt von „Zufall": Glück, Schicksal – ein Vorkommnis oder Ereignis – wie das griechische Wort *euteches*, das im Neuen Testament nicht vorkommt.[2]

Wenn wir diese Aussagen auf unsere Ehe anwenden, können wir immer mehr erkennen, wie unsere eigenen, kurzlebigen Wünsche einen Großteil zu dem Unglück beigetragen haben, das wir in unserem Leben und speziell in unserer Ehe bereits erfahren haben. Wenn wir nur dann Frieden empfinden, uns freuen, zufrieden sind usw., wenn sich die äußeren Umstände nach unseren Vorstellungen entwickeln, werden wir häufig, wenn nicht sogar ständig unglücklich sein. Das Leben ist zu unbeständig und unberechenbar, als dass es anders sein könnte, und die Ehe ist ein Teil des Lebens, der denselben Einflüssen unterworfen ist.

Im Laufe der Jahre verändern wir uns alle, manchmal wird unsere Situation „besser" und manchmal „schlechter". Es gibt „Krankheit und Gesundheit", „Wohlstand und Zeiten der Not". Mit der Zeit entdecken wir Dinge am andern und an uns selbst, die enttäuschend sind. Selbst wenn Kinder dazu kommen, sind die Auswirkungen, die das auf unsere Ehe hat, dramatisch.

Die Jahreszeiten der Ehe

Nur wenige unverheiratete oder frisch verheiratete Paare sind sich bewusst, dass die Gefühle, die sie vor ihrer Ehe füreinander empfanden, in keinem Vergleich stehen zu den Gefühlen, die sie zwanzig Jahre später haben werden. Sie gehen davon aus, dass die eher unbestimmten Gefühle in uns, die wir „Liebe" nennen, sie durch all die verschiedenen Jahreszeiten der Ehe hindurchtragen werden.

In ihrem Buch *Family Careers – Developmental Changes in Families* nennt Joan Aldous sieben Stadien, die im Laufe einer Ehe vorauszusehen sind. Jedes Stadium ändert den Zufriedenheitsgrad, den wir in unserer Ehe empfinden. Sie erklärt:

> Die emotionale Euphorie, die den Anfang der meisten Ehen bestimmt, wird mit der Zeit zerfressen von der Einrichtung einer alltäglichen Routine, von wachsendem Ärger, der durch das ständige Zusammensein entsteht, durch die miteinander konkurrierenden Anziehungskräfte von Beruf und Kindern sowie durch die zahlreichen Probleme - große wie kleine - die das Familienleben in einer industrialisierten Gesellschaft mit sich bringt. Glücklich sind die Paare, die als Ersatz für die anfängliche Begeisterung, die sie in der ersten Phase ihrer Ehe füreinander empfunden haben, ein vertrauensvolles Verständnis für die Situation des andern in ihrer Beziehung entwickeln.[3]

Heute treffen viele Vorstellungen aufeinander, wie die Ehe eine erfüllte Beziehung werden kann. Die meisten von ihnen stehen im Widerspruch zur Bibel, viele bezeichnen sie als biblisch; sie sind es aber nicht. Sie mögen Spuren von Bibelstellen enthalten, aber ihr Fundament ist modern, zeitgenössisch und säkular.

In diesem Buch habe ich es mir zur Aufgabe gemacht, eine echte biblische Basis darzulegen, auf die eine Ehe nach Gottes ursprünglicher Absicht gebaut werden kann. Alle wesentlichen Bibelstellen, die sich mit der Ehe befassen, stellen den Rahmen dar, um den sich dieses Buch dreht.

Das halte ich für äußerst wichtig. Wir müssen Menschen werden, die ihr gesamtes Lebensverständnis von der Bibel ableiten, die Gottes heiliges, untrügliches, inspiriertes Wort ist. Unser oberstes Ziel sollte sein, dass unsere Ehe nicht nur unserem persönlichen Glück dient, sondern in erster Linie der Ehre Gottes. Wenn wir nach der Ehre Gottes trachten, werden wir selbst geehrt werden (Johannes 12,32; Römer 8,17). Wenn es unser Wunsch ist, Ihm zu gefallen, dann werden wir die echte Freude erkennen, die Sein Wille in sich birgt.

> „Würdig bist du, o Herr, zu empfangen den Ruhm und die Ehre und die Macht; denn du hast alle Dinge geschaffen, und durch deinen Willen sind sie und wurden sie geschaffen!" (Offenbarung 4,11).

Kapitel 2

Die Konfrontation mit der Scheidung

„Da traten die Pharisäer zu ihm, versuchten ihn und fragten ihn: Ist es einem Mann erlaubt, aus irgendeinem Grund seine Frau zu entlassen? Er aber antwortete und sprach zu ihnen: Habt ihr nicht gelesen, dass der Schöpfer sie am Anfang als Mann und Frau erschuf und sprach: »Darum wird ein Mann Vater und Mutter verlassen und seiner Frau anhängen; und die zwei werden ein Fleisch sein«? So sind sie nicht mehr zwei, sondern ein Fleisch. Was nun Gott zusammengefügt hat, das soll der Mensch nicht scheiden! Da sprachen sie zu ihm: Warum hat denn Mose befohlen, ihr einen Scheidebrief zu geben und sie so zu entlassen? Er sprach zu ihnen: Mose hat euch wegen der Härtigkeit eures Herzens erlaubt, eure Frauen zu entlassen; von Anfang an aber ist es nicht so gewesen. Ich sage euch aber: Wer seine Frau entlässt, es sei denn wegen Unzucht, und eine andere heiratet, der bricht die Ehe; und wer eine Geschiedene heiratet, der bricht die Ehe.“ (Matthäus 19,3-9).

Es passiert jedes Jahr über eine Million Mal. Jedes Jahr wird das Leben von mehreren Millionen Kindern und jungen Menschen davon in Mitleidenschaft gezogen. Der emotionale und psychologische Einfluss auf alle Betroffenen ist nach den neuesten Forschungserkenntnissen verheerend. Sie gilt als Hauptgrund für den Verfall von Innenstädten, für den Anstieg von Bandenkriminalität und für eine Anzahl anderer gesellschaftlicher Übel. Trotzdem nimmt sie einen immer selbstverständlicheren Teil unseres Lebens ein. Selbst innerhalb der Kirchen und Gemeinden scheinen wir vergessen zu haben, dass Gott einst gesagt hat: „Ich hasse Scheidung."

Eine der beunruhigendsten Entwicklungen innerhalb der Gemeinden in den letzten drei Jahrzehnten ist der rasche Anstieg der Scheidungen bei Christen. Wir haben uns an die Meldungen über die ständig ansteigende Scheidungsrate in unserer gesamten Gesellschaft gewöhnt. Aber die Scheidungsrate bei den Gemeinden ist genauso hoch wie bei den Nichtgläubigen. Die *Barna Research Group** fand heraus: „Insgesamt sind 23% aller christlichen Ehen geschieden. Diese Zahl ist fast identisch mit der aus der nichtgläubigen Bevölkerungsgruppe."[4]

Noch vor wenigen Jahrzehnten hörte man nur selten von Scheidungen innerhalb der Gemeinden. Das ist heute nicht mehr so. Jeder Pastor, den ich kenne, könnte eine ganze Liste von Gemeindegliedern nennen, die geschieden sind. Einer der Bereiche im Gemeindedienst, die mit am schnellsten wachsen, ist die Arbeit mit Alleinstehenden. Die Gemeindemitarbeiter sind sehr gefordert, weil der Bedarf an Eheseminaren, an Seminaren über Heilung von Verletzungen bei Scheidungen und an Seminaren über Erziehung, ganz besonders für Alleinerziehende, so groß ist. Die Pastoren und Seelsorger werden erdrückt von der Menge an Ehepaaren und Alleinstehenden, die Seelsorge und Unterstützung auf dem Gebiet der Ehe suchen. Eine ganze Branche an christlichen Therapeuten und Seelsorgern ist entstanden, um dem ständig wachsenden Hilfebedarf entgegenzukommen. Die bestverkäuflichen Bücher in christlichen Buchhandlungen setzen sich mit dem Thema Ehe auseinander. Ironischerweise scheint das Problem immer größer zu werden, je mehr wir uns ihm widmen. Sind wir wie die geworden, die Paulus in

* Die *Barna Research Group*, benannt nach ihrem Gründer George Barna, ist eine evangelische christliche Organisation in Amerika, die in Zusammenarbeit mit anderen Christen und christlichen Organisationen Studien und Recherchen durchführt, die sich mit Glauben und Kultur befassen. Anm. d. Übers.

2. Timotheus 3,7 beschreibt: „... die immerzu lernen und doch nie zur Erkenntnis der Wahrheit kommen können."?

Scheidungen sind auch unter geistlichen Leitern immer mehr verbreitet. Bei ihnen hat sich die Anzahl seit 1960 vervierfacht. Auf einen geistlichen Dienst kommen 37 Prozent der Mitarbeiter, die eine Scheidung in Erwägung ziehen; und von diesen 37 Prozent lösen 15 Prozent ihre Beziehung tatsächlich auf.

Wenn es stimmt, was Jesus behauptete, dass „alle Menschen wissen werden, dass ihr meine Jünger seid, wenn ihr euch untereinander liebt", welche Botschaft übermitteln wir dann der Welt durch unsere kaputten und lieblosen Ehen? Wie ermöglicht uns eine Scheidung, „Salz und Licht" für die Welt zu sein?

Ein leitender Mitarbeiter aus meiner Gemeinde hat dieses Dilemma mit einem kurzen, einfachen Spruch ausgedrückt. Er geht folgendermaßen:

**Wenn der Unterschied, den Jesus ausmacht,
keinen Unterschied ausmacht,
welchen Unterschied macht das dann aus?**

Ich bin realistisch genug, dass mir eines bewusst ist: Wenn Sie schmerzlich unter Ihrer Ehe leiden, ist eine Ihrer geringsten Sorgen die, was die anderen von Ihrer Ehe halten, die nicht gläubig sind. Das tut mir sehr Leid, denn ich glaube, das ist einer der Gründe, warum so viele christliche Ehen auseinander gehen. Wir sind so gefesselt von unseren eigenen Gefühlen und Problemen, dass es uns nicht mehr kümmert, ob wir ein Leben führen, das Gott gefällt.

Genau das ist auch der Grund, warum ich den folgenden Abschnitt in dieses Buch einfüge. Er soll Ihnen Fakten über die Scheidung darlegen, damit Sie die wahren Auswirkungen einschätzen können, die diese auf Sie, auf Ihre Kinder und auf den Staat, in dem Sie leben, haben.

Die wahren Auswirkungen der Scheidung

Sie fragen sich vielleicht: „Warum schreibt man ein Buch über Ehe und fängt dann mit dem Thema Scheidung an?“ Ich bin der Meinung, wenn die Scheidung als mögliche Option nicht zuerst völlig ausgeschlossen wird, werden wir uns auch nicht voll dafür einsetzen, dass wir verheiratet bleiben. Und wenn wir uns nicht dafür einsetzen, dass wir verheiratet bleiben, dann werden wir es wahrscheinlich auch nicht schaffen. Wir werden uns also zunächst einige Auswirkungen ansehen, die eine Scheidung auf die Menschen hätte, die wir lieben und die uns nahe stehen.

Scheidung ist nicht nur eine Angelegenheit zwischen Mann und Frau. Sie ist ein schonungsloser Missbrauch der eigenen Kinder, Eltern, Großeltern, Brüder, Schwestern und Freunde. Keiner geht aus einer Ehe heraus und macht einfach dort weiter, wo er oder sie aufgehört hat. Nach einer Scheidung muss unser Leben völlig neu strukturiert und aufgebaut werden. Es ist nur schwer zu verstehen, dass ein Mensch, der die Konsequenzen einer Scheidung völlig verstanden hat, sich jemals darauf einlassen würde. Und doch ist leider keiner unter uns, der nicht von dem Trauma der Scheidung betroffen ist und der nicht ihre schmerzlichen Auswirkungen kennengelernt hat.

Lesen Sie das folgende Zeugnis eines Mitglieds aus meiner Gemeinde, das er an einem Sonntagmorgen abgelegt hat, als wir uns mit dem Thema Scheidung auseinandersetzten. Sein Name ist Dan.

> Ich gehe davon aus, dass heute in diesem Raum nur wenige Menschen sitzen, die behaupten können, dass ihr Leben nicht auf irgendeine Art und Weise durch eine Scheidung beeinflusst worden ist. Entweder war es ihre eigene Scheidung, die ihrer Eltern, ihres Bruders oder ihrer Schwester oder die eines engen Freundes – Scheidungen gibt es überall. Und dieser Vorfall muss einfach auf die eine oder andere Weise niederschmetternd für uns gewesen sein.

In meinem persönlichen Umfeld ließen sich meine ältere Schwester, mein bester Freund und Menschen, mit denen ich arbeite, scheiden. Aber die Scheidung, die mich am meisten verletzt hat, war die meiner Eltern. Wissen Sie, die Ehe meiner Eltern schien immer optimal zu laufen. Sie haben sich geliebt und sich gegenseitig in ihrem Berufsleben unterstützt. Sie haben sich nie vor uns Kindern gestritten und sind immer zärtlich zueinander gewesen.

Aber eines Abends veränderte sich alles. Ich war 18, lag in meinem Bett und las. Plötzlich wurde alles anders und ich fragte mich, ob ich meine Eltern wirklich jemals richtig gekannt hatte. Mein Vater war mit der Air Force ein Jahr lang in Grönland gewesen und war gerade nach Hause gekommen. Wir hatten uns alle darauf gefreut, dass jetzt alles wieder normal werden würde. Aber an diesem Abend konnte ich ganz schwach hören, wie meine Eltern in ihrem Schlafzimmer eine Auseinandersetzung hatten. Ich achtete nicht weiter darauf, bis ich hörte, wie das Wort „Scheidung“ fiel. Mir blieb fast das Herz stehen. Sie sprachen gewiss über jemand anderen! Doch als ich genauer hinhörte, wurde mir klar, dass sie diese Möglichkeit für sich selbst in Betracht zogen. Ich konnte es nicht glauben! Sie hatten immer behauptet, dass sie sich nie trennen wollten, dass sie noch nicht einmal an Scheidung dächten! Ich bin mir nicht sicher, ob sie es wirklich ernst meinten, als sie an jenem Abend das Wort „Scheidung“ erwähnten. Aber als es erst einmal ausgesprochen war, ging es schnell bergab. Sie stritten offen, laut und häufig miteinander. Die beiden Menschen, die ich am meisten liebte, die Menschen, deren gegenseitige Liebe der Anker in meinem Leben gewesen war, fingen an, sich zu hassen. Es zerriss uns das Herz, wenn wir hörten, wie sie sich verletzende Worte an den Kopf warfen und wir wussten, dass sie die Gegenwart des anderen in einem Zimmer kaum aushalten konnten.

Allmählich wünschte ich mir, dass sie sich scheiden ließen, damit die Streitereien endlich aufhören würden. Und doch war ich völlig am Boden zerstört, als es dann zwei Jahre später tatsächlich so weit war. Mir war so zumute, als wenn meine Eltern gestorben wären, als wenn meine Familie gestorben wäre. Ich war zwanzig, doch es gab immer noch den kleinen Jungen in mir, der schrie: „Das ist nicht fair, das ist nicht fair!"

Ich erinnere mich daran, wie ich dachte: „Halt mal. Ihr habt behauptet, ihr liebt einander für immer, und jetzt gebt ihr auf. Wart ihr nicht diejenigen, die mir gesagt haben, ich solle niemals aufgeben? Wenn es nur mühsam voran geht, kommen die Zähen erst richtig in Schwung ... klar, und sie gehen geradewegs zur Tür hinaus! Ihr habt gerade ein ganzes Set an moralischen Wertvorstellungen, die ihr mir mit auf den Weg gegeben habt, für ungültig erklärt! Und wenn ihr die für ungültig erklärt, dann bin ich mir nicht sicher, ob nicht alles andere, was ihr mir beigebracht habt, auch nur Müll ist."

Natürlich könnte man jetzt sagen: „Ach komm, die Sache hat dich einfach nur ein bisschen melodramatisch werden lassen." Aber Ihnen muss klar sein, dass ich diese beiden Menschen zwanzig Jahre lang als meine Vorbilder betrachtet habe. Sie waren die Maßstäbe, nach denen ich mich auch einmal richten wollte, und nun waren diese Maßstäbe in Stücke zerbrochen. Ich musste buchstäblich zu bestimmten Bereichen meines Lebens zurückkehren. Ich brach die Schule ab, begann viel zu trinken und tat eine Menge selbstzerstörerischer Dinge. Und es dauerte Jahre, bis ich überhaupt wieder einen Ratschlag von meinen Eltern annehmen konnte.

Kurz nach ihrer Scheidung trennte sich meine ältere Schwester, die verheiratet war und zwei Jungen hatte, von ihrem Mann und ließ sich schließlich von ihm scheiden. Meine jüngere Schwester wusste jahrelang nicht, ob sie zu meinem Vater oder zu meiner Mutter halten sollte. Sie dachte, sie müsse sich für einen von beiden entscheiden. Meine mittlere Schwester hat vor Kurzem geheiratet, was sie meinem Vater aber nie erzählt hat. Meinen jüngeren Bruder traf es am härtesten. Seine Jugendjahre waren geprägt von einer Tragödie nach der anderen. Anstatt von der Kraft der gegenseitigen Liebe meiner Eltern unterstützt und ermutigt zu sein, sah er zwei Menschen, die für kurze Zeit auf ungeschickte Weise einen Waffenstillstand einlegten, damit sie beide gleichzeitig für ihn da sein konnten.

Weil mein Vater in Texas und meine Mutter in Deutschland lebt, können wir es uns nicht leisten, beide zu besuchen. Also besuchen wir weder ihn noch sie. Meine Kinder wissen, wer meine Eltern sind, aber sie kennen sie nicht. Meine Fünfjährige versteht nicht, warum Opa mit einer Frau verheiratet ist, die nicht meine Mutter ist.

Die Liste der Menschenleben, die von ihrer Scheidung betroffen sind, ist endlos.

Das ist der Grund, warum in der Bibel steht: „Was Gott zusammengefügt hat, das soll der Mensch nicht scheiden." Er möchte uns vor dem Schmerz und der seelischen Qual bewahren, die die Konsequenz sind, wenn wir auf unnatürliche Art und Weise etwas trennen, was er auf übernatürliche Weise zusammengefügt hat. Diejenigen unter euch, die von den Narben einer Scheidung gekennzeichnet sind, sollen neuen Mut schöpfen. Obwohl Gott es vielleicht zulässt, dass wir die Konsequenzen unserer Taten tragen, ist er dennoch ein Gott der Heilung.

Ich wünschte, ich könnte behaupten, dass Dans Erfahrungen ein Einzelfall sind. Aber das sind sie nicht. Wenn Sie ein Scheidungskind sind, kommt es Ihnen wahrscheinlich so vor, als habe Dan gerade Ihre eigene Geschichte erzählt.

Negative Folgen?

Wie viele Paare überlegen sich wirklich schon vorher, welche negativen Auswirkungen ihre Scheidung haben könnte? Jahrelang haben Paare den gut gemeinten, aber auf Unkenntnis beruhenden Ratschlag von Eheberatern bekommen, dass es besser für ihre Kinder sei, wenn sie sich trennten. Sie „vermuteten", dass Kinder durch den Anblick elterlicher Konflikte traumatisiert werden würden.

Das Tragische daran ist, dass dieser Ratschlag nicht den Tatsachen entspricht. Er beruht auf „Ansichten", Vermutungen und falschen Hypothesen von „Experten".

Bitte nur Fakten!

Was sind die wahren Auswirkungen einer Scheidung? Eine Umfrage unter 164.000 älteren Erwachsenen liefert uns eine Liste an Verletzungen, die junge Leute aufgrund der Scheidung ihrer Eltern persönlich empfunden haben:

> Konflikte in der Loyalität den Eltern gegenüber; Gefühle der Verlassenheit und der Unsicherheit; Depressionen; Ängste; Schwierigkeiten, sich auf das Lernen zu konzentrieren; Schlafstörungen; vermehrte Abhängigkeit von Zimmergenossen und Freunden; finanzielle Schwierigkeiten; Schwierigkeiten mit vertrauten Beziehungen; Essstörungen; Probleme mit der sexuellen Identität; Rückzug von Zimmergenossen und Freunden; vermehrter Drogen- und Alkoholkonsum[5].

Überraschenderweise stellte man fest, dass der emotionale Einfluss umso verheerender war, je älter die Person zum Zeitpunkt der Scheidung seiner/ihrer Eltern war.

Eine andere Studie des *Family Research Council*[6] ergab die folgende Liste der verdeckten Folgen einer Scheidung:

- Die Armutsquote bei Kindern, die in Single-Haushalten leben, ist fünfmal höher als bei Kindern, die mit beiden Elternteilen zusammen leben.

- Geschiedene Männer erleben im ersten Jahr nach ihrer Scheidung eine durchschnittliche Verbesserung ihres Lebensstandards um 42 Prozent, während bei den geschiedenen Frauen (und ihren Kindern) eine Verschlechterung um 73 Prozent eintritt.
- Bei Kindern im Schulalter, die mit einem Eltern- und einem Stiefelternteil oder nur mit ihrer geschiedenen Mutter zusammenleben, ist die Wahrscheinlichkeit, dass sie eine Klasse wiederholen müssen, um 40 bis 75 Prozent, und die Wahrscheinlichkeit, dass sie von der Schule fliegen, um 70 Prozent höher als bei anderen Kindern.
- Bei Kindern, die in zerbrochenen Familienverhältnissen aufwachsen, ist die Wahrscheinlichkeit geringer, dass sie die Schulabschlussprüfung bestehen, als bei Kindern aus intakten Familien.
- Eine überproportionale Anzahl an Teenagern, die von zu Hause ausreißen, kommt aus Haushalten mit einem Stiefelternteil.
- Junge Söhne haben oft Albträume und empfinden einen „Hunger nach einem Vater", sobald der Vater das Zuhause verlässt. Im Teenageralter ist die Wahrscheinlichkeit höher, dass sie vermehrt zu Aggressionen, Bandenmitgliedschaft und zu anderen emotionalen Schwierigkeiten und Verhaltensproblemen neigen.
- Junge Töchter aus Scheidungsfamilien haben oft Angst- und Schuldgefühle. Im Teenageralter ist die Wahrscheinlichkeit höher, dass sie sexuelle Beziehungen eingehen, früh heiraten, öfters schon vor der Ehe schwanger sind und sich von ihren späteren Ehemännern scheiden lassen oder trennen.
- Kinder aus Scheidungsfamilien leiden typischerweise unter Depressionen, experimentieren mit Drogen und Alkohol und haben eine verminderte Fähigkeit, dauerhafte Beziehungen zu bilden.

Eine Nation in Schwierigkeiten

Als ob das alles nicht schon genug wäre, müssen wir nun noch die Auswirkungen der Scheidung auf unsere Nation berücksichtigen. Man kann keinen Kieselstein in einen Teich werfen, ohne einen „Kreiseleffekt“ zu bekommen. Das trifft ganz besonders auf Scheidungen zu, denn eine Scheidung reißt die tiefsten Grundlagen der Zivilisation auseinander. Wenn Ehen auseinandergehen, gerät unsere gesamte Lebensweise in Gefahr.

Die Bedeutung der Familie wurde uns erst vor kurzem vermehrt ins Bewusstsein gerückt, als wir versuchten, uns mit den Problemen der Banden in den Innenstädten auseinanderzusetzen. Da diese Probleme epidemische Ausmaße angenommen haben, wurden Sozialwissenschaftler und Reporter allmählich auf die Auswirkungen aufmerksam, die ein kaputtes Zuhause auf die soziale Entwicklung junger Männer und Frauen hat.

Der Historiker und Autor Edward Gibbons aus dem 18. Jahrhundert zeigte in seinem umfassenden Geschichtswerk mit dem Titel *The History of the Decline and Fall of the Roman Empire* (auf Deutsch: Die Geschichte über den Niedergang und Fall des Römischen Reiches, Anm. d. Übers.) verschiedene Schlüsselfaktoren auf, die hinter dem Zusammenbruch dieses mächtigen Reiches standen. Einer der ersten Faktoren war der Zerfall der Familie. Die Scheidung war bei den Römern zur Gewohnheit geworden. Mit dem Verlust stabiler Familienverhältnisse war die Nation nicht länger in der Lage, die Führer bereitzustellen, die sie brauchten, um die Position ihres Reiches in der Welt zu erhalten.

Im Jahre 1947 schrieb der Soziologe und Historiker Carle Zimmerman ein Buch mit dem Titel *Family and Civilization*.[7] Er verglich die Auflösung verschiedener Kulturen mit dem gleichzeitigen Zerfall der Familie. Er ermittelte acht spezifische Muster heimischen Verhaltens, die die absteigende Spirale jeder Kultur, die er studierte, verkörperten:

- Die Ehe als „heiliger Stand“ verliert ihre Gültigkeit ... und geht oft durch Scheidung in die Brüche.
- Die traditionelle Bedeutung der Trauung ist verloren gegangen.
- Frauenbewegungen gibt es im Überfluss.
- Vermehrte öffentliche Respektlosigkeit gegenüber Eltern und Autoritäten im Allgemeinen.
- Immer mehr Jugendkriminalität, sexuelle Freizügigkeiten und Rebellionen.
- Ablehnung von Menschen, die in traditionellen Eheverhältnissen leben, um die Verantwortung für ihre Familie zu übernehmen.
- Zunehmendes Bedürfnis nach und Akzeptanz von Ehebruch.
- Wachsendes Interesse an und wachsende Verbreitung von sexuellen Perversionen und sexuellen Verbrechen.

Zimmerman kam zu dem Schluss, dass wenn diese Verhaltensweisen eine Gesellschaft durchdringen, die Auswirkungen immer tödlich sind.

Wie lässt sich das heute mit der amerikanischen Gesellschaft vergleichen? Die Kolumnistin Margaret Hopkins hat dies vor kurzem sehr gut in einem Artikel zusammengefasst:

> Wir entwickeln uns rapide zu einer hedonistischen Gesellschaft, indem wir offen sind für sexuelle Freizügigkeit und Perversion, schmutzige Redewendungen, sofortige Erfüllung unserer Wünsche, und indem wir unsere Regierung als die Quelle vergöttern, „von der aller Segen fließt“.
>
> Unsere Straßen werden von gewalttätigen Verbrechen beherrscht; unser Land wird von Pornografie überflutet; schwangere Mädchen im Teenageralter sorgen für eine immer länger werdende Liste an Sozialhilfeempfängern. Verurteilte Mörder,

Kinderschänder und Vergewaltiger werden freigelassen, um der Gesellschaft dann erneut Schaden zuzufügen. Drogen und Scheidungen fordern ihren Tribut, weil Familien sich auflösen. AIDS und Krankheiten, die durch Geschlechtsverkehr übertragen werden, bedrohen das Leben unserer jungen Bevölkerung.

Diese Auswertung klingt für uns alle sehr realitätsnah. Es kommt einem so vor, als ob eine Gruppe diabolischer Gesellschaftsplaner Zimmerman´s Liste der sozialen Nöte als Formel für eine gesellschaftliche Neustrukturierung benutzt hätten. Die Zukunft, vor der er gewarnt hatte, ist heute Realität.

Die Grundschicht der zivilisierten Gesellschaft

Warum ist ein gesundes Familienleben so entscheidend für das Wohlergehen einer Gesellschaft? Es ist das Fundament, auf das alles andere gebaut wird. Ein kurzer Blick in das erste Buch Mose zeigt, dass die menschliche Gemeinschaft damit begann, dass Mann und Frau „eins" wurden. Jesus hat das auf die folgende Art zusammengefasst: „... Habt ihr nicht gelesen, dass der Schöpfer sie am Anfang als Mann und Frau erschuf und sprach: »Darum wird ein Mann Vater und Mutter verlassen und seiner Frau anhängen; und die zwei werden ein Fleisch sein«? So sind sie nicht mehr zwei, sondern ein Fleisch. Was nun Gott zusammengefügt hat, das soll der Mensch nicht scheiden!" (Matthäus 19,4-6).

Die Familie ist der Ort, an dem wir alle Grundlagen lernen, die uns durch das weitere Leben führen werden. Dort lernen wir die Fähigkeiten, durch die wir später in der Lage sind, miteinander zu leben, einander zu dienen, zu teilen, uns um den anderen zu sorgen, zusammen zu arbeiten, uns für das Wohl der Gesellschaft aufzuopfern. Dort werden uns die wesentlichen Bausteine der Gesellschaft eingeimpft. Ist es da noch verwunderlich, wenn Familien zerbrechen und Kinder ohne gesunde Vorbilder oder ohne Eltern, die sich lieben und gegenseitig unterstützen, zurückgelassen werden und daraus dann eine Generation junger Menschen hervorgeht, die nicht mehr wissen, wie sie in einer zivilisierten Welt als verantwortungsbewusste Erwachsene funktionieren und ihren Beitrag leisten sollen?

Manchmal schaudert es mich bei dem Gedanken, was die Zukunft für diese große Nation bringen mag. Und doch rufe ich mir ins Gedächtnis, dass es Dinge gibt, die Sie und ich tun können, um etwas zu verändern. Gott hat uns nicht uns selbst überlassen. Vielmehr hat er uns einen Auftrag gegeben. Vielleicht sind wir nicht in der Lage, die Ehe eines anderen zu ändern oder zu retten. Aber wir können sicherstellen, dass unsere Ehe so verläuft, dass sie nicht nur ein Segen für unser eigenes Leben ist, sondern dass Gott durch sie verherrlicht wird und unsere Nation durch sie an Stabilität gewinnt.

„Wo aber das Maß der Sünde voll geworden ist, da ist die Gnade überströmend geworden ..." (Römer 5,20).

Kapitel 3
Geplante Gegensätze

„Und Gott der Herr gebot dem Menschen und sprach: Von jedem Baum des Gartens darfst du nach Belieben essen; aber von dem Baum der Erkenntnis des Guten und des Bösen sollst du nicht essen; denn an dem Tag, da du davon isst, musst du gewisslich sterben! Und Gott der Herr sprach: Es ist nicht gut, dass der Mensch allein sei; ich will ihm eine Gehilfin machen, die ihm entspricht! ... aber für den Menschen fand sich keine Gehilfin, die ihm entsprochen hätte. Da ließ Gott der Herr einen tiefen Schlaf auf den Menschen fallen; und während er schlief, nahm er eine seiner Rippen und verschloss ihre Stelle mit Fleisch. Und Gott der Herr bildete die Rippe, die er von dem Menschen genommen hatte, zu einer Frau und brachte sie zu dem Menschen. Da sprach der Mensch: Das ist endlich Gebein von meinem Gebein und Fleisch von meinem Fleisch! Die soll »Männin« heißen; denn vom Mann ist sie genommen! Darum wird ein Mann seinen Vater und seine Mutter verlassen und seiner Frau anhängen, und sie werden ein Fleisch sein. Und sie waren beide nackt, der Mensch und seine Frau, und sie schämten sich nicht.“ (1. Mose 2,16-18; 20-25).

Ich bin überzeugt davon, dass christliche Ehen eine weitaus größere Überlebenschance haben als die, bei denen der Partner Christus aus seinem Leben ausschließt. Aber wenn wir den Sinn und Zweck, den Gott der Ehe zugedacht hat, jemals in seiner ganzen Fülle erleben wollen, dann müssen wir uns zuallererst dazu verpflichten, alles Notwendige zu tun, damit unsere Ehe funktioniert. Das ist nicht leicht, denn brillante Ehen entstehen nicht einfach nur zufällig. Man muss daran arbeiten. Sie sind nicht eine Konsequenz, weil man die richtige Person geheiratet hat. Sie sind das Ergebnis harter Arbeit an sich selbst, damit man für den Partner die „richtige" Person wird!

Im Laufe der Jahre habe ich, was die Ehe betrifft, zwei Dinge beobachtet:

1. Ich habe noch nie jemanden kennen gelernt, der nicht an irgendeinem Punkt seines Lebens heiraten wollte. Das bedeutet nicht, dass jeder das auch erreicht. Viele von uns bleiben ihr Leben lang Single; die einen, weil sie es so wollten, die anderen, weil es nicht anders ging. Aber jeder von uns wünscht sich irgendwie einen festen Partner.

2. Ich habe noch nie jemanden kennen gelernt, der mit der Absicht heiratete, sich irgendwann einmal wieder scheiden zu lassen. Dafür gibt es eine ganz einfache Erklärung: Gott hat uns so geschaffen, dass wir heiraten wollen. Es gehört mit zu unserer Grundprogrammierung. Die einzigen Ausnahmen bilden diejenigen, denen Gott die besondere Berufung gegeben hat, ihr Leben lang Single zu bleiben, wie Jesus das in Matthäus 19,12 erklärte.

Bedeutet das, wir können sicher sein, dass unsere Ehe auch funktionieren wird? Laut der *Barna Research Group* ganz offensichtlich nicht. In einer Studie fanden sie Folgendes heraus: „Die meisten Amerikaner glauben, dass Gott die Ehe als lebenslange Institution geplant hatte. Gleichzeitig glauben sie aber auch, dass Er kein Verständnis für die Unannehmlichkeiten einer schwierigen Beziehung hat. ... Eine erhebliche Prozentzahl an Erwachsenen glaubt schon am Anfang ihrer Ehe, dass diese in einer Scheidung enden wird – was dann oft zu einer sich selbst erfüllenden Prophezeiung wird."[8]

Die größte Problematik bei dieser Einstellung ist, dass Gott vom Prozess der Ehe ausgeschlossen wird. Gott ist für uns eindeutig ein Helfer, aber nicht der, an den wir uns wenden und auf den wir angewiesen sind, wenn wir verstehen wollen, worum es in der Ehe und im Familienleben überhaupt geht. Das ist so, als würden wir sagen, wir essen gern Spaghetti, aber wir mögen keine Nudeln. Wenn man Gott aus der ehelichen Gleichung herausnimmt, was bleibt dann noch übrig? Zurück bleiben meistens zwei sehr einsame und egozentrische Personen, die verzweifelt versuchen, den anderen davon zu überzeugen, ihn zu zwingen und/oder zu manipulieren, dass er uns bedingungslos liebt. In den meisten Fällen funktioniert das nicht besonders gut.

Am Anfang

Viele sind überrascht, dass ich in meinen Eheseminaren zuerst mit dem ersten Buch der Bibel, dem Ersten Buch Mose, beginne, aber das Erste Buch Mose ist das Buch der „Anfänge". Wir wenden uns ja auch an den Hersteller, wenn wir herausfinden wollen, wie etwas zusammengesetzt wurde. Wenn wir verstehen wollen, wie die Ehe eigentlich funktionieren sollte, dann müssen wir zurückgehen zu dem, der sie ins Leben gerufen hat: nämlich Gott.

Im Ersten Buch Mose, Kapitel 1 bis 3, lernen wir drei Konzepte von wesentlicher Bedeutung kennen:

- Kapitel 1 erklärt uns, wer Gott ist.
- Kapitel 2 zeigt uns den ursprünglichen Sinn und Zweck der Ehe.
- Kapitel 3 lässt erkennen, warum es so schwer ist, glücklich verheiratet zu sein.

Wer Gott ist

Im Ersten Buch Mose, Kapitel 1, lernen wir zwei Dinge über das Wesen Gottes: Erstens, Er ist Gott und wir nicht. Und zweitens, Er ist gut. Das Buch beginnt mit den Worten: „Am Anfang schuf Gott Himmel und Erde". 1. Das sagt uns, dass der Gott der Bibel der Schöpfer ist, der alles trägt und erhält; Er ist der Gott, der „alles aus dem Nichts" erschaffen hat, einschließlich Sie und mich. 2. Dann können wir auch daraus schließen, dass Er „der Allmächtige“ ist, der allwissende, allmächtige, allgegenwärtige und der ewige Gott, und es gibt keinen Gott neben Ihm. 3. Und schließlich sehen wir, dass Er der souveräne Gott ist: Er ist hoch erhaben und herrscht über alles und jeden. Er ist die erste und die letzte Autorität.

Was bedeutet das für uns? Paulus schreibt den Ephesern: „Er hat uns vorherbestimmt zur Sohnschaft für sich selbst durch Jesus Christus, nach dem Wohlgefallen seines Willens“ (Epheser 1,5). Wir sind das Ergebnis Seiner schöpferischen Energie und Gestaltung. Wir wurden nach dem Wunsch und Plan Seines Herzens geschaffen. Wegen Ihm existieren wir, vor allem für Ihn und zu Seinem Wohlgefallen.

Wir müssen diese Wahrheit akzeptieren. Wir müssen uns bewusst machen, dass wir nur dann ein sinnvolles und erfülltes Leben finden können, wenn wir uns in Gottes Willen bewegen. Sonst werden wir den größten Teil unseres Lebens damit verbringen, dass wir uns unter großer Anstrengung stolpernd in unzählige Richtungen bewegen, wobei wir immer frustrierter und unglücklicher werden. Eines meiner Lieblingssprichwörter drückt das so aus: „Wer das Ziel nicht kennt, verirrt sich leicht.“ Bevor uns nicht bewusst wird, dass Gott uns geschaffen hat, damit wir Ihn finden und unser Leben in Ihm leben, werden wir uns nie vollkommen fühlen.

Das hat auch Augustinus gemeint, als er schrieb: „Du hast uns für dich selbst geschaffen, o Gott, und unser Herz bleibt unruhig, bis es Ruhe findet in dir.“ Franziskus teilte diese Auffassung und schrieb: „Was ein Mensch vor Gott ist, das ist er; nicht mehr und nicht weniger!“ Als der Apostel Paulus auf dem Areopag in Athen zu den Skeptikern sprach, rief er aus: „Denn in ihm leben wir und bewegen uns und sind wir ...“ (Apostelgeschichte 17,28; Elberfelder). Der französische Physiker und Philosoph Pascal schrieb, dass jeder Mensch eine „gottförmige“ Leere in seinem Herzen hat, die von keinem Geschöpf gefüllt werden kann, sondern nur von Gott selbst, dem Schöpfer, der sich uns durch Jesus Christus gezeigt hat. Diese großen Männer hatten die zentrale Wahrheit über das Leben entdeckt: Der endgültige Sinn und Zweck des Menschen wird in Gott gefunden; nicht im Erfolg – auch nicht im Erfolg der Ehe.

Eine erfolgreiche Ehe soll der Ausdruck unserer Beziehung zu Gott sein, nicht der Ersatz dafür. Heute wollen einige den Status der Ehe so hochheben, dass es bald so klingt, als sei die Ehe die ultimative Erfahrung des Lebens. Jesus warnte: „Denn was hilft es dem Menschen, wenn er die ganze Welt gewinnt, aber sein Leben verliert? Oder was kann der Mensch als Lösegeld für sein Leben geben?" (Matthäus 16,26). Vergessen Sie niemals, dass der erste und letzte Zweck des Lebens die Beziehung zu Gott durch Jesus Christus ist. Wie gesund unsere menschlichen Beziehungen sind, hängt davon ab, wie gesund unsere Beziehung zu Gott ist.

Warum ist das für eine glückliche Ehe wichtig? In meiner Arbeit als Seelsorger habe ich unzählige Male festgestellt, dass Ehepartner oft voneinander erwarten, dass der andere Bedürfnisse in ihrem Leben stillt, die nur Gott befriedigen kann. Die Ehe kann nicht dazu beitragen, dass ich mich in Bezug auf mich selbst oder auf mein Leben gut fühle. Meine Identität erlange ich nicht aus meiner Ehe; die Ehe kann nie mehr sein als der Ort, an dem ich meine Identität zum Ausdruck bringe. Unser Ehepartner wird für uns zum „Götzen", wenn wir anfangen zu glauben, ja, sogar von ihm verlangen, dass er die Verantwortung dafür trägt, dass ich glücklich bin.

Es gibt ein Grundprinzip, das ich oft an Singles weitergebe, die frustriert sind, weil sie keinen Partner haben: Wenn du nicht gelernt hast, als Single zufrieden zu sein, bist du noch nicht bereit für die Ehe. Die meisten von uns heiraten leider nur aufgrund ihrer „Bedürfnisse". Wir nehmen an, dass unser Partner der Schlüssel dafür ist, dass unsere „Bedürfnisse" gestillt werden. Paradoxerweise haben wir oft noch nicht einmal genau festgelegt, welche Bedürfnisse das denn sind, aber selbstverständlich können wir genau sagen, wann diese Bedürfnisse nicht gestillt sind!

Eine Ehe ist dann erfolgreich, wenn beide Personen in erster Linie Gebende sind und nicht Nehmende. Das ist genau die Essenz der „Liebe", von der der Apostel Paulus in 1. Korinther 13,4-8 spricht:

> „Die Liebe ist langmütig und gütig, die Liebe beneidet nicht, die Liebe prahlt nicht, sie bläht sich nicht auf; sie ist nicht unanständig, sie sucht nicht das Ihre, sie lässt sich nicht erbittern, sie rechnet das Böse nicht zu; sie freut sich nicht an der Ungerechtigkeit, sie freut sich aber an der Wahrheit; sie erträgt alles, sie glaubt alles, sie hofft alles, sie erduldet alles. Die Liebe hört niemals auf. Aber seien es Weissagungen, sie werden weggetan werden; seien es Sprachen, sie werden aufhören; sei es Erkenntnis, sie wird weggetan werden."

Vor einigen Jahren kam ein junger, alleinstehender Mann zu mir in mein Büro, um mit mir zu sprechen. Er wollte, dass ich für ihn eine Liste durchlas, auf der er sämtliche Qualifikationen der Frau zusammengestellt hatte, die er einmal heiraten wollte. Zu meinem großen Erstaunen war die Liste drei Seiten lang! Eng beschrieben! Als Antwort darauf bekam er von mir zwei Aussagen: 1. Die Frau, nach der er suchte, gab es nicht! 2. Seine Haltung zeugte von Arroganz und Selbstsucht. Er war nur darauf aus, eine Frau zu finden, die ihm dienen sollte, nicht nach einer, der er dienen konnte. Ich sagte zu ihm: „Sie sind erst bereit für die Ehe, wenn Sie sich verpflichten, die Person zu *sein*, die Sie auf dieser Liste beschrieben haben, anstatt eine solche Person für Sie selbst zu suchen - vorher nicht!"

Wie Gott ist!

Gottes Wesen wird auf grundlegende und einfache Weise in 1. Johannes 4,8 zusammengefasst: „Wer nicht liebt, der hat Gott nicht erkannt; denn Gott ist Liebe." Genau aus diesem Grund können wir wissen, dass Gott in Seinem tiefsten Wesen sowohl gut als auch gütig ist. Er kümmert sich um das Wohl Seiner ganzen Schöpfung, besonders aber um die Menschen.

In 1. Mose 1,31 wird die Schöpfungsgeschichte mit der Aussage fortgesetzt: „Und Gott sah alles, was er gemacht hatte; und siehe, es war sehr gut." Alles, was Er geschaffen hat, wurde für das Maximum an persönlichem Glück und Erfüllung für den Menschen entworfen. Seine Freude liegt darin, dass wir die Empfänger Seiner Güte werden. Er möchte uns segnen.

Erst, wenn wir die Tatsache annehmen, dass Gottes Güte uns gilt, werden wir in der Lage sein, Ihm nachzufolgen, Ihm zu vertrauen und Seinem Willen für unser Leben zu gehorchen. So hat es auch König David in Psalm 27 formuliert: „Ach, wenn ich nicht gewiss wäre, dass ich die Güte des Herrn sehen werde im Land der Lebendigen. Harre auf den Herrn! Sei stark, und dein Herz fasse Mut, und harre auf den Herrn!" (Psalm 27,13.14). Davids Fähigkeit Schwierigkeiten auszuhalten, lag in seiner Zuversicht auf die Güte und die perfekten Absichten Gottes für sein Leben, egal, wie die äußeren Umstände aussahen. Wir werden niemals den Lohn und die Freude erfahren können, die Gott für jedes Seiner Kinder bereithält - den Lohn, den die erhalten werden, die Ihm vertrauen und gehorchen -, wenn wir nicht gelernt haben, Seiner Güte zu vertrauen!

Der eigentliche Zweck der Ehe

In 1. Mose 2 wird der Schöpfungsbericht noch weiter ausgeführt, indem die Schöpfung des Menschen näher erläutert wird. Wenn wir uns dieses Kapitel durchlesen, sollte uns ein besonders auffallender Kommentar ins Auge springen. Im Vers 18 lesen wir: „Es ist nicht gut, dass der Mensch allein sei; ich will ihm eine Gehilfin machen, die ihm entspricht!" Diese beiden Aussagen sind entscheidend, wenn wir die natürlichen Aspekte der Beziehung zwischen Mann und Frau verstehen wollen.

„Es ist nicht gut, dass der Mensch allein sei."

Nachdem Gott in Kapitel Eins sieben Mal wiederholt hat, dass alles, was Er geschaffen hatte, gut war, sagt Er uns nun plötzlich, dass eine Sache nicht gut war. Hatte Er selbst irgendetwas übersehen? Nein, Er wählte diese Art der Formulierung, weil Er Seine Aussage betonen wollte. Gott hatte Adam absichtlich mit einer inneren emotionalen Leere geschaffen, die durch kein anderes Objekt des Universums völlig gefüllt werden konnte. Es war ein Bedürfnis, das weder durch die Schönheit der Schöpfung hätte erfüllt werden können noch durch den Genuss der verführerischen Früchte aus dem Garten, dem perfekten Klima oder durch die unzähligen exotischen Tiere, die ihn täglich umgaben. Es gab nur ein einziges Geschöpf, das dieses Bedürfnis stillen konnte: eine Frau! So wie die Seele des Menschen leer ist ohne Gott, so ist das Herz des Mannes leer ohne eine Frau. Sie wurde von Gott als die perfekte Ergänzung zu dem geformt, was dem Mann fehlte.

„Ich will ihm eine Gehilfin machen, die ihm entspricht!"

Dieser Ausdruck „Gehilfin" klingt für unser modernes Gehör wie Assistentin oder Dienerin. Leider entstand dadurch der fälschliche Eindruck, der die Frau hin und wieder in ein verunglimpfendes Licht gerückt hat. Das hebräische Wort (*'ezer*) impliziert keine Differenzierung des Wertes oder des Status. Es bedeutet wörtlich: „helfen, unterstützen, assistieren; wie jemand den Armen oder Notleidenden zu Hilfe kommt."[9] Was ist ein „Beistand"? Laut Webster beschreibt das eine Person, die sich um „Hilfe, Erleichterung, Unterstützung, Assistenz" kümmert. Es bedeutet „in der Not oder in Schwierigkeiten helfen oder für Entlastung sorgen".[10] Das lässt darauf schließen, dass der Helfende Vorzüge und/oder Fähigkeiten besitzt, die der Hilfesuchende nicht hat. Am häufigsten wird dieser Ausdruck im Alten Testament verwendet, wenn von der Hilfe oder dem Trost die Rede ist, die wir vom Herrn in notvollen Zeiten empfangen.

Das Prinzip eines Beistands wird in Prediger 4,9-12 zum Ausdruck gebracht:

> „Es ist besser, dass man zu zweit ist als allein, denn die beiden haben einen guten Lohn für ihre Mühe. Denn wenn sie fallen, so hilft der eine dem anderen auf; wehe aber dem, der allein ist, wenn er fällt und kein zweiter da ist, um ihn aufzurichten! Auch wenn zwei beieinander liegen, so wärmen sie sich gegenseitig; aber wie soll einer warm werden, wenn er allein ist? Und wenn man den einen angreift, so können die beiden Widerstand leisten."

Die Frau wurde dem Mann hauptsächlich als Ergänzung, Gegenüber und Gefährtin gegeben. Das geht in Richtung Partnerschaft und gegenseitige Abhängigkeit. Die „Frauen" wurden geschaffen, um den „Männern" etwas zu geben, was der menschlichen Gemeinschaft von Natur aus fehlte. In der englischen *Amplified* Übersetzung wird die Frau beschrieben als eine, die „passend, geeignet, zur Vollständigkeit beitragend" ist. Ohne die Frau war der Mensch „allein", obwohl er mitten in einer perfekten Welt lebte.

„Es ist nicht gut!"

Ist es nicht interessant, dass ausgerechnet Gott derjenige ist, der die Feststellung macht, dass Einsamkeit „nicht gut ist"? Einsamkeit ist eines der schmerzlichsten Gefühle in unserem Leben. Jeder von uns hat sich schon einmal einsam gefühlt, und wir hassen es. Ich glaube, das ist auch der Grund, warum wir den Fernseher oder das Radio anschalten, wenn wir alleine sind, selbst wenn wir überhaupt nicht hinsehen oder zuhören. Irgendwie hilft uns das Geräusch, dass wir uns nicht so alleine fühlen. Weil unser Leben zunehmend isolierter und einsamer wird, haben wir uns allen möglichen Ersatz für eine gute Gesellschaft gesucht. Ich bin überzeugt davon, dass sehr viele Talkshows im Radio und im Fernsehen dieser Tatsache ihren Erfolg zu verdanken haben.

Einmal stieß ich auf eine Anzeige in unserer Zeitung mit dem folgenden Text: „Einsam?! Ich spreche mit Ihnen über jedes beliebige Thema. 5 Dollar pro Anruf." Nach meinem

Verständnis verdient dieser Mann sehr viel Geld damit, dass er den Anrufern einfach reihenweise kritiklos zuhört. Warum rufen sie an? Weil sie niemanden haben, mit dem sie sonst sprechen könnten.

Eine kürzlich durchgeführte Studie hat verdeutlicht, dass dies besonders auf Männer zutrifft. Männer und Frauen bekamen dieselbe Frage gestellt: „Haben Sie mindestens eine Person, der Sie Ihre intimsten und persönlichsten Angelegenheiten anvertrauen können?" Sieben von zehn Frauen bejahten diese Frage. Bei den Männern war es nur einer von zehn. Auf dieser Basis beginnt unsere Suche nach einer anderen Person, mit der wir unser Leben teilen können – ein Partner, ein Begleiter, ein Mitreisender, der mit uns durchs Leben geht.

Vor vielen Jahren führte eine Londoner Zeitung ein Preisausschreiben durch, bei dem ein Aufsatz geschrieben werden sollte. Der Aufsatz sollte höchstens fünfundzwanzig Worte umfassen. Das Thema bestand aus der einfachen Frage: „Welches ist die kürzeste Strecke zwischen London und Liverpool?" Tausende von Einsendungen gingen ein. Und welcher Aufsatz war der beste? Der Gewinner hatte nur einen einzigen Satz geschrieben: „Die kürzeste Entfernung zwischen Liverpool und London ist ein guter Freund."

Nichts ist bereichernder für unser Leben als gute Freundschaften. Gute Freundschaften haben mit Intimität und Vertrauen zu tun. Wir fühlen uns bei den Menschen wohl, bei denen wir uns sicher fühlen. Ein guter Freund ist jemand, der uns ganz genau kennt – schonungslos bis ins kleinste Detail – und der uns dennoch liebt und respektiert.

Wir sind hauptsächlich als soziale Wesen geschaffen worden. Wir brauchen das Zusammenspiel mit anderen, die Berührungen, die Zuneigung, die Aufmerksamkeit anderer menschlicher Lebewesen, weil wir sonst sterben würden. Wie oft benehmen sich Kinder daneben, weil sie „einfach nur versuchen, Aufmerksamkeit zu bekommen". Gott hat uns mit einem tiefen inneren Bedürfnis nach Intimität geschaffen und hat bestimmt, dass die perfekteste irdische Erfüllung dieses Bedürfnisses in der Ehe liegen sollte. Das ist der eigentliche Zweck der Ehe!

Geplante Gegensätze

Wenn wir uns verlieben, konzentrieren wir uns auf all die Dinge, die wir gemeinsam haben und die wir am anderen lieben. Bald nach der Hochzeit fällt uns dann auf, dass der andere oft ganz anders ist als wir, und dass es Dinge an unserem geliebten Partner gibt, die uns ärgern. Leider merken wir normalerweise nicht, dass Gott uns so geschaffen hat, dass wir uns von Grund auf unterscheiden. Das ist richtig! Unsere Gegensätzlichkeit ist beabsichtigt!

Wie langweilig wäre es gewesen, wenn Eva ein Klon Adams gewesen wäre. Stattdessen brachte sie als Ausgleich für seine Schwachpunkte ganz bestimmte Werte und Fähigkeiten mit in sein Leben hinein. So wie Zahnräder ineinander passen, sollten nach Gottes Absicht zwei verschiedene und doch ergänzende Wesen zusammengebracht werden, die gemeinsam viel mehr bewerkstelligen konnten, als sie es jemals alleine geschafft hätten. Dies war der Schlüssel zur Produktivität, Kreativität und emotionaler Erfüllung.

Wie verschieden sind Männer und Frauen?

In den 70er Jahren gab es die weit verbreitete Auffassung, dass, abgesehen von einigen klar erkennbaren Unterschieden in der Anatomie, Männer und Frauen sich im Wesentlichen ähnlich sind. Wie so oft basierten solche Vorstellungen nicht auf wissenschaftlichen Fakten, sondern auf einer eher engstirnig definierten Ansicht der Gesellschaft.

Jeder Vater und jede Mutter, die sowohl einen Sohn als auch eine Tochter haben, könnte Ihnen versichern, dass es einige tiefgreifende Unterschiede zwischen Jungen und Mädchen gibt. Man kann sie bereits bei Kleinkindern erkennen, und wenn sie älter werden, werden diese Unterschiede noch deutlicher. Ein

Amt für menschliche Entwicklung hat folgende Beobachtungen über den Unterschied zwischen Jungen und Mädchen im Säuglingsalter festgehalten:

> Jungen im Säuglingsalter neigen dazu, mehr zu weinen, weniger zu schlafen und weniger zu lächeln als Mädchen. Wenn sie jedoch mit Stress konfrontiert werden, weinen aller Voraussicht nach eher die Mädchen, während Jungen sich eher eine andere Methode ausdenken, darauf zu reagieren. Mädchen reagieren positiver auf Berührungen, Klänge und Bilder, auf denen Gesichter zu sehen sind. Jungen reagieren positiver auf geometrische Formen. Kleine Mädchen neigen dazu, ihre Schätze, ihre Spielsachen einzusammeln und sie dicht an sich zu pressen. Jungen zerstreuen sie überall im Raum.

Wenn wir uns dem Erwachsenenalter nähern, zeichnen sich diese Unterschiede in der abweichenden Ausrichtung des Lebens im Allgemeinen noch deutlicher ab. Die Beobachtungen gingen weiter:

> Männer tendieren mehr dazu, sich für Ereignisse, Dinge, Logik und Allgemeinwissen zu interessieren. Sie fühlen sich relativ unwohl und reagieren empfindlich darauf, wenn sie ihre Gefühle mitteilen sollen. Die Art, wie sie sich sexuell ausdrücken und empfinden ist eher impulsiv, sie erreichen schnell ihren Höhepunkt, sie sind eher zu schnell, und sie sind weniger abhängig von der gesamten Beziehung.
>
> Frauen sind mehr auf den Menschen eingestellt, auf die Details, die im Zusammenhang mit einer Person stehen ... Frauen agieren verhältnismäßig häufiger aufgrund ihrer intuitiven Gefühle. Sie fühlen sich meist in einer Umgebung wohler, wo Gefühle zum Ausdruck gebracht werden. Die Art, wie sie sich sexuell ausdrücken ist eher ein Auswuchs ihrer gesamten Beziehung. Das größere emotionale Grundbedürfnis der Frau ist, dass sie am Leben eines anderen teil hat.[11]

1988 gab es in der amerikanischen Zeitschrift *US News and World Report* einen Artikel mit einer umfassenden Analyse der Schlussfolgerungen, die Wissenschaftler nach jahrelangen Studien und Forschungen gezogen hatten. Sie veröffentlichten die folgenden Beobachtungen über die wesentlichen und angeborenen Unterschiede, die es zwischen Männern und Frauen gibt, angefangen bei der Empfängnis:

Geburt

Bei der Geburt ist das Knochengerüst der Mädchen etwas weiter entwickelt als das der Jungen. Mädchen reagieren mehr auf Berührungen und sind häufiger wach. Jungen reagieren früher auf visuelle Reize, Mädchen dagegen auf Klänge und Gerüche. Bei Jungen im Kleinkindalter ist die Wahrscheinlichkeit höher als bei Mädchen, dass sie Linkshänder, kurzsichtig und Legastheniker werden (mehr als 3 zu 1). Jungen unter 4 Jahren leiden voraussichtlich häufiger unter Allergien und Schluckauf als Mädchen. Mädchen im Kleinkindalter zeigen schon früh eine starke Reaktion auf menschliche Gesichter – gleichzeitig reagieren Jungen desselben Alters beim Anblick von leblosen Objekten und blinkenden Lichtern mit einem Lächeln und mit gurrenden Geräuschen.

Kleinkind

Am Ende ihres ersten Lebensjahres erreichen und überholen Jungen die Entwicklung des weiblichen Knochengerüsts. Im Alter von zwei Jahren zeigen Jungen Anzeichen von größerer Aggressivität. Mädchen haben einen leichten Vorsprung, was ihre verbalen Fähigkeiten betrifft, Jungen haben ein besseres räumliches Vorstellungsvermögen.

Jugendalter

Mädchen fallen mit ihrer körperlichen Stärke hinter die Jungen zurück. Die weibliche Überlegenheit der verbalen Fähigkeiten nimmt zu. Umgekehrt wachsen die räumlichen und mathematischen Fähigkeiten beim Jungen.

Erwachsenenalter

Die reife Frau hat zweimal so viel körperliches Fett wie der Mann. Der Mann hat dagegen 1 Mal so viel Muskeln und Knochen wie die Frau.

Unterscheidungsmerkmale

Frauen haben einen besseren Geruchssinn. Sie reagieren außerdem empfindlicher auf laute Geräusche. Männer reagieren empfindlicher auf helles Licht – und können feinere Lichtunterschiede erfassen. Jungen erreichen mehr als 90 Prozent der gesamten Punktezahl von insgesamt 800 beim SAT* im mathematischen Bereich.

Die Autoren dieses Artikels berichten noch weiter:

Unterschiede werden schon sechs Wochen nach der Empfängnis sichtbar ... Zwischen den beiden Geschlechtern gibt es Unterschiede, die jenseits ihrer Fortpflanzungsfunktion liegen, nämlich ihre Stimmlage, die Formen der Ellbogen und Knie, die Fertilität der Haarfollikel ... Das Gehirn von Männern und Frauen ist völlig unterschiedlich ... bei den Frauen ist die Sprachfähigkeit gleichmäßiger auf die linke und die rechte Gehirnhälfte verteilt; bei den Männern liegt sie mehr in der linken Hälfte ... Auf 13 männliche Mathegenies kommt nur eine Frau, die dieses Talent hat – die

* Standardtest in den USA für die Zulassung zum Studium.

> geschlechtsspezifischen Unterschiede in Mathe sind das Ergebnis biologischer Faktoren, vielleicht abhängig vom männlichen Geschlechtshormon Testosteron. ... Mädchen erreichen in jeder Leistungsstufe bessere Durchschnittsnoten in Mathe. Frauen fühlen sich mehr zu Personen hingezogen, Männer zu Objekten ... Jungen haben eine geringere Aufmerksamkeitsspanne. ... Jungen und Mädchen gehen auf unterschiedliche Weise mit moralischen Schwierigkeiten um. Für Mädchen ist das moralische Problem eine „Form von Beziehungen, die sich mit der Zeit immer mehr ausdehnt". Im Gegensatz dazu sehen Jungen ein „mathematisches Problem". Männer sind aggressiver als Frauen ... Wenn es eine weibliche Charaktereigenschaft gibt, die der Gegenpart für die männliche Aggressivität ist, dann ist es das, was Sozialwissenschaftler auf ungeschickte Weise „Überfürsorglichkeit" nennen. Frauen scheinen weniger wettbewerbsorientiert zu sein – oder zumindest konkurrieren sie auf andere Art als Männer. Männer neigen eher zu „autokratischem" Verhalten, indem sie eigenständig Entscheidungen treffen. Frauen tendieren häufiger dazu, Kollegen und Vorgesetzte um Rat zu fragen ... Männer dominieren typischerweise eine Diskussion ... sie reden mehr und hören weniger zu.[12]

Mit diesen Beobachtungen können wir uns leicht identifizieren, weil sie so sehr der Wahrheit entsprechen. Warum sind Männer und Frauen so unterschiedlich in ihrer Denkweise, ihren Gefühlen und ihrem Verhalten? Weil Gott Eva nicht als Adams Klon geschaffen hat, sondern als sein „Gegenüber"! Frauen sollen anders sein als Männer. Männer und Frauen werden sich in vieler Hinsicht nie völlig verstehen. Ihre inhärenten Unterschiede im Aussehen und in der Art, wie sie vieles empfinden sind zu groß, als dass sie überwunden werden könnten. Die Herausforderung der Ehe liegt darin, dass wir die Unterschiede als Teil von Gottes Plan akzeptieren und respektieren. Gott will, dass wir die Unterschiede als einen

Gewinn betrachten und nicht als Bedrohung. Dieses Thema wird in einem späteren Kapitel über den gegenseitigen Respekt noch ausführlicher erläutert.

„Gebein von meinem Gebein und Fleisch von meinem Fleisch"

Hierin liegt die Herausforderung. Gott schuf den Mann und die Frau nicht nur, damit sie sich voneinander unterscheiden, sondern er schuf uns auch, damit wir trotz unserer Verschiedenheiten die Intimität entdecken. Obwohl wir uns erheblich voneinander unterscheiden, haben wir noch viel mehr gemeinsam. Das trifft vor allem auf die christlich geführte Ehe zu, bei der Paulus uns erinnert: „Da ist weder Jude noch Grieche, da ist weder Knecht noch Freier, da ist weder Mann noch Frau; denn ihr seid alle einer in Christus Jesus." (Galater 3,28). Es ist wichtig, dass wir auf die Bereiche aufbauen, die wir gemeinsam haben, und dass wir lernen, von den Bereichen Abstand zu nehmen, wo vorauszusehen ist, dass Konflikte entstehen.

Adam wurde schnell bewusst, dass Eva, obwohl sie so anders war als er, doch „... Gebein von meinem Gebein und Fleisch von meinem Fleisch! Die soll »Männin« heißen; denn vom Mann ist sie genommen! " (1. Mose 2,23). Seine Beziehung zu ihr sollte so erfüllend sein, dass dies die Motivation für den Mann sein würde, „seinen Vater und seine Mutter zu verlassen" und eine neue Familie zu gründen.

Ich kann mir nur vorstellen, wie Adam reagierte, als er von seinem Schlaf erwachte, in den Gott ihn versetzt hatte. Die Operation war beendet, er richtet seinen Blick langsam nach links und er sieht sie. Sie sieht irgendwie so aus wie er, und doch ist sie merklich anders – auf ganz wundervolle Weise anders. Ich kann fast hören, wie er auf die Beine springt und Gott zuruft: „He Gott, ich weiß zwar nicht, was es ist, aber es gefällt mir wirklich sehr gut!" Doch bald sollte alles anders werden. Adam stand kurz vor der Erfahrung, die wir heute „Desillusionierung" nennen!

Kapitel 4

Warum es so schwer ist, glücklich verheiratet zu sein

„Da wurden ihnen beiden die Augen geöffnet, und sie erkannten, dass sie nackt waren; und sie banden sich Feigenblätter um und machten sich Schurze. Und sie hörten die Stimme Gottes des Herrn, der im Garten wandelte, als der Tag kühl war; und der Mensch und seine Frau versteckten sich vor dem Angesicht Gottes des Herrn hinter den Bäumen des Gartens. Da rief Gott der Herr den Menschen und sprach: Wo bist du? Und er antwortete: Ich hörte deine Stimme im Garten und fürchtete mich, denn ich bin nackt; darum habe ich mich verborgen! Da sprach er: Wer hat dir gesagt, dass du nackt bist? Hast du etwa von dem Baum gegessen, von dem ich dir geboten habe, du solltest nicht davon essen? Da antwortete der Mensch: Die Frau, die du mir zur Seite gegeben hast, die gab mir von dem Baum, und ich aß! Da sprach Gott der Herr zu der Frau: Warum hast du das getan? Die Frau antwortete: Die Schlange hat mich verführt; da habe ich gegessen." (1. Mose 3,7-13)!

Viele Paare, mit denen ich gesprochen habe, gebrauchten unbewusst eine biblische Redewendung, um die beginnende Desillusionierung in ihrer Ehe zu beschreiben: „Ihnen gingen beiden die Augen auf". Was hat ihnen denn die Augen geöffnet? Dasselbe, was auch uns die Augen öffnet: die SÜNDE des anderen!

Illusion!

Jede Ehe durchlebt drei grundlegende Phasen. Die erste ist die Phase der Illusion. Es ist das Stadium der Romantik und Fantasie. Diesen wundervollen Seelenzustand nennt man auch Verliebtheit. Leider dauert diese Phase nur zwei bis vier Jahre an. Diese Zeit genießen wir am meisten in unserer Beziehung. Studien haben gezeigt, dass wir in dieser Phase einer Beziehung am zufriedensten sind. Es ist fast so, als ob wir unter Drogen stünden. Jeder einzelne Gedanke gilt unserem geliebten Partner. Wir können nichts Falsches an ihm entdecken; und wenn uns doch etwas auffällt, sind wir sehr schnell bereit, die Fehler zu übersehen oder zu entschuldigen.

Desillusion!

Irgendwann zwischen dem zweiten und dem vierten Beziehungsjahr lässt die narkotische Wirkung der Verliebtheit nach. Die Art, wie wir unseren geliebten Partner betrachten, wird immer objektiver. Das ist der Anfang des zweiten Stadiums einer Beziehung, die wir Phase der Desillusionierung nennen.

Wie hart uns diese Phase trifft, hängt größtenteils davon ab, wie verliebt wir vorher waren. Je weiter die Wahrnehmung unseres Partners von der Realität entfernt liegt, desto dramatischer wird der Sprung von der Verliebtheit auf den Boden der Tatsachen. Wenn man von einem Gebäude springt, hängt die Schwere der Verletzung davon ab, von welcher Höhe man gesprungen ist. So ist das auch bei unserem Partner. Je größer die Illusionen sind, umso verheerender sind die Auswirkungen, wenn uns bewusst wird, dass der andere doch auch nur ein „ganz normaler Mensch“ mit Körpergerüchen und allem, was dazu gehört, ist.

Das ist auch der Hauptgrund, warum Ehen, die im Jugendalter geschlossen werden, so oft misslingen. Wenn wir älter werden, können wir unsere Mitmenschen realistischer und sogar kritischer einschätzen. Wir merken, dass „uns nichts geschenkt wird“ und dass „der Schein oft trügt“. Wenn wir mit verschiedenen Leuten ausgehen, stellen wir fest, dass es „noch andere auf der Welt gibt", und dass „nicht alles Gold ist, was glänzt". Für diesen Prozess gibt es einen Fachbegriff. Wir nennen es „Erwachsenwerden".

Was meine Frau und mich betrifft, war unsere Illusion auf die Tatsache gegründet, dass wir beide Christen sind. Wir gingen davon aus, dass wir dadurch automatisch nicht die Probleme und den Stress haben würden, die wir bei anderen Paaren beobachteten. Da hatten wir uns aber gründlich getäuscht! Als wir unseren Egoismus und Selbstschutz erkannten, war das ein Riesenschock für uns.

Unsere Erfahrungen haben uns gelehrt, dass wir als Christen nicht automatisch befreit sind von den Schwierigkeiten, Fehlern und Nöten, die dem Rest der Menschheit begegnen. Vielmehr bekommen wir als Christen die Vollmacht und die richtige Perspektive, um „als gute Kämpfer Jesu Christi die Widrigkeiten zu erdulden" (2. Timotheus 2,3).

Eva und die Schlange

In 1. Mose 3 sehen wir, wie die Eheprobleme bei Adam und Eva anfingen. Sie waren ein Resultat ihrer SÜNDE! An diesem Punkt weichen wir oft ab und stürzen uns in theologische Diskussionen über die Frage, wer für ihre Sünde die größere Verantwortung trägt, Adam oder Eva. Nach gründlicher Analyse müssen wir feststellen, dass beide dafür verantwortlich waren.

Viel wichtiger ist für uns die Frage, „warum" Eva sich von der Schlange verführen ließ. Der Grund ist derselbe, warum auch Sie und ich Dinge tun, sagen, denken und aussprechen, von denen wir wissen, dass sie falsch sind. Die Bibel bezeichnet das als bewussten Ungehorsam.

Mit einfachen Worten, die Schlange hat Eva davon überzeugt, dass es gewinnbringender sei, Gott ungehorsam zu sein, als ihm zu gehorchen! Das ist derselbe Grund, warum auch Sie und ich ungehorsam sind. Wir beschließen, dass der Aufwand für unseren Gehorsam zu hoch, zu riskant und zu schwierig ist. Stattdessen entscheiden wir uns für den Weg, der uns angenehmer, bequemer und/oder vorteilhafter erscheint. Die sofortige Befriedigung unserer Wünsche ist uns wichtiger als die Wahrheit.

Die Schlange präsentierte Eva die Versuchung so, dass sie für sie als Mensch einleuchtend war: Zuerst überzeugte sie Eva, dass Gott ihr bestimmte Dinge verschwiegen hatte. „Er will nicht, dass du so bist wie Er, und dass du all die guten Dinge bekommst, die auch Er hat." Zweitens redete sie ihr ein, dass Gott nicht vertrauenswürdig und Sein Wort nicht zuverlässig ist. „Du hast doch Augen im Kopf. Du siehst doch, dass man die Frucht ‚gut essen kann', und dass man sie deshalb auch essen sollte. Außerdem ist sie ‚verlockend, weil du davon klug wirst'; jeder kann doch mehr Weisheit gebrauchen."

Eine Aussage der Schlange entsprach nur zur Hälfte der Wahrheit: „Sondern Gott weiß: An dem Tag, da ihr davon esst, werden euch die Augen geöffnet, und ihr werdet sein wie Gott und werdet erkennen, was gut und böse ist!" (1. Mose 3,5). Das ist die berühmte Halbwahrheit. Es ist dasselbe, als würde ich Ihnen sagen: „Wenn Sie vom *Empire State Building* springen, werden Sie sich nicht verletzen." Diese Aussage entspricht absolut der Wahrheit. Der Moment, in dem Sie springen, ist völlig schmerzfrei. Doch sobald Ihr Körper auf dem Boden aufkommt, werden Sie aussehen wie ein überfahrenes Tier und sich auch so fühlen.

Sobald Adam und Eva die Frucht gegessen hatten, wurden sie in gewisser Hinsicht tatsächlich wie Gott. Im selben Moment wurden ihnen die Augen geöffnet und sie kannten den Unterschied zwischen „gut und böse". Leider fehlte ihnen die Fähigkeit, das Gute durchweg auch zu tun, und was noch schlimmer ist, sie waren nicht in der Lage, dem Bösen zu widerstehen! Wer einfach nur den Unterschied zwischen Gut und Böse kennt, ist noch lange nicht im Vorteil. Wer diesen Unterschied kennt, ist deshalb nicht automatisch auch fähig, das Gute zu tun oder dem Bösen zu widerstehen.

Sünde ist für die meisten von uns nur ein abstrakter Begriff. Wir denken dabei an die Sünden der anderen. Unter Sünde verstehen wir Straßenkriminalität, Korruption in der Gesellschaft und in der Regierung, wir denken an Adolf Hitler, Josef Stalin, Idi Amin und Saddam Hussein. Wir können sie sogar in dem „Kerl" erkennen, der uns im Straßenverkehr die Vorfahrt genommen hat. Doch die größten Auswirkungen der Sünde finden wir woanders. Das unverkennbare und unmittelbare Werk der Sünde erkennen wir am meisten in unseren Beziehungen zu anderen und in der Art, wie wir miteinander umgehen. Wenn Sie wissen möchten, was in Ihrer Ehe verkehrt läuft: Es ist die Sünde – Ihre Sünde! Lassen Sie uns als Beweis dafür einmal ansehen, wie die Sünde die Beziehung von Adam und Eva verändert hatte. Was wir hier sehen werden, ist eine absteigende Entwicklung, die mit einem Schuldgefühl anfängt und anschließend vom Schamgefühl zur Schuldaufwiegung, zum Rückzug bis hin zur Selbstrechtfertigung führt.

Die Tatsache der Schuld

Vorhin haben wir gelesen: „Und sie waren beide nackt, der Mensch und seine Frau, und sie schämten sich nicht." (1. Mose 2,25). Nachdem sie aber gesündigt hatten, lesen wir: „Da wurden ihnen beiden die Augen geöffnet, und sie erkannten, dass sie nackt waren ..." (1. Mose 3,7). Die direkte Konsequenz der Sünde war das „Schuldgefühl", als ihnen die Augen geöffnet wurden. Auf einmal konnten sie ihren Ungehorsam in seiner ganzen Bedeutung erkennen. Sie sahen die große Kluft, die nun moralisch und auch geistlich zwischen ihnen und Gott entstanden war. Von nun an gilt das für jeden, der das Licht dieser Welt erblickt: „Darum, gleichwie durch einen Menschen die Sünde in die Welt gekommen ist und durch die Sünde der Tod, und so der Tod zu allen Menschen hingelangt ist, weil sie alle gesündigt haben" (Römer 5,12).

Was ist Schuld? Es ist das Bewusstsein, im Unrecht zu sein, einen Fehler begangen zu haben, für den man eine Strafe verdient hat. In dem Moment, als „ihnen beiden die Augen geöffnet wurden“, gab es plötzlich einen erheblichen Unterschied in der Art, wie sie ihre Umgebung wahrnahmen. Das Bewusstsein ihrer eigenen Person veränderte sich entscheidend. Sie wurden konfrontiert mit der Tatsache ihrer Schuld, die durch die Sünde entstanden war. Das war nicht einfach nur eine emotionale Reaktion. Es begann mit der Realität der Sünde: „denn alle haben gesündigt und erlangen nicht die Herrlichkeit Gottes“ (Römer 3,23 Elberfelder). Die Gemeinschaft mit Gott wurde zerstört!

Das Schuldgefühl

Der „Tatsache“ der Sünde folgt immer das Schuldgefühl! Plötzlich lesen wir, dass Adam und Eva erkannten, dass sie nackt waren. Vielleicht ist damit ein Bewusstsein gemeint, das sowohl ihre geistliche als auch ihre körperliche Nacktheit betraf.

Den meisten von uns ist nicht bewusst, dass für unsere Schuldgefühle – Gefühle, die jeder von uns kennt – die Sünde verantwortlich ist. Jeder von uns hat irgendwo „Dreck am Stecken“ und hofft, dass keiner etwas merkt. Wir haben alle irgendwelche Minderwertigkeitsgefühle oder fühlen uns in bestimmten Bereichen inkompetent. Frauen fühlen sich hässlich; Männer haben das Gefühl, erfolglos zu sein. Wir schämen uns dafür, was aus unserem Leben geworden ist oder was wir nicht erreicht haben. Vielleicht kämpfen wir sogar noch mit „Sünden“ aus unserer Vergangenheit, Verstöße, die unsere Erinnerungen in Angst versetzen und beschmutzen. Dieses schreckliche, quälende Schuldgefühl ist das Resultat der Sünde.

Mühevolle Kompensation

Wie reagierten sie also auf ihr Schamgefühl? Sie versuchten, es zu vertuschen, so wie wir alle das tun, wenn wir uns schämen: „und sie hefteten Feigenblätter zusammen und machten sich Schurze.“ (1. Mose 3,7). Mit Feigenblättern! Igitt!

Haben Sie schon einmal Feigen gepflückt? Sollten Sie das jemals vorhaben, ist es ratsam, dabei Handschuhe, ein langärmeliges Oberteil und eine lange Hose zu tragen. Warum? Weil der Saft der Feigen auf der Haut Flecken hinterlässt und weil die Blattfasern Juckreiz auslösen. Können Sie sich vorstellen, mit Feigenblättern Ihren Intimbereich zu bedecken? Ihre Nacktheit wurde dadurch nur noch offenkundiger und sehr peinlich.

Das ist der unausweichliche Nebeneffekt von „Vertuschungsversuchen". Sie verschlimmern das Problem eher noch und machen es für andere noch offensichtlicher, anstatt es zu verbergen. Da ist z.B. der Mann, der seine Minderwertigkeitsgefühle mit Wichtigtuerei zu überdecken versucht, oder die Frau, die den normalen Alterungsprozess vertuschen will, indem sie ein Vermögen für teure Kleidung, Schönheitsoperationen usw. ausgibt. Schon früh in unserem Leben entwickeln wir solche Kompensatoren, nämlich dann, wenn wir uns unserer Unzulänglichkeiten und Schwachstellen bewusst werden. Vielleicht wollen wir bei unseren Klassenkameraden Eindruck schinden und erzählen ihnen Lügengeschichten, was die Arbeit und den Verdienst unserer Eltern betrifft. Vielleicht betrügen oder stehlen wir, damit wir etwas besitzen, was uns in den Augen der anderen bedeutsam erscheinen lässt. Im Laufe der Zeit sind es genau diese Verhaltensweisen, die uns von anderen und von Gott trennen. Vielleicht leben wir jeden Tag oder sogar jede Stunde mit der Angst, dass die Leute herausfinden, wer wir wirklich sind und uns dann ablehnen. Eine vertraute Beziehung wird unmöglich. Wir fangen an, Trennwände um uns herum aufzubauen, um uns selbst zu schützen, Mauern, die verhindern, dass wir ein offenes, ehrliches und verwundbares Verhältnis zu den Menschen haben können, die wir lieben. Wir sehnen uns nach Vertrautheit und sind doch unfähig, unsere „Hüllen fallen zu lassen", um diese Vertrautheit zu erreichen.

Als ich zwölf Jahre alt war, hatte ich extrem schiefe Zähne, und meine Eltern ließen mir eine Zahnspange anfertigen. Das war für einen unsicheren, jungen Schüler ein schreckliches Schicksal. Das ständige Bewusstsein, dass ich eine Zahnspange trug, ließ mich eine Methode entwickeln, mit der ich meinen Makel überspielen konnte. Immer, wenn ich lächelte, hielt ich meine Hand vor den Mund, damit niemand meine Zahnspange sehen konnte. Jahre später, lange nachdem mir die Zahnspange entfernt worden war, fragte mich jemand ganz unerwartet: „Du hattest früher eine Zahnspange, nicht wahr?“ Als ich ihn fragte, woher er das wusste, erklärte er mir, dass er das an der Art erkennen konnte, wie ich meinen Mund bedeckte, wenn ich lächelte oder lachte.

In vieler Hinsicht trifft das auch auf unsere Gefühle zu. Wir haben so sehr Angst vor unserer eigenen Verletzlichkeit, dass wir uns Beziehungsmethoden ausdenken, die uns daran hindern, ein vertrautes Verhältnis zu anderen aufzubauen, besonders zu unserem Ehepartner. Wir tun das, um uns selbst vor dem Schamgefühl zu schützen, das wir befürchten, wenn wir die Mauern abreißen und es allen erzählen. Das Problem mit Mauern ist nur, dass sie uns nicht nur schützen, sondern auch einsperren.

Vergessen Sie nicht, Gott hat gesagt: „Es ist nicht gut, dass der Mensch allein sei.“ Aber genau das tut die Sünde uns an. Sie lässt uns durch unsere Angst vor der Verletzlichkeit allein dastehen. Sie lässt die Vertrautheit bedrohlich erscheinen, weckt unsere Angst davor. Die Konsequenz davon ist, dass die meisten von uns seitdem einsam sind.

Der nächste Vers sagt uns: „Und sie hörten die Stimme Gottes, des HERRN, der im Garten wandelte bei der Kühle des Tages. Da versteckten sich der Mensch und seine Frau vor dem Angesicht Gottes, des HERRN, mitten zwischen den Bäumen des Gartens.“ (1. Mose 3,8). Sie wurden nicht nur voneinander getrennt, sondern sie wurden auch von Gott getrennt!

Ich glaube, es gibt zwei Dinge, die für die psychische Verfassung absolut wichtig sind: 1. Vertrautheit mit Gott und 2. Vertrautheit mit anderen. Es heißt ja auch in Sprüche 19,22: „Beharrliche Liebe, danach sehnt sich ein Mensch...“ (Übersetzt aus der New International Version).

Je wohler wir uns damit fühlen, ehrlich zu Gott und zu anderen zu sein in dem, wer wir wirklich sind, umso glücklicher werden wir sein.

Rückzug von den Menschen und von Gott

Früher oder später kommt die Wahrheit ans Licht. Das ist die vierte Konsequenz aus der Sünde Adams und Evas: „… ich fürchtete mich, denn ich bin nackt; darum habe ich mich verborgen!“ (1. Mose 3,10). Wir fühlen uns gehetzt durch die Angst, es könne etwas herauskommen. „Was wäre, wenn die Leute herausfinden würden, dass ...?“ Was werden sie denn herausfinden? Dass Sie genauso sind wie die anderen? Irgendwie glauben wir immer, wir seien die Einzigen, die eine bestimmte Schwäche oder ein Problem haben. Ich habe festgestellt, dass das immer falsch ist.

Vor einigen Jahren traf ich mich regelmäßig jeden Freitagmorgen mit einer Gruppe von zehn oder zwölf Männern zum Frühstück und zur Gemeinschaft. An einem bestimmten Morgen wurde das Gespräch auf ein Thema gelenkt, das bei uns Ortsgespräch war. Ein früherer katholischer Priester wollte versuchen, in der Nähe unserer Stadt eine pornographische Geschäftskette zu eröffnen. Natürlich waren alle Anwesenden strikt gegen Pornographie und brachten ihren Widerstand auch deutlich zum Ausdruck.

Aber dann passierte etwas Wunderbares. Einer der Männer unterbrach die Unterhaltung und sagte: „Männer, ich habe wirklich ein Problem mit Pornographie. Ich weiß, dass es falsch ist, aber ich komme einfach nicht davon los.“

Was dann folgte war gewaltig. Einer nach dem anderen, fast jeder der Anwesenden begann, über die Probleme zu sprechen, die er mit der Pornographie hatte. Zum ersten Mal zeigten diese Männer einander ihr wahres Wesen. Wirkliche Gemeinschaft konnte erst dann stattfinden, als wir ehrlich zueinander wurden. Die Männer fingen an, einander zu dienen, indem sie füreinander beteten. Die meisten von ihnen waren das erste Mal in ihrem Leben einer anderen Person gegenüber so ehrlich gewesen.

Diese Art von Offenheit sollte nach Gottes Willen und Plan in der Ehe stattfinden. Im Laufe der Jahre habe ich gelernt, meiner Frau von meinen tiefsten Ängsten, Problemen, Schuld- und Schamgefühlen zu erzählen. Am Anfang war das beängstigend. Wie würde sie reagieren? Würde sie mich ablehnen und nicht mehr respektieren? Würde sie es anderen erzählen?

Es war ein wundervolles Gefühl, als sie mir zuhörte. Sie hat mich getröstet, herausgefordert, beraten. Und manchmal, wenn ich es nötig hatte, hat sie mich auch zurechtgewiesen. Genau in diesen Momenten habe ich sie ganz besonders in ihrer Rolle als mein „Gegenüber" zu schätzen gewusst.

Rechtfertigung

Leider gab es auch Zeiten, in denen ich nicht so aufnahmebereit war für die Worte meiner Frau. Das trifft besonders dann zu, wenn sie diejenige ist, die ein Gespräch anfängt. Normalerweise sind das Gespräche über mein armseliges Auftreten in dem einen oder anderen Bereich. Dann sehe ich immer die Ähnlichkeit zwischen meinem und dem Verhalten Adams und Evas, als Gott sie im Garten zur Rede stellte, nachdem sie gesündigt hatten.

> „Da sprach er: Wer hat dir gesagt, dass du nackt bist? Hast du etwa von dem Baum gegessen, von dem ich dir geboten habe, du solltest nicht davon essen? Da antwortete der Mensch: Die Frau, die du mir zur Seite gegeben hast, die gab mir von dem Baum, und ich aß! Da sprach Gott der Herr zu der Frau: Warum hast du das getan? Die Frau antwortete: Die Schlange hat mich verführt; da habe ich gegessen!" (1. Mose 3,11-13).

Was wir in diesem Abschnitt sehen, ist das klassische Beispiel für Selbstverteidigung. Seelsorger nennen das Projektion: der Akt oder der Vorgang, die Schuld oder die Verantwortung für unsere Taten auf eine andere Person zu projizieren in der

Hoffnung, dadurch von unserer Schuld und Verantwortung freigesprochen zu werden.

Adams und Evas Antwort auf die Konfrontation Gottes ist fast genauso humorvoll wie tragisch. Adam beantwortet noch nicht einmal die Frage, die Gott ihm gestellt hat: „Wer hat dir gesagt, dass du nackt bist?“ Anstelle dessen fängt er sofort damit an, Eva und Gott die Schuld zuzuweisen: „Die Frau, die du mir gegeben hast ...“ Augenscheinlich folgte Eva dem schlechten Beispiel ihres Mannes, als sie es ihm gleichtat: „Die Schlange hat mich dazu verführt.“

Alles, was sie sagten, entsprach der Wahrheit, aber sie ließen ein entscheidendes Element aus: die persönliche Verantwortung. Eva hatte Adam nicht gezwungen, die Frucht zu essen, und auch die Schlange zwang Eva nicht. Vielleicht wurden sie überredet, dazu ermutigt, verführt, getäuscht, aber am Ende war es ihre Entscheidung, die sie durch die Ausübung ihres freien Willens trafen. Sie allein waren schuldig, und das Urteil, das folgte, stimmte mit den Tatsachen überein.

Ich gebe es nicht gerne zu, aber diese Kommunikation zwischen Adam, Eva und Gott erinnert mich schreckensvoll an die „Gespräche“, die meine Frau beginnt. Wenn wir uns gegenseitig auf unsere Fehler hinweisen, finden wir das selten begrüßenswert. Ich weiß, was die Bibel darüber sagt: „Weise nicht den Spötter zurecht, damit er dich nicht hasst; weise den Weisen zurecht, und er wird dich lieben!“ (Sprüche 9,8). Leider benehme ich mich mehr wie ein „Spötter“ anstatt wie ein verständiger Mensch. Aber das ist ein Bereich, in dem meine Frau mir eine der größten Stützen war.

Vor Kurzem gingen meine Frau und ich zum Einkaufen in ein Kaufhaus. Während wir durch den Laden gingen, wandte sie sich mir zu und sagte: „Sieh dich mal im Spiegel an.“ Da ich ein gehorsamer Ehemann bin und ich mich auch immer gern im Spiegel ansehe, folgte ich ihrer Anordnung. Beschämt stellte ich fest, dass ich sehr finster dreinblickte, was mich sehr unattraktiv aussehen ließ. Jeder konnte sehen, dass ich mich nicht gerade amüsierte. Sofort änderte ich meinen Gesichtsausdruck und achtete darauf, dass ich von jetzt an jedem zulächelte, dem ich begegnete.

Warum nahm sich meine Frau die Zeit, mich darauf hinzuweisen, wie unattraktiv ich aussah? Dafür gab es zwei Gründe. Erstens, sie liebt mich und ihr ist wichtig, wie andere mich sehen. Zweitens, sie muss sich mit mir in der Öffentlichkeit zeigen. Es lag sowohl in ihrem als auch in meinem Interesse, dass sie mich damit konfrontierte und ich mich änderte.

Wir müssen begreifen, dass Gott und andere uns meistens aus dem einen Grund mit etwas konfrontieren, weil sie uns helfen wollen, nicht, weil sie uns verletzen wollen. Wir sind von Natur aus und auch durch unsere Taten Sünder. Deshalb müssen wir häufig mit unseren Fehlern konfrontiert werden. Außerdem ist es schmerzhaft, wenn unsere „Nacktheit" vor anderen bloßgestellt wird. Aber es ist auch der Weg zur Freiheit, Veränderung und Vertrautheit. Denken Sie einmal über die Worte Jesu in Johannes 9 nach, nachdem er den blinden Mann geheilt hatte:

> „Und Jesus sprach: Ich bin zum Gericht in diese Welt gekommen, damit die, welche nicht sehen, sehend werden und die, welche sehen, blind werden. Und dies hörten etliche der Pharisäer, die bei ihm waren, und sprachen zu ihm: Sind denn auch wir blind? Jesus sprach zu ihnen: Wenn ihr blind wärt, so hättet ihr keine Sünde; nun sagt ihr aber: Wir sind sehend! — deshalb bleibt eure Sünde." (Johannes 9,39-41).

Wo sind die „blinden" Flecken in unserem Leben? Haben Sie sich verlassen auf Kompensatoren, Rückzug oder Rechtfertigung, um sich von den problematischen Bereichen Ihres Lebens, Ihrer Ehe zu distanzieren?

Für meine Frau und mich begann der Weg der Heilung, als wir damit aufhörten, uns hinter unseren Anklagen und gegenseitigen Beschuldigungen zu verstecken. Wir begannen zu beten: „Herr, zeige mir, wo ich falsch gelegen habe! Zeige mir, was ich tun kann, um mich zu verändern, damit ich ein besserer Ehemann, eine bessere Ehefrau, ein besserer Vater, eine bessere Mutter werde." Jetzt konnte der wirkliche Fortschritt stattfinden, denn das war der Punkt, an dem wir dem Heiligen Geist erlaubten, uns zu verändern!

> „Demütigt euch vor dem Herrn, so wird er euch erhöhen." (Jakobus 4,10).

Kapitel 5
Gottes Idealbild von der Ehe

„Ordnet euch einander unter in der Furcht Gottes! Ihr Frauen, ordnet euch euren eigenen Männern unter als dem Herrn; denn der Mann ist das Haupt der Frau, wie auch der Christus das Haupt der Gemeinde ist; und er ist der Retter des Leibes. Wie nun die Gemeinde sich dem Christus unterordnet, so auch die Frauen ihren eigenen Männern in allem." (Epheser 5,21-24).

Die meisten Amerikaner haben wenig Ahnung von Geschichte und haben deshalb auch keine historische Perspektive von den Ereignissen, die ihr Leben betreffen. Wir denken oft, dass heute alles genauso ist, wie es früher war. Wenn wir also über die Ehe sprechen, gehen wir davon aus, dass alle Menschen schon immer die gleichen Ansichten darüber hatten wie wir sie heute haben. Das ist nicht der Fall.

Als Paulus an die Epheser schrieb und ihnen darstellte, mit welchen Einstellungen und Verhaltensweisen eine Ehe geführt werden sollte, dann schrieb er damit etwas, was zu seiner Zeit sehr revolutionär war. Er konfrontierte seine Leser aus dem ersten Jahrhundert mit einer Sicht von der Ehe, die für sie zweifellos radikal war. Es war ein Aufruf an die Männer und Frauen, sich gegenseitig unterzuordnen und einander in Liebe zu dienen.

Die jüdische Ehe im ersten Jahrhundert

Um zu verstehen, wie radikal diese Betrachtungsweise der Ehe war, müssen wir wissen, welche Auffassung von Frauen und Ehe damals im ersten Jahrhundert üblicherweise von den verschiedenen vorherrschenden Kulturen vertreten wurde. Beginnen wir mit einem Blick auf Israel, denn dort waren die Frauen und die Ehe höher angesehen als bei den heidnischen Völkern.

Die jüdischen Frauen genossen einen weitaus höheren Status und mehr Sicherheit in der jüdischen Ehe, weil das Gesetz den Ehebruch verurteilte und eine „Scheidungsurkunde" verlangte, wenn ein Mann seine Frau loswerden wollte. Selbst Salomo hatte den Männern schon geraten „... freue dich an der Frau deiner Jugend!" (Sprüche 5,18) und nicht eine jüngere und attraktivere Frau zu suchen. Die Rabbis lehrten: „Jeder Jude soll sein Leben hingeben, anstatt anderen Göttern zu dienen, zu morden oder Ehebruch zu begehen." Und „Der Altar vergießt Tränen, wenn ein Mann sich von der Frau seiner Jugend scheiden lässt."

Trotzdem musste sich jeder männliche Jude an die Anweisung halten, seinen Tag mit einem Gebet zu beginnen, und dieses Gebet beinhaltete die folgende Aussage: „Danke, o Herr, dass du mich nicht als Heide, als Sklave oder als Frau geschaffen hast." Frauen galten oft nicht als Menschen mit einem bestimmten Status und einer Position, sondern man betrachtete sie als Besitz oder Eigentum.

Zu den hitzigsten Debatten, die von den Rabbis geführt wurden, gehörte die Frage, welche Gründe erlaubt waren, sich von seiner Frau scheiden zu lassen.

Im Wesentlichen gab es zwei Lehrmeinungen, die jeweils von einem hoch angesehenen Rabbiner unterstützt wurden. Die Anhänger Hillels waren die Gruppe der Konservativen. Sie formulierten seine Ansichten so: „Ein Mann kann seine Frau verlassen, wenn sie sein Essen versalzen hat und es damit ungenießbar wurde, wenn sie sich ohne Kopfbedeckung in der Öffentlichkeit zeigt, wenn sie sich auf der Straße mit Männern unterhält, wenn sie in Anwesenheit ihres Mannes respektlos von ihren Schwiegereltern spricht, wenn sie sich auf Schlägereien einlässt, Schwierigkeiten macht oder streitsüchtig ist." Einer der Anhänger ging sogar noch weiter: „Ein Mann kann sich von seiner Frau scheiden lassen, wenn er eine andere Frau gefunden hat, die er attraktiver findet."[13]

Ein anderer angesehener Lehrer mit Namen Schammai hatte eine eher liberale Einstellung. Er erklärte, dass eine Scheidung nur dann erlaubt sei, wenn die Frau Ehebruch begangen hatte. In diese Kontroverse wollten die Pharisäer Jesus hineinziehen, als sie ihn fragten: „Darf man sich von seiner Frau aus jedem beliebigen Grund trennen?" Die Antwort Jesu machte sehr deutlich, welche Einstellung Gott zu diesem Thema hat:

> „Er aber antwortete und sprach zu ihnen: Habt ihr nicht gelesen, dass der Schöpfer sie am Anfang als Mann und Frau erschuf und sprach: »Darum wird ein Mann Vater und Mutter verlassen und seiner Frau anhängen; und die zwei werden ein Fleisch sein«? So sind sie nicht mehr zwei, sondern ein Fleisch. Was nun Gott zusammengefügt hat, das soll der Mensch nicht scheiden! Da sprachen sie zu ihm: Warum hat denn Mose befohlen, ihr einen Scheidebrief zu geben und sie so zu entlassen? Er sprach zu ihnen: Mose hat euch wegen der Härtigkeit eures Herzens erlaubt, eure Frauen zu entlassen; von Anfang an aber ist es nicht so gewesen. Ich sage euch aber: Wer seine Frau entlässt, es sei denn wegen Unzucht, und eine andere heiratet, der bricht die Ehe; und wer eine Geschiedene heiratet, der bricht die Ehe." (Matthäus 19,4-9).

Offensichtlich hatte Jesus Partei ergriffen für die Lehrmeinung Shammais (oder Shammai hatte für Gott Partei ergriffen!).

Man muss beinahe lachen, wenn man die Reaktion der Jünger auf die Antwort Jesu liest: „Da sprechen seine Jünger zu ihm: Wenn ein Mann solche Pflichten gegen seine Frau hat, so ist es nicht gut, zu heiraten!" (Matthäus 19,10).

Die Ehe bei den Griechen

Die Juden waren sehr schnell dabei, die niedrige Moral der Griechen anzuprangern, und das mit Recht. Bedenken Sie, wie geringschätzig sie über Frauen dachten, was die Kommentare veranschaulichen, die einige der größten Lehrer der Antike äußerten.

Demosthenes, der bedeutendste Redner der Antike, formulierte die übliche Auffassung seiner Zeit so: „Wir haben Hetären für das Vergnügen, Konkubinen für die täglichen Bedürfnisse, Gattinnen aber, um uns rechtmäßige Kinder zu geben und für das Innere des Hauses zu sorgen."

Der griechische Poet, Philosoph und Religionsführer Xenophon fasste es so zusammen, dass die Rolle der Frau darin besteht, „so wenig wie möglich zu sehen, so wenig wie möglich zu hören und so wenig wie möglich zu fragen."

Selbst Sokrates, der mehr als jeder andere griechische Philosoph einen starken Einfluss auf die westliche Denkweise hatte, schrieb im Hinblick auf die Frau: „Gibt es einen Menschen, dem wir unsere wichtigen Angelegenheiten eher anvertrauen würden als unserer Frau? - Und gibt es einen Menschen, mit dem man weniger spricht als mit ihr?" So viel zur Aufklärung der griechischen Denker!

Dann gab es noch die Römer

Ohne Frage hatten die Römer die schlechteste Meinung über die Frauen und die Ehe. Bis ins erste Jahrhundert hinein waren Vielehen und Scheidungen an der Tagesordnung. Nach den Aufzeichnungen Gibbons war das, mehr als alles andere, der Grund, warum das große Römische Reich schließlich zu Fall kam und scheiterte.

Vor diesem kulturellen Hintergrund stand Paulus, als er zu den Ephesern sprach – und zwar ausgerechnet in der Kirche, die in der Innenstadt von Ephesus stand, zu der auch der große Tempel gehörte, der der Göttin Artemis (Schlachter-Bibel:

Diana) geweiht war. Sie war die Schutzherrin der zeremoniellen Prostitution, mit der sie unter anderem in Ephesus angebetet wurde. Charakteristisch für ihre Anbetung waren sinnliche Orgien. Zahlreiche Tempelsklavinnen oder „Priesterinnen", die als Jungfrau kamen, wurden dem Tempeldienst verschrieben, zu dem auch die rituelle Prostitution gehörte.

An diesem Ort erklärte Paulus den göttlichen Plan für die Ehe, ein Plan, der gekennzeichnet war von gegenseitiger Liebe und aufopferndem Dienst. Wie wundervoll müssen Paulus´ Worte in den Ohren der Frauen von Ephesus geklungen haben, nachdem sie den Gegensatz zu ihrer eigenen, dekadenten Kultur erkennen konnten, eine Kultur, in der Frauen zu Objekten des Vergnügens reduziert wurden. Jetzt hatte Gott ausgerufen: „Ihr Männer, liebt eure Frauen, gleichwie auch der Christus die Gemeinde geliebt hat und sich selbst für sie hingegeben hat, damit er sie heilige, nachdem er sie gereinigt hat durch das Wasserbad im Wort, damit er sie sich selbst darstelle als eine Gemeinde, die herrlich sei, so dass sie weder Flecken noch Runzeln noch etwas ähnliches habe, sondern dass sie heilig und tadellos sei." (Epheser 5,25-27). Hier wurde Gottes Herz offenbart!

Gegenseitige Unterordnung

Mein Vater bekehrte sich erst anderthalb Jahre vor seinem Tod. Trotzdem erinnere ich mich daran, dass er früher meiner Mutter die Worte aus Epheser 5,22-24 zitiert hatte: „Ihr Frauen, ordnet euch euren eigenen Männern unter als dem Herrn; denn der Mann ist das Haupt der Frau, wie auch der Christus das Haupt der Gemeinde ist; und er ist der Retter des Leibes. Wie nun die Gemeinde sich dem Christus unterordnet, so auch die Frauen ihren eigenen Männern in allem." Sein Fehler war, dass er diese Lehre nicht in ihrem gesamten Kontext betrachtete. Leider war er nicht der Einzige, der diesen Fehler machte. Nicht selten benutzen Ehemänner und Ehefrauen diese schöne Erklärung für eine ideale Ehe als Waffe gegen ihren Partner. Wir sind so gut darin, anderen zu sagen, was sie tun sollen und übersehen dabei ganz unsere eigenen Pflichten.

Lesen im Zusammenhang

Um Paulus´ Worte zu verstehen, müssen wir sie in dem vorgegebenen Zusammenhang prüfen. In Kapitel vier beginnt Paulus damit, die praktische Anwendung unserer „Position“ als gläubige Christen darzustellen. Zuvor erklärte er in Kapitel zwei, dass alle, die an Christus glauben, jetzt „mitversetzt“ sind „in die himmlischen Regionen in Christus Jesus“. So sieht Gott uns. Das ist unsere „Position“ in Christus!

Bei Kapitel vier angelangt, fährt er fort mit folgender Ermahnung: „So ermahne ich euch nun, ich, der Gebundene im Herrn, dass ihr der Berufung würdig wandelt, zu der ihr berufen worden seid ...“ (Epheser 4,1). Was bedeutet es „der Berufung würdig zu wandeln“? In Vers zwei folgt die Erklärung: „... indem ihr mit aller Demut und Sanftmut, mit Langmut einander in Liebe ertragt ...“ (Epheser 4,2).

Von diesem Punkt an gibt Paulus zahlreiche Beispiele und Möglichkeiten, wie wir dieses Prinzip in unserem Leben anwenden können: reifer werden (4,11-16); leben als Kinder des Lichts (4,17-29); Nachahmer Christi sein (5,1-21); Gott verherrlichen in der Ehe (5,22-31); Gott verherrlichen in der Familie (6,1-4); Gott verherrlichen im Beruf (6,5-9); Gott verherrlichen durch geistliche Wachsamkeit (6,10-19). Sein Ziel war, uns zu lehren und herauszufordern, dass wir unsere „Position“ in unserem Alltag leben, anstatt uns unserem sündhaften „Zustand“ zu ergeben.

Das war auch der Zusammenhang, in dem Paulus mit ihnen über ihre Beziehung in der Ehe sprach. Er beginnt damit eigentlich schon in Kapitel 5,21, wo er einen vorrangigen Grundsatz darstellt: „... ordnet euch einander unter in der Furcht Gottes!“ Das ist das Ziel, das in der Ehe erreicht werden sollte – nicht nur eine Ehefrau, die sich ihrem Mann unterordnet oder ein Ehemann, der seine Frau liebt – sondern vielmehr zwei Christen, die beide motiviert sind von dem Wunsch, Christus zu ehren und zu verherrlichen und sich deshalb, aus Gehorsam und Respekt vor Ihm, „dem anderen unterordnen“.

Was meinen Sie, wenn Sie sagen: „Ich liebe dich"?

Meine Frau fragte mich einmal: „Warum liebst du mich?" Von meiner Antwort war sie nicht gerade begeistert, jedenfalls nicht, bevor ich die Gelegenheit hatte, ihr zu erklären, was ich meinte. „Ich liebe dich, weil Gott es so will", hatte ich erwidert. In ihren Ohren klang das, als würde ich sagen: „Eigentlich empfinde ich gar keine Liebe für dich, aber es ist meine Pflicht, dich zu lieben, also werde ich eben um Gottes willen so tun als ob."

Das hatte ich überhaupt nicht damit gemeint. Es gibt eine ganze Reihe von Gründen, warum ich meine Frau liebe. Ich finde sie attraktiv; ich genieße die Freundschaft mit ihr und freue mich über ihre Unterstützung; sie hat mich auch dann geliebt, wenn ich nicht sehr liebenswert war; sie hat mir vier Kinder geboren, und sie sieht immer noch großartig aus. Doch das sind alles nur „bedingte" Gründe. Was, wenn sie nicht attraktiv wäre? Was, wenn wir nicht so gute Freunde wären? Was, wenn wir nichts gemeinsam hätten? Was, wenn wir niemals Kinder bekommen hätten? Würde ich sie immer noch lieben? Ganz gewiss, um Christi willen!

Darum ging es Paulus. Liebe ist keine wirkliche Liebe, wenn sie nicht eine Liebe wird, die „trotz allem" gilt. Die Liebe gründet sich nicht darauf, „was der andere neulich für mich getan hat", auch nicht auf die Hoffnung, was er in Zukunft einmal für mich tun wird. Es ist die Liebe, die sich entschieden hat, in der Liebe zu wandeln, sich dem anderen unterzuordnen und ihm zu dienen, weil Gott dadurch geehrt wird.

Bund kontra Vertrag

Das ist der Grund, warum wir die Ehe als einen „Bund" bezeichnen und nicht als einen „Vertrag". Ein Vertrag ist eine Vereinbarung zwischen zwei Parteien über den gegenseitigen Austausch von Gütern oder Diensten. Wenn der andere irgendwann seinen Teil des Vertrags nicht erfüllt, steht es mir frei, den Vertrag aufzulösen. So denken die meisten heute über die Ehe. Aber Gott hat uns in ein Bündnis der Beziehung berufen, zu dem nicht nur der Mann und die Frau gehören, sondern auch Gott. Wenn wir unser Eheversprechen abgeben, schwört der Mann hierbei in Wirklichkeit, dass er Gott in allem gehorcht, was dieser ihm in Bezug auf seine Frau anordnet. Genauso verpflichtet sich auch die Frau, Gott treu zu sein, indem sie alles hält, was er von ihr im Hinblick auf ihren Mann fordert. Der Grund für unsere Liebe zueinander liegt nicht in der Leistung des anderen. Vielmehr lieben wir uns, weil wir Christus gehorchen.

Ich weiß, das klingt nicht sehr romantisch, aber ob Sie es glauben oder nicht, es ist die einzige Basis, auf der die Romantik eine Chance hat, die Verliebtheitsphase zu überdauern. Es gab häufig Zeiten, in denen die Gefühle für meine Frau nicht besonders liebevoll oder versöhnlich waren. Sie hatte vielleicht meine Gefühle verletzt oder mich auf irgendeine Art enttäuscht. Wenn ich aber darüber betete, wurde mir jedes Mal klar, was ich tun sollte: sie um Christi willen lieben! Weil Romantik abhängig ist von Zuversicht und Vertrauen, bleibt das Feuer der Romantik durch unser gleich bleibendes, liebevolles Verhalten erhalten.

Vor Jahren stellte ich fest, dass sich jede christliche Ehe schlagartig verbessern würde, wenn Christen ihren Partner einfach nur so behandeln würden, wie Jesus das von uns in Bezug auf unsere Feinde erwartet. Vergleichen Sie die Aussage Jesu mit der Art, wie Sie Ihren Partner behandeln: „Ich aber sage euch: Liebt eure Feinde, segnet, die euch fluchen, tut wohl denen, die euch hassen, und bittet für die, welche euch beleidigen und verfolgen ..." (Matthäus 5,44). Die „Liebe" selbst kennzeichnet das Wesen Gottes (1. Johannes 4,16) und ist gleichzeitig das wichtigste Anzeichen für ein „Leben im Geist" (Galater 5,22). Wenn in uns der echte Wunsch besteht, ein Leben „würdig unserer Berufung" zu führen, müssen wir ernsthaft dazu bereit sein, in unserer Ehe „einander zu lieben".

Welche Liebe ist gemeint?

Unsere Sprache ist in ihrer Ausdrucksweise und Betonung viel begrenzter als die Sprache der Bibel. Bei den Griechen (ihre

Sprache ist die des Neuen Testaments) gab es vier verschiedene Wörter, die die verschiedenen Arten der Liebe bezeichneten:

1. Es gab die Liebe in Form einer natürlichen Zuneigung (*storge*), die zum Beispiel Eltern für ihr Kind empfinden oder ein Patriot für sein Vaterland.

2. Es gab die begehrliche Liebe (*eros*), die oft mit sinnlicher Liebe assoziiert wurde.

3. Es gab die freundschaftliche Liebe (*philia*).

4. Und schließlich gab es noch die selbstlose Liebe (*agape*).

Genau diese letzte Form der Liebe wird oft assoziiert mit der Liebe Gottes zu den Menschen und mit der Liebe, die Christen anderen Menschen zeigen sollen. Das ist die Liebe, von der Paulus spricht, als er den Ephesern sagt, dass sie einander lieben sollen, besonders im Zusammenhang mit der Ehe (Kap. 1,4; 2,4; 3,17.19; 4,16; 5,2.28; 6,23.24).

Die beste Definition der Agape-Liebe, die ich jemals gefunden habe, schrieb W. E. Vine in seinem Werk *Expository Dictionary of New Testament Words*:

> Liebe kann nur erkannt werden an den Taten, die ihr folgen. Gottes Liebe ist erkennbar an dem Geschenk Seines Sohnes; vgl. 1. Johannes 4,9.10. Aber offensichtlich geht es hier nicht um die Liebe zu einem selbstzufriedenen Menschen oder darum, dass man jemanden besonders ins Herz geschlossen hat. D.h., diese Liebe gilt nicht dem, der in irgendeiner Weise eine besondere Exzellenz vorzuweisen hat, vgl. Römer 5,8. Sie ist ein Akt des göttlichen Willens, für den Er sich bewusst und ohne bestimmbare Ursache entschieden hat. Der einzige Grund liegt in Gottes Wesen selbst, vgl. 5. Mose 7,7.8.
>
> Auf vollkommene Weise äußerte sich die Liebe bei den Menschen durch den Herrn Jesus Christus; vgl. 2. Kor. 5,14; Eph. 2,4; 3,19; 5,2. Christliche Liebe ist die Frucht Seines Geistes in den Christen; vgl. Gal. 5,22.

Die christliche Liebe hat Gott als oberstes Ziel, was sich zuallererst in ihrem vorbehaltlosen Gehorsam gegenüber Seinen Anordnungen zeigt; vgl. Joh. 14,15.21.23; 15,10; 1. Joh. 2,5; 5,3; 2. Joh. 6. Eigensinn, sprich Selbstgefälligkeit, ist die Ablehnung der Liebe Gottes.

Die christliche Liebe, die sich entweder an den Brüdern oder an allen Menschen zeigt, ist nicht ein Impuls der Gefühle, sie entspringt nicht immer den natürlichen Neigungen, und sie gilt nicht nur denen, für die man eine besondere Neigung entdeckt hat. Die Liebe strebt nach dem Wohl aller Menschen; vgl. Römer 15,2. Sie tut keinem etwas Böses; vgl. 13,8-10. Die Liebe sucht nach Gelegenheiten, „an allen Gutes tun, besonders aber an den Hausgenossen des Glaubens", vgl. Gal. 6,10.[14]

Beachten Sie die Eigenschaften der christlichen Liebe:

1. „Liebe kann nur erkannt werden an den Taten, die ihr folgen."

2. „Sie gilt nicht dem, der in irgendeiner Weise eine besondere Exzellenz vorzuweisen hat."

3. „Sie hat keine bestimmbare Ursache."

4. „Sie zeigt sich zuallererst in ihrem vorbehaltlosen Gehorsam gegenüber Seinen Anordnungen."

5. „Eigensinn, sprich Selbstgefälligkeit, ist die Ablehnung der Liebe Gottes."

6. „Sie ist nicht ein Impuls der Gefühle, sie entspricht nicht immer den natürlichen Neigungen, und sie gilt nicht nur denen, für die man eine besondere Neigung entdeckt hat. Die Liebe strebt nach dem Wohl aller Menschen."

Wie lässt sich das auf die Art anwenden, wie Sie Ihre Familienmitglieder behandeln? Wenn Sie ein Christ sind, gibt es hier keine Alternative. Es ist eine Anordnung Gottes. Die Liebe wird am häufigsten in der Bibel gelehrt. Sie soll das Verhaltensmerkmal sein, an dem wir als Christen am deutlichsten erkannt werden. Man braucht keine großartigen intellektuellen Fähigkeiten, um zu verstehen, worum es geht oder was von uns verlangt wird. Und doch wird dieser Bereich im Leben eines Christen am meisten vernachlässigt. Wir haben meisterhaft gelernt Gründe aufzuzählen, warum manche Menschen diese Liebe nicht nötig haben, und wir können liebloses Verhalten so rationalisieren, dass es am Ende tatsächlich nach Liebe aussieht. Wenn unsere Ehe Gottes Ideal genügen soll, müssen wir ernsthaft unsere Verantwortung wahrnehmen, den anderen bedingungslos zu lieben - vor allem die, die „mit uns an Christus glauben"!

Die „liebevolle" Herausforderung an die Frauen

Jemand hat einmal gesagt: „Männer heiraten Frauen in der Hoffnung, dass sie sich niemals ändern, und Frauen heiraten Männer in der Hoffnung, dass sie sich ändern werden." Ich stimme zu, dass die meisten Frauen einen Mann heiraten, von dem sie fälschlicherweise glauben, dass er alle ihre Erwartungen erfüllt, oder dass sie ihn zum Mann ihrer Träume umformen können. Beides ist weder realistisch noch realisierbar.

Paulus wandte sich bei seinen Anleitungen für die Ehe zuerst an die Frauen. Bedeutsamerweise nahmen seine Worte an die Männer dreimal so viel Platz in Anspruch, wie die an die Frauen. Und doch ist es sein Rat an die Frauen, der die größte Aufmerksamkeit auf sich zieht, hauptsächlich wegen seiner Anweisung, dass sie sich ihren Männern „unterordnen" sollen.

Paulus gründete seinen Rat auf das Prinzip der Untervollmacht. Gott hat bestimmt, dass die Menschen unter der Autorität von drei Institutionen leben sollen: die Familie, die Regierung und die Gemeinde. Die Aufgabe der Familie ist es, die Kinder „in der Zucht und Ermahnung des Herrn" zu erziehen (Epheser 6,4). In der Familie lernt jeder von uns, zivilisiert und sozialisiert zu leben. Die Aufgabe der Regierung ist hauptsächlich, eine „Rächerin" zu sein „zum Zorngericht an dem, der das Böse tut." (Römer 13,4). Die Aufgabe der

Gemeinde schließlich ist es, das Evangelium zu verkünden und den Anspruch der Gerechtigkeit aufrechtzuerhalten. In jeder dieser drei Institutionen gibt es ein hierarchisches System, das notwendig ist, wenn die einzelnen Aufgaben angemessen erfüllt werden sollen.

Innerhalb der Familie hat Gott bestimmt, dass der Mann das Haupt der Familie sein soll: „Ich will aber, dass ihr wisst, dass Christus das Haupt jedes Mannes ist, der Mann aber das Haupt der Frau, Gott aber das Haupt des Christus. " (1. Korinther 11,3). Ich gebe zu, dass diese Ansicht in der heutigen Zeit veraltet und sogar tyrannisch klingt. Oft haben mir Menschen von Fällen erzählt, wo der Ehemann seine Frau misshandelt hat und mir dann erklärt, wie falsch es ist, von dieser Frau zu verlangen, dass sie sich ihrem Mann unterordnet. Der Ordnung halber betone ich, dass das weder Paulus´ noch meine Aussage war. Sie müssen beachten, dass die „Position des Hauptes" prinzipiell nur dem Mann zugesprochen wird, für den Christus das „Haupt" ist. Misshandlung ist ganz offensichtlich ein sündhaftes Verhalten, und es ist außerdem kriminell. Gott hat die Frauen nicht dazu aufgefordert, sich krimineller Gewalt unterzuordnen. Was Er damit sagen will, ist, dass unter normalen und gewöhnlichen Umständen eine Familie die meisten Vorteile für sich erzielt, wenn die Frau akzeptiert, dass ihr Mann die Familie leitet und wenn sie ihn darin unterstützt.

Meine Erfahrung hat mir gezeigt, dass das weitaus größere Problem innerhalb einer Familie nicht die Misshandlung ist, sondern die Tatsache, dass der Mann darauf verzichtet, seine Pflichten als Leiter zu erfüllen. Heute sind zu viele Männer befangen, zurückhaltend und / oder zu selbstsüchtig im Hinblick auf ihre Rolle als Leiter. Und zu viele Frauen haben Angst davor, diese Verantwortung ihren Männern anzuvertrauen. Es geht hier nicht so sehr um „Kontrolle", sondern vielmehr um „Vertrauen". Paulus´ Aussage an die Frauen ist, dass sie sich der Autorität ihres Mannes unterordnen sollen „so wie sie Christus gehorchen". Es heißt „Christus gehorchen", um Christi willen, und wenn das der einzige Grund wäre zu gehorchen.

Viele Frauen haben mir erklärt, dass sie ihren Männern nicht zutrauen, die Familie zu leiten. Ich gebe zu, dass es einige sehr unreife und unverantwortliche Männer gibt, die einfach unzuverlässig sind. Aber meine Frage an diese Frauen lautet dann: „Was tun Sie, um Ihrem Mann zu helfen, verantwortungsvoller zu werden? Unterstützen Sie die Unreife Ihres Mannes, indem Sie sich als Reaktion darauf die ganze Last selbst aufbürden? Haben Sie einfach den Platz seiner Mutter eingenommen?"

In solchen Situationen muss eine Strategie entwickelt werden, die zur Veränderung führt. Sie sollten anfangen mit konsequentem Gebet, dass Gott Ihr Zuhause wieder in seine eigentliche Ordnung zurückbringt. Die Frau muss Gott bitten, dass er zuerst in ihrem Herzen arbeitet und ihr hilft, Verhaltensweisen und Ängste loszuwerden, die vielleicht dazu beitragen, dass ihr Mann seine Position nicht wahrnimmt. Voraussetzung ist außerdem eine Kombination aus Ermutigung und Verantwortlichkeit. Wenn eine Frau ständig auf das Versagen ihres Mannes hinweist, wird sie damit sein Herz nur verhärten und dafür sorgen, dass er seine Ohren für ihre Worte verschließt.

Meine Damen, können wir uns einen Moment unterhalten? Ihr Mann braucht das Gefühl, dass Sie ihn respektieren. Es mag sein, dass er nicht die Dinge getan hat, die Ihnen wichtig sind, damit Sie ihn respektieren können. Deshalb müssen Sie damit beginnen, dass Sie sich *entscheiden*, ihn zu respektieren, weil Gott ihm die Position eines Leiters gegeben hat. Wir tun das ständig auch in anderen Bereichen unseres Lebens. Wenn der Präsident der Vereinigten Staaten zu Ihnen zum Essen kommen würde, würden Sie dann nicht Ihr bestes Porzellan und Tafelsilber hervorholen? Vielleicht haben Sie bei den Wahlen noch nicht einmal für diesen Mann gestimmt. Vielleicht finden Sie seine Politik widerwärtig. Und trotzdem würden Sie ihm den Respekt verleihen, der ihm in seinem Amt gebührt. Warum? Weil es so richtig ist, und weil die Bibel das so anordnet (Römer 13,1). Uns ist allen bewusst, dass wir den Respekt vor seinem Amt nicht verlieren dürfen, wie schlecht er als Leiter auch sein mag, wenn wir die Stabilität unserer Nation erhalten wollen.

Bei der Familie ist das nicht anders. Wenn wir die Stabilität und Würde der Familie erhalten wollen, dürfen wir den Respekt vor der Rolle des Ehemanns und Vaters nicht verlieren. Ihre Einstellung und Handlungen sollten dazu dienen, dass Ihr Zuhause „aufgebaut" und nicht zerstört wird. Wenn Sie damit anfangen, um des Herrn willen das Richtige zu tun, wird Gott Sie wiederum dafür ehren. Diese Verheißung wiederholt sich immer wieder in der Bibel:

> „Gleicherweise sollen auch die Frauen sich ihren eigenen Männern unterordnen, damit, wenn auch etliche sich weigern, dem Wort zu glauben, sie durch den Wandel der Frauen ohne Wort gewonnen werden, wenn sie euren in Furcht reinen Wandel ansehen." (1. Petrus 3,1.2).

Umgekehrt, wenn eine Frau ihren Mann niedermacht (ganz besonders in Gegenwart ihrer Kinder), zerstört sie damit genau die Grundlage, auf der die Autorität und der Respekt ihrer Kinder ruht.

In diesem Zusammenhang gibt es ein wundervolles Prinzip, das Jesus uns in der Bergpredigt gelehrt hat:

> „Warum siehst du jeden kleinen Splitter im Auge deines Bruders, aber den Balken in deinem eigenen Auge bemerkst du nicht? Du sagst: ‚Mein Bruder, komm her! Ich will dir den Splitter aus dem Auge ziehen!' Dabei hast du selbst einen Balken im Auge! Du Heuchler! Entferne zuerst den Balken aus deinem Auge, dann kannst du klar sehen, um auch den Splitter aus dem Auge deines Bruders zu ziehen!" (Matthäus 7,3-5).

Liebe Frauen, kommt Ihnen das bekannt vor? Rebellieren Sie gegen die Rolle, die Gott für Ihren Ehemann in Ihrer Familie bestimmt hat? Ist es jemals vorgekommen, dass Sie sich auf sein Versagen konzentriert haben (ich bin sicher, Sie haben jede Menge gute Gründe für Ihre Anschuldigungen) und Sie dabei Ihre eigene, „viel größere Schuld“ in Ihrem Leben übersehen haben?

Warum sollte die Frau sich ihrem Mann unterordnen? Um des Herrn willen, um ihretwillen, um der Kinder willen!

> „Die Weisheit der Frauen baut ihr Haus, die Torheit reißt es ein mit eigenen Händen.“ (Sprüche 14,1).

Kapitel 6
Lektionen über die Liebe

„Wie nun die Gemeinde sich dem Christus unterordnet, so auch die Frauen ihren eigenen Männern in allem. Ihr Männer, liebt eure Frauen, gleichwie auch der Christus die Gemeinde geliebt hat und sich selbst für sie hingegeben hat, damit er sie heilige, nachdem er sie gereinigt hat durch das Wasserbad im Wort, damit er sie sich selbst darstelle als eine Gemeinde, die herrlich sei, so dass sie weder Flecken noch Runzeln noch etwas ähnliches habe, sondern dass sie heilig und tadellos sei. Ebenso sind die Männer verpflichtet, ihre eigenen Frauen zu lieben wie ihre eigenen Leiber; wer seine Frau liebt, der liebt sich selbst. Denn niemand hat je sein eigenes Fleisch gehasst, sondern er nährt und pflegt es, gleichwie der Herr die Gemeinde. Denn wir sind Glieder seines Leibes, von seinem Fleisch und von seinem Gebein. »Deshalb wird ein Mann seinen Vater und seine Mutter verlassen und seiner Frau anhängen, und die zwei werden ein Fleisch sein«. Dieses Geheimnis ist groß; ich aber deute es auf Christus und auf die Gemeinde. Doch auch ihr — jeder von euch liebe seine Frau so wie sich selbst; die Frau aber erweise dem Mann Ehrfurcht!" (Epheser 5,24-33).

Präsident Harry Truman ist heute einer der am meisten geachteten Staatsoberhäupter der Vergangenheit. Die größte Bewunderung erhielt er für seine nüchterne Vorgehensweise. Dieser Mann zeigte kaum ein Anzeichen von Verstellung. Egal um welche Aufgabe es ging, er kannte seine Pflichten, und er erfüllte sie. Auf seinem Schreibtisch im *Oval Office** des Weißen Hauses stand ein einfaches Schild, auf dem jeder, der eintrat, begrüßt wurde. Darauf stand: „LETZTEN ENDES TRAGE ICH DIE VERANTWORTUNG!“ Jeder, der das las, wusste, dass Präsident Truman niemals die Schuld auf andere abwälzen oder sich herausreden würde, und dass er das auch bei keinem seiner Mitarbeiter und bei keinem Kabinettsmitglied dulden würde.

Unsere Nation braucht mehr Leiter, die auch heute noch diese Einstellung haben, nicht nur in der Regierung, sondern überall – Männer, die nach ihren Überzeugungen leben, und zwar mutig, mit einem klaren Sinn für das, was richtig und was falsch ist.

Das trifft vor allem auf die Familien zu. Obwohl Männer sich darüber beklagen, dass die Frauen sich nicht unterordnen wollen, ist es ein weitaus größeres Problem, wenn Männer die Leitung nicht übernehmen wollen. Man braucht eine ganz besondere Art von Leiterschaft. Die Theologen und Prediger nennen sie „Leiterschaft mit Dienerherz“ nach dem Vorbild und Beispiel Jesu, das er Seiner Gemeinde gab. Eine der besten Erklärungen, die wir für dieses Leiterschaftsmodell finden, gab Jesus an seine Jünger weiter, als sie miteinander diskutierten, wer wohl der Größte in Gottes kommendem Reich sein würde. Hören Sie einmal, wie Jesus auf ihren Wetteifer reagierte:

> „Es entstand aber auch ein Streit unter ihnen, wer von ihnen als der Größte zu gelten habe. Er aber sagte zu ihnen: Die Könige der Heidenvölker herrschen über sie, und ihre Gewalthaber nennt man Wohltäter. Ihr aber sollt nicht so sein; sondern der Größte unter euch soll sein wie der Jüngste, und der Führende wie der Dienende. Denn wer ist größer: der, welcher zu Tisch sitzt, oder der Dienende? Ist es nicht der, welcher zu Tisch sitzt? Ich aber bin mitten unter euch wie der Dienende.“ (Lukas 22,24-27).

---

* Das *Oval Office* ist das Büro des Präsidenten im Weißen Haus. Anm. d. Übers.

Für uns Männer beginnt hier unser größter Konflikt. Gott ist das genaue Gegenteil von dem, wie wir unsere Rolle in dieser Welt verstehen gelernt haben. Unsere Helden sind die Gewinner, die Champions, die Sieger! Jeder Mann hegt insgeheim den Wunsch nach Größe. Die Hauptursache der Midlife-Crisis ist das Gefühl, dass „Größe“ und Bedeutung an uns vorübergegangen sind und dass wir für den Rest unseres Lebens „ganz gewöhnliche“ Menschen bleiben. Wir wenden so viel Energie auf, um „unser“ Ziel zu erreichen. Manchmal wird uns erst bewusst, dass unsere „Leiter“ gegen die falsche Wand gelehnt ist, wenn wir schon bis an die Spitze geklettert sind.

Die Frage, die jedem Mann, besonders jedem gläubigen Mann, gilt, lautet: „Für wen wollen Sie denn so bedeutungsvoll werden?“ Welcher Zielgruppe wollen Sie gefallen? Ihresgleichen? Ihren Eltern? Freunden, Kollegen, Mitarbeitern? Wenn Sie Ihr Bestes gegeben haben oder wenn Sie versagt haben, wessen Reaktion bedeutet Ihnen am meisten? Die richtige Antwort sollte heißen „Gott“, denn das ist, was die Bibel lehrt: „Ob ihr nun esst oder trinkt oder sonst etwas tut — tut alles zur Ehre Gottes!“ (1. Korinther 10,31). Ihm müssen wir Rechenschaft ablegen für jeden Augenblick unseres Lebens. Wenn wir in der Ewigkeit vor Seinem heiligen Angesicht stehen, ist Seine Meinung über unsere Werke das Einzige, was zählt. An diesem Tag und zu dieser Stunde wollen Sie und ich am liebsten nur die folgenden Worte hören: „Recht so, du guter und treuer Knecht! ... geh ein zur Freude deines Herrn!“ (Matthäus 25,21).

Wenn es also unser größter Wunsch ist, Ihm mit unserem Leben zu gefallen, dann sollte dies logischerweise auch unsere Hauptsorge als Ehemann sein. Mit anderen Worten, ich sollte danach streben, in jeder Situation, der ich begegne, so zu handeln, wie Er es tat. Johannes drückte das so aus: „Wer sagt, dass er in ihm bleibt, der ist verpflichtet, auch selbst so zu wandeln, wie jener gewandelt ist.“ (1. Johannes 2,6).

Wie sieht das Beispiel aus, das Er uns gegeben hat? Die beste Zusammenfassung dafür gibt uns Paulus in Philipper 2:

> „Denn ihr sollt so gesinnt sein, wie es Christus Jesus auch war, der, als er in der Gestalt Gottes war, es nicht wie einen Raub festhielt, Gott gleich zu sein; sondern er entäußerte sich selbst, nahm die Gestalt eines Knechtes an und wurde wie die Menschen; und in seiner äußeren Erscheinung als ein Mensch erfunden, erniedrigte er sich selbst und wurde gehorsam bis zum Tod, ja bis zum Tod am Kreuz. Darum hat ihn Gott auch über alle Maßen erhöht und ihm einen Namen verliehen, der über allen Namen ist ..." (Philipper 2,5-9).

Laut Paulus war das Leben Jesu von vier Merkmalen gekennzeichnet (nach der Elberfelder Übersetzung):

1. „Er machte sich selbst zu nichts."
2. „Er nahm Knechtsgestalt an."
3. „Er erniedrigte sich selbst."
4. „Er wurde gehorsam bis zum Tod."

Und was war die Konsequenz? „Darum hat ihn Gott auch herrlich zu sich erhoben ..." Hierin liegt der Schlüssel zu einem bedeutsamen Leben! Wir erreichen das nicht, indem wir bauen, emporsteigen, anhäufen, wetteifern, gewinnen, überwinden, etc. Die Welt behauptet, durch all diese Dinge können wir an Bedeutsamkeit gewinnen. Das Gegenteil ist der Fall. Wenn wir Nachahmer Christi werden, wenn wir danach streben, als Leiter so zu sein, wie Er es war, DANN WIRD GOTT UNS ERHEBEN!

Denken Sie einen Moment über diese vier Kennzeichen von Jesus, unserem Leiter, nach. Wie lässt sich Ihre Einstellung damit vergleichen? Wenn man Ihre Frau und Ihre Freunde fragen würde, ob das eine Beschreibung Ihres Charakters ist, würden sie das bejahen?

Mein lieber Freund Stanley Voke wies einmal auf folgende Tatsache hin: Jesus wurde zuerst das Lamm Gottes und erst viel später der Große Hirte unserer Seelen. Und was sind die Eigenschaften von Lämmern, wie wir sie auch im Alten Testament sehen? Sie waren rein, sie waren demütig und sie wurden als Opferlämmer herangezüchtet! Jesus war ein Lamm im Gewand eines Hirten und nicht ein Wolf im Schafspelz. Und was lehrt uns die Bibel über das Leben, das Jesus lebte? „Denn dazu seid ihr berufen, weil auch Christus für uns gelitten und uns ein Vorbild hinterlassen hat, damit ihr seinen Fußstapfen nachfolgt." (1. Petrus 2,21). Und was waren die „Schritte" oder die Fußstapfen, die uns unser Hirte hinterlassen hat, damit wir darin wandeln sollen? Ganz einfach: Bevor wir ein Hirte sein können, müssen wir zuerst ein Lamm geworden sein – ein Lamm, das rein ist in seinen Motiven und in seinem Verhalten; demütig im Herzen; wir müssen bereit sein und uns dazu verpflichten, uns selbst aufzuopfern für die, die Christus uns anvertraut hat!

Die noch größere Herausforderung an die Männer

Viele Jahre lang lag der Fokus in der Ehe hauptsächlich auf der Rolle der Frau. Aber nicht in der Bibel. Dort steht viel mehr über die Verantwortung des Mannes, als über die der Frau. Selbst in den Abschnitten in Epheser 5, die wir uns bereits angesehen haben, gibt es dreimal so viele Verse über die Verantwortung des Mannes, als über die der Frau. Und die Aussagen dort sind viel zwingender.

Als Paulus die Rolle und die Verpflichtungen des Mannes in der Ehe illustrierte, stützte er sich auf das Bild von Christus und der Gemeinde. Seine Anweisungen sind eindeutig: „Ihr Männer, liebt eure Frauen, gleichwie auch der Christus die Gemeinde geliebt hat und sich selbst für sie hingegeben hat ..." (Epheser 5,25). Die Einfachheit und Klarheit seiner Aussage ist der Grund, warum wir uns vor dem Versuch scheuen, dies zu befolgen. Wie ist es möglich, dass ich meine Frau lieben kann, „gerade so", wie Christus die Gemeinde liebt?

Auch wenn ich Ihnen sage, dass dies das Ziel ist, das wir erreichen sollen, müssen Sie eines wissen: Ich bezweifle, dass ich jemals dieses Niveau der Christusähnlichkeit konsequent gelebt habe (oder leben werde). Denn Paulus spricht hier von dem „Idealbild", dem Maßstab der Perfektion und der Vortrefflichkeit. Weil es unmöglich ist, in diesem Bereich perfekt zu sein, ist das für Viele leider ein Grund, es gar nicht erst zu versuchen. Häufig trägt die Frau noch dazu bei, dass der Mann deshalb entmutigt ist, indem sie ihn daran erinnert, dass er sie nicht so liebt, wie Christus die Gemeinde liebt. Auch wenn das noch so sehr der Wahrheit entsprechen mag, ich finde es unfair und kontraproduktiv.

Unsere Ideale charakterisieren uns genauso wie unser Verhalten. Wenn ich zu dem Entschluss komme, dass es unmöglich ist, wie Christus zu werden, und wenn ich mir dann ein einfacheres Ziel stecke, dann werde ich dieses ebenfalls verfehlen. Wichtig ist, dass wir nicht vergessen, dass Gott unsere Defizite ausgleichen wird. Er sieht die Absicht in unserem Herzen, und Er gewährt uns die Gnade, Seinen Willen zur Vollendung zu bringen. So erklärt Paulus den Korinthern: „Gott aber ist mächtig, euch jede Gnade im Überfluss zu spenden, so dass ihr in allem allezeit alle Genüge habt und überreich seid zu jedem guten Werk ..." (2. Korinther 9,8).

Und was ist Gottes Wille für Sie als Ehemann? Dass Sie Ihre Frau so lieben, wie Er die Gemeinde liebt! Das wird zum Mittelpunkt der Aussagen, die danach folgen. Man könnte Seine Anweisungen zusammenfassen und dabei fünf verschiedene Arten der Liebe definieren: die aufopfernde (5,25), reinigende (5,26.27), fürsorgliche (5,28-30), unzertrennliche (5,31) und Gott reflektierende Liebe (5,32)!

Die aufopfernde Liebe

> „Ihr Männer, liebt eure Frauen, gleichwie auch der Christus die Gemeinde geliebt hat und sich selbst für sie hingegeben hat ..." (Epheser 5,25).

Das Erste, was Paulus den Männern bezüglich der Liebe anordnet, ist, dass ihre Liebe von der gleichen Art sein soll, wie Jesus sie gezeigt hat, als er „seine Gemeinde liebte und sein Leben für sie gab". Es gibt viele Möglichkeiten, wie wir Liebe erklären können und viele verschiedene Stufen, wie sie angewandt werden kann, aber es gibt nur eine endgültige und ideale Definition der Liebe: „Denn so sehr hat Gott die Welt geliebt, dass er seinen eingeborenen Sohn gab, damit jeder, der an ihn glaubt, nicht verloren geht, sondern ewiges Leben hat." (Johannes 3,16).

Überfließend, bedingungslos, aufopfernd drückt Gott Seine Liebe zu Seiner Gemeinde durch Seinen Sohn, Jesus, aus. Dieser Liebesakt Gottes vermittelt uns zwei Dinge:

1. Das wahre Wesen Gottes, nämlich die „Liebe", wurde dadurch offenbart und bestätigt (1. Johannes 4,8).

2. Durch ihn wurde klar und deutlich festgelegt, wie die Gemeinde andere individuell und auch als Gemeinschaft behandeln soll.

Johannes erklärt das auf folgende Weise:

> „Darin ist die Liebe Gottes zu uns geoffenbart worden, dass Gott seinen eingeborenen Sohn in die Welt gesandt hat, damit wir durch ihn leben sollen. Darin besteht die Liebe — nicht dass wir Gott geliebt haben, sondern dass er uns geliebt hat und seinen Sohn gesandt hat als Sühnopfer für unsere Sünden. Geliebte, wenn Gott uns so geliebt hat, so sind auch wir es schuldig, einander zu lieben." (1. Johannes 4,9-11).

Wir müssen beachten, dass Paulus die Männer herausfordert, ihre Frauen zu lieben, und dass diese Liebe deutlich erkennbar sein muss, denn auf diese Art sollen wir alle Menschen behandeln, selbst unsere Feinde! Wie viel mehr dann unsere Frauen?!

Liebe neu definiert

Der Grund, warum Männer und Frauen auf diesem Gebiet Probleme haben, liegt in der Definition der Liebe, die unsere Kultur immer häufiger nennt. Üblicherweise wird sie in Verbindung gebracht mit warmherzigen Gefühlen, erotischen Leidenschaften, flimmernden Empfindungen, langen und zärtlichen Blicken, sanften Berührungen, romantischem Essen bei Kerzenschein, Abenden zu zweit an einem warmen Feuer, irgendwo weit weg in einer Blockhütte in den Bergen. Doch das ist nicht das Bild, das die Bibel für uns abzeichnet. Die Liebe, von der sie spricht, zeigt zuallererst das Bild eines schweißgebadeten, blutenden Retters, der sich für uns abmüht, das Kreuz durch die Straßen von Jerusalem zu tragen. Sein Gesicht ist zerschrammt und verletzt, Sein Rücken zerfetzt von der Peitsche, so dass Knochen und Muskeln bloß liegen. Hier können wir Liebe in ihrer reinsten Form antreffen, wie sie sich bereitwillig den Beleidigungen, der Verspottung und dem Gejohle der Menschen ergibt. Während Er zu Boden gestoßen wird, so dass Seine Arme am Holz festgebunden und Seine Hände festgenagelt werden können, wird uns bewusst, dass all dies für uns geschehen musste ... und wegen uns! Er wird am Pfahl aufgerichtet, der Querträger wird angebracht, und Seine Füße werden am Sockel festgenagelt. Wir können das Blut sehen, das langsam von Seinen Wunden heruntertropft. Dort hängt Er, quält sich mit den Wunden, dem Schmerz, dem Pochen, dem bohrenden, ständig wachsenden und peinigenden Schmerz. Schlimmer jedoch ist die Qual Seines Herzens, der Todeskampf Seiner Seele für die Sünden derer, die Er liebt.

Genau in diesem Moment sieht Er hinunter zu den Soldaten, die nur wenige Meter von Ihm entfernt stehen. Sie nehmen Sein Leiden nicht wahr, sind schon seit langem abgestumpft durch ihren Hass auf die Juden und die Gewohnheit der immer wiederkehrenden Kreuzigungen. Sie sind zu sehr beschäftigt mit ihrer Gier nach Beachtung, als dass sie sich um Sein Leiden kümmern könnten. Sie sind beschäftigt ... werfen das Los über

Sein weniges irdisches Hab und Gut, das der Lohn ist für ihre sadistischen Bemühungen. In diesem Moment der höchsten Gotteslästerung und des Widerspruchs verkündet Gott lautstark Seine Liebe. Zum Erstaunen der Wenigen, die Ihm bis zum Kreuz gefolgt sind, hören sie Ihn plötzlich ein heiliges Gebet sprechen, ein Gebet, das von äußerster Selbstlosigkeit zeugt: „Vater, vergib ihnen, denn sie wissen nicht, was sie tun!" (Lukas 23,34)!

Wenn wir anfangen zu erkennen, dass diese Ereignisse die wahrhaftigste und beste Definition der Liebe darstellen, dann nähern wir uns dem, was Paulus gemeint hat, als er Sie und mich dazu aufforderte, unsere Frauen so zu lieben, „wie Christus die Gemeinde liebt". Mit einem Schlag sind dann all meine Ausreden, warum ich nicht liebe, verbannt. Ich schäme mich, wenn ich sehen muss, wie armselig meine Klagen und meine Bitterkeit im Vergleich zu Seinem Leiden sind. Ich fühle mich so schlecht, wenn ich an all meine harten Reaktionen und kritischen Kommentare denke und dabei sehe, wie Jesus sich am Kreuz verhalten hat: „... als er geschmäht wurde, schmähte er nicht wieder, als er litt, drohte er nicht, sondern übergab es dem, der gerecht richtet." (1. Petrus 2,23).

„Geben ist seliger als Nehmen ... aber"

Ich muss beschämt zugeben, dass ich meistens einer falschen Vorstellung von der Liebe folge. Noch schwerer fällt mir, mich dem wirklichen Grund zu stellen, warum ich den leichteren Weg bevorzuge: Ich bin grundsätzlich egoistisch! Sie denken vielleicht, so dumm kann ich doch nicht sein. Jeder kann doch erkennen, wie Egoismus sich als „Liebeskiller" auswirkt. Er führt zu solch hässlichen Dingen wie Stolz, Habsucht, Neid, Eifersucht, Hochmut und ähnlichem. Er führt zu einer Lebenseinstellung, die ich „relationaler Hedonismus" nenne. Das bedeutet, meine einzige Sorge ist: Wie kann ich mit möglichst geringem Aufwand möglichst viel gewinnen? Haben wir nicht alle gelernt, dass das der falsche Weg zum Glück ist? Hat uns nicht Jesus gelehrt, dass „Geben seliger ist als Nehmen"?

Wahre Liebe zeigt sich normalerweise nicht in besonders dramatischer Form. Liebe bedeutet, dass ich meinen Kindern am Ende eines langen und harten Arbeitstages bei den Hausaufgaben helfe, obwohl ich mich lieber ausruhen, fernsehen oder schlafen würde. Liebe heißt, dass ich meiner Frau an meinem freien Tag beim Putzen helfe oder das Fußballspiel im Fernsehen ausschalte, damit ich ihr ohne Ablenkung zuhören kann. Liebe bedeutet, dass ich jemandem zuhöre, der verletzt oder einsam ist, dass ich geduldig bin mit dem, der nur langsam von Begriff ist, dass ich dem vergebe, der mich beschimpft oder hinter meinem Rücken etwas gesagt hat, was mich verletzt hat, oder dass ich mich selbst demütige und eine andere Person um Vergebung bitte, die ich verletzt habe.

Genau das sind die Dinge, die es uns so schwer machen, andere Menschen zu lieben. Bill Hybels hat das so ausgedrückt:

> Sagen Sie mir, dass ich anderen Menschen Liebe zeigen kann, ohne dass es mich meine Zeit, meine Energie, mein Geld kostet, und ich bin gerne dabei. Sagen Sie mir, wo ich mich anstellen soll, für welches Projekt ich mich eintragen soll, für welche Person ich mich engagieren soll, und ich mache mit.
>
> Aber sehen Sie mir geradewegs in die Augen, und sagen Sie mir, dass Liebe gleichbedeutend ist mit Opfer, dass andere lieben gleichzeitig bedeutet, meine Zeit, meine Energie und mein Geld zu teilen, und ich werde mich nur widerwillig einsetzen; ich möchte mich nicht binden. Ich zögere, mich freiwillig zu melden oder mich zu beteiligen.[15]

Männer, seien wir ehrlich! Wenn wir unsere Rolle als Ehemänner jemals richtig erfüllen wollen, müssen wir unseren Verstand mit diesem einen Konzept bewaffnen: LIEBE = OPFER! Wahre Liebe hat eher etwas mit arbeiten zu tun als mit spielen, eher mit dienen als mit feiern, eher mit geben als mit nehmen. Oft tut wahre Liebe weh!

Reinigende Liebe

> „Ihr Männer, liebt eure Frauen, gleichwie auch der Christus die Gemeinde geliebt hat und sich selbst für sie hingegeben hat, damit er sie heilige, nachdem er sie gereinigt hat durch das Wasserbad im Wort, damit er sie sich selbst darstelle als eine Gemeinde, die herrlich sei, so dass sie weder Flecken noch Runzeln noch etwas ähnliches habe, sondern dass sie heilig und tadellos sei." (Epheser 5,25-27).

In Matthäus 5 lesen wir den Anfang der berühmtesten Predigt, die Jesus jemals hielt. Wir nennen sie „die Bergpredigt". Sie beginnt mit den Seligpreisungen oder auch „Prinzipien der Segnung". In den ersten zehn Versen führt Jesus neun Verhaltensweisen auf, die zur Segnung führen. Haben Sie sich jemals die Frage gestellt: „Welche der Seligpreisungen ist am schwersten einzuhalten?" Wollen Sie hören, welche ich für die schwerste halte? „Glückselig sind, die reinen Herzens sind, denn sie werden Gott schauen!" (Matthäus 5,8).

Die Reinheit wird nicht nur als Merkmal eines Menschen, sondern auch bei Gegenständen und Dingen sehr geschätzt. Das Wort *katharos* (griechisch) wurde ursprünglich zur Beschreibung der Reinheit von Gegenständen und Dingen verwendet: reines Wasser, reines Gold usw. Im Laufe der Zeit bezog es sich auch auf die Reinheit von Motiven: Motive, frei von verdorbenen Wünschen, Sünde und Schuld; ohne eine Beimischung von Falschheit; aufrichtig, echt, schuldlos, unschuldig, ohne den Makel irgendeiner Schuld.

Diese Motive meint Paulus, als er die Männer auffordert, ihren Frauen zu dienen, denn dies waren Christi Motive. Paulus stellt den Dienst Jesu an Seiner Gemeinde so dar:

1. „Damit sie ihm ganz gehört."
2. „Damit er sie durch sein Wort ... reinigt."
3. „Damit sie ... schön und makellos ist, ohne jeden Fehler."

Dies sollten die Wünsche eines wahren Hirten sein. Seine Worte und Taten sollten ausgerichtet sein auf die „Zurüstung der Heiligen, für das Werk des Dienstes, für die Erbauung des Leibes des Christus, bis wir alle zur Einheit des Glaubens und der Erkenntnis des Sohnes Gottes gelangen, zur vollkommenen Mannesreife, zum Maß der vollen Größe des Christus" (Epheser 4,12.13). Die Reife der Frau in Christus zu sehen, ist für den Mann wichtiger als jegliche Vergnügen, Behaglichkeit oder Vorteile, die sie zu seinem Leben beisteuern könnte. Deshalb betet er treu für sie und mit ihr. Er studiert das Wort Gottes, damit er das Wort verstehen kann, damit er es leben und ein Vorbild darin sein kann. Er ermutigt sie, in Christus zu wachsen, indem er ihr mit seinem Leben als Beispiel vorangeht. Nie verurteilt er ihr Versagen, aber er lässt es auch nicht unbeachtet. „Lasst uns aber die Wahrheit reden in Liebe und in allem hinwachsen zu ihm, der das Haupt ist, Christus." (Epheser 4,15; Elberfelder Übersetzung).

Leider fällt es Männern nicht schwer, in Bezug auf ihre Frauen unlautere Motive zu entwickeln. Man(n) hat keine Schwierigkeiten, sie als Mittel für die eigenen Bequemlichkeiten und Freuden zu betrachten. Um zu verstehen, wie sehr dies Gott missfällt, müssen wir uns im Alten Testament die Bücher von Jeremia und von Hesekiel ansehen. Gott hatte die geistlichen Leiter Israels über die Nation gestellt, so wie ein Hirte „Hilfshirten" einstellt, die über seine Schafe wachen sollen. Doch anstatt sich um die Herde Gottes zu kümmern und sie zu schützen, benutzten sie sie, um ihren eigenen Hunger zu stillen. Hören Sie, welche Anklagepunkte der Herr gegen sie vorbringt:

> „Menschensohn, weissage gegen die Hirten Israels, weissage und sprich zu ihnen, den Hirten: So spricht Gott, der Herr: Wehe den Hirten Israels, die sich selbst weiden! Sollen die Hirten nicht die Herde weiden? Das Fette verzehrt ihr, mit der Wolle bekleidet ihr euch, und das Gemästete schlachtet ihr, aber die Herde weidet ihr nicht! Das Schwache stärkt ihr nicht, das Kranke

heilt ihr nicht, das Verwundete verbindet ihr nicht, das Verscheuchte holt ihr nicht zurück, und das Verlorene sucht ihr nicht, sondern mit Gewalt und Härte herrscht ihr über sie!" (Hesekiel 34,2-4).

Jeremia erklärt uns, welche Rolle die Hirten im Gegensatz zu diesen untreuen Hirten eigentlich erfüllen sollten: „Und ich will euch Hirten nach meinem Herzen geben, die sollen euch weiden mit Erkenntnis und Einsicht." (Jeremia 3,15).

Männer, nehmen Sie sich einen Moment Zeit, um Ihre Rolle als Hirte oder Pastor in Ihrem Heim einzuschätzen. Haben Sie nach Gottes Herzen geweidet? Oder waren Ihre Motive Ihre eigenen, selbstsüchtigen Wünsche? Ist es an der Zeit für Sie, dass Sie sich vor dem Herrn und vor Ihrer Frau demütigen, dass Sie Buße tun und um Vergebung bitten?

Fürsorgliche Liebe

„Ebenso sind die Männer verpflichtet, ihre eigenen Frauen zu lieben wie ihre eigenen Leiber; wer seine Frau liebt, der liebt sich selbst. Denn niemand hat je sein eigenes Fleisch gehasst, sondern er nährt und pflegt es, gleichwie der Herr die Gemeinde. Denn wir sind Glieder seines Leibes ..." (Epheser 5,28-30).

Einer der faszinierendsten Unterschiede zwischen Männern und Frauen zeigt sich in der Art, wie sie ihren Körper wahrnehmen. Egal, wie schön eine Frau auch sein mag, sie ist sich niemals wirklich sicher, dass sie schön ist. Sie braucht ständig Bestätigung. Wenn sie vor dem Spiegel steht, sieht sie sich normalerweise im schlechtesten Licht. Sie ist entweder zu klein oder zu groß; ihre Brüste sind zu klein oder zu groß; ihre Augen stehen zu weit auseinander oder liegen zu eng zusammen; ihre Lippen sind zu voll oder zu dünn. Das geht immer so weiter. Sie können sich jeden beliebigen Teil ihres Körpers vornehmen, jeden Aspekt ihres anatomischen Aufbaus, und sie wird Ihnen sagen, warum er nicht perfekt ist und warum er deshalb entweder versteckt, übermalt, entfernt oder verändert werden muss.

Neulich wollten meine Frau und ich einen Ganzkörperspiegel für unser Badezimmer kaufen. Nachdem wir uns mehrere verschiedene Modelle angesehen hatten, entschied meine Frau sich schließlich für einen, der ihr gefiel. Dann bat sie mich, ihn hochzuheben, während sie am anderen Ende des Ganges stand, um sich darin zu betrachten. Unwissend wie ich war, stellte ich ihr die nahe liegende Frage: „Warum willst du dich erst im Spiegel ansehen?" „Ich möchte einen Spiegel, in dem ich dünn aussehe", gab sie zur Antwort. Als Mann wäre mir das nie in den Sinn gekommen. Ich wäre zu dem vernünftigen Urteil gekommen: „Wenn der Spiegel mich größer aussehen lässt als ich es tatsächlich bin, dann weiß ich, es liegt am Spiegel, und mir wird jederzeit klar sein, dass es sich um ein Zerrbild handelt." Es wäre mir nicht in den Sinn gekommen, einen auszuwählen, der für mein Aussehen am vorteilhaftesten wäre. (Als ich diese Begebenheit jemandem erzählte, gab diese Person mir den Hinweis, dass ich den Effekt, dünner auszusehen als ich tatsächlich bin, auch dann bekomme, wenn ich den Spiegel beim Aufhängen unten etwas nach vorne kippe. Wenn ich es mir recht überlege, war es eine Frau, die mir diese Technik beibrachte!)

Andererseits tendieren Männer dazu, im Zweifelsfall immer für sich selbst zu entscheiden. Wir gehen davon aus, dass wir besser aussehen als unser Spiegelbild. Wenn zum Beispiel ein Mann die Straße entlang geht und sich plötzlich in einem Spiegel oder Schaufenster sieht, dann wird er, obwohl ihm vielleicht ein Bierbauch einige Zentimeter über dem Gürtel hängt, den Bauch so weit wie möglich einziehen und zufrieden feststellen: „Ich sehe immer noch ganz gut aus!" Ich kann mir nicht vorstellen, dass eine Frau jemals so reagieren würde.

Paulus hätte es nicht treffender bezeichnen können, als er sagte: „Denn niemand hat je sein eigenes Fleisch gehasst, sondern er nährt und pflegt es ..." (Epheser 5,29). Das trifft wahrscheinlich auf die Männer und die Frauen zu, besonders aber auf die Männer. Wir wissen, wenn wir unseren Körper vernachlässigen, wird er nicht mehr gut oder auch nicht mehr lange funktionieren. Deshalb „nähren und pflegen" wir ihn.

Wichtig ist auch der Kommentar, den Paulus noch anfügt: „wer seine Frau liebt, der liebt sich selbst." Dieses Prinzip entspringt der Tatsache der Einheit. Nachdem ein Mann und eine Frau geheiratet haben, sind sie ein Fleisch. Sie leben nicht länger getrennt und unabhängig voneinander. Was den einen betrifft, betrifft auch den anderen. Was den einen verwundet oder verletzt, berührt auch den anderen. Es ist dasselbe Prinzip, das auch für die Gemeinde gilt, denn die Familie ist in Wirklichkeit ein Mikrokosmos der Gemeinde. Paulus drückt das so aus: „Und wenn ein Glied leidet, so leiden alle Glieder mit; und wenn ein Glied geehrt wird, so freuen sich alle Glieder mit." (1. Korinther 12,26; ebenso Römer 12,25 und Epheser 4,25). Wenn ich sorgsam mit meiner Frau umgehe, wird das wieder auf mich zurückfallen. Das Glück der Ehefrau ist meistens auch der Weg zum Glück des Ehemannes. Nichts ist vernichtender für das männliche Ego als die Erkenntnis, dass er Schuld ist an der Unzufriedenheit seiner Frau. Das ist der Grund, warum es für einen Mann so schwer ist, Verantwortung für die Dinge zu übernehmen, die für seine Frau schmerzlich sind.

Was bedeutet es, „sorgsam" zu sein? Ich bevorzuge die Wiedergabe dieses Wortes in der *Authorized Version*. Anstelle von „sorgen für jemanden", wird hier das Wort „in Ehren halten" verwendet. Ich glaube, das kommt dem Original näher. Es bedeutet „in Ehren halten und mit zärtlicher Liebe pflegen". In einem Wörterbuch wird die Bedeutung von „jemanden in Ehren halten" mit folgenden anschaulichen Aussagen aufgeführt:

1. Mit einem erhebenden Gefühl der Freude betrachten.
2. Hochachtung haben.
3. Schutz oder Zuflucht geben.
4. Die Leidenschaft, Zuwendung oder Zärtlichkeit eines Liebenden spüren.
5. Das Wachstum, die Entwicklung oder den Fortschritt voranbringen.
6. Tief und respektvoll anerkennen und bewundern.
7. Beaufsichtigen und sich kümmern.

Beachten Sie, wie ähnlich diese Definition den Worten ist, die Paulus benutzt, um seine Fürsorge für die Gemeinden als Pastor zu beschreiben: „... sondern wir waren liebevoll in eurer Mitte, wie eine stillende Mutter ihre Kinder pflegt." (1. Thessalonicher 2,7). Petrus erklärt die Art, wie Gott Seine Gemeinde in Ehren hält, indem er sie mit folgenden Worten beschreibt: „... ein auserwähltes Geschlecht, ein königliches Priestertum, ein heiliges Volk, ein Volk des Eigentums, damit ihr die Tugenden dessen verkündet, der euch aus der Finsternis berufen hat zu seinem wunderbaren Licht - euch, die ihr einst nicht ein Volk wart, jetzt aber Gottes Volk seid, und einst nicht begnadigt wart, jetzt aber begnadigt seid." (1. Petrus 2,9.10). Wenn wir nach Synonymen suchen müssten, würden wir Worte benutzen, wie „zärtliche Liebe, Freundlichkeit, Bewunderung, Anerkennung, Hochachtung, Wertschätzung".

Es ist wichtig, dass wir verstehen, was es bedeutet, jemanden zu lieben und zu ehren. Vor langer Zeit fand man heraus, dass Babys sich nicht richtig entwickeln können oder sogar sterben - ohne eine andere zurechenbare Ursache – wenn sie keine zärtliche Zuwendung bekommen. Die liebevolle Berührung, die warmherzige Umarmung, der zärtliche Kuss – sie sind alle wesentliche Bestandteile für unser Überleben.

Vor kurzem fand man in einer deutschen Studie heraus, dass Paare, die sich regelmäßig küssen, im Durchschnitt länger leben. Die Forscher schlussfolgerten daraus, dass es zu den gesündesten Angewohnheiten von Verheirateten gehört, wenn sie sich jeden Morgen, bevor sie das Haus verlassen und zur Arbeit gehen, umarmen und leidenschaftlich küssen. (Als ich das meiner Frau erzählte, meinte sie, eher würde sie sterben!)

Ein solches Ergebnis sollte uns nicht wirklich überraschen. Man braucht keinen Raketenwissenschaftler, um zu begreifen, dass der Mensch in seiner geistig-seelischen Verfassung einen Auftrieb erlebt, wenn er geliebt wird. Außerdem ist Liebe ein gewaltiger Motivator. Wie viele Menschen waren allein durch die Liebe zu einer anderen Person motiviert, Dinge zu tun, seien sie gut oder schlecht! Eltern, Freunde, Ehepartner, Kinder haben im wahrsten Sinne des Wortes alles, sogar ihr Leben, gegeben für jemanden, den sie liebten.

Jackie DeShannon sang in ihrem Lied *What the world needs now is love sweet love* (Was die Welt jetzt braucht, ist Liebe, süße Liebe), und sie traf damit bei uns emotional genau ins Schwarze. Leider verfehlen die meisten Männer dieses Ziel restlos. In unserem Zeitalter der Rambos, Terminatoren und RoboCops wollen die meisten Männer lieber „hart im Nehmen" sein als zärtlich. Gegen körperliche Stärke ist nichts einzuwenden. Aber Zärtlichkeit ist auch ein Zeichen von Stärke. Tatsächlich bedeutet dies für viele Männer eine weitaus größere Herausforderung. Sie benutzen ihre „Härte" als emotionalen Schutz und geben dem anderen damit zu verstehen: „Wenn du mich verletzt, verletze ich dich auch." Dadurch versetzt sich der Mann in eine Isolation, in der sein Wunsch nach Zärtlichkeit unerfüllt bleibt. Seine Unfähigkeit, liebevoll für andere zu sorgen, läuft darauf hinaus, dass sein eigenes Bedürfnis, liebevoll umsorgt zu werden, unerfüllt bleibt.

Eine der häufigsten Eigenschaften, die die Männer an ihren Frauen beklagen, ist ihr „Genörgel". Die wenigsten von ihnen haben noch nicht einmal in Betracht gezogen, dass die Nörgelei ihrer Frau auch an ihnen liegen könnte. Frauen werden oft zu Nörglern, wenn sie nicht mehr das Vertrauen zu ihrem Mann haben, dass er sich um ihre Bedürfnisse kümmert. Die beste Methode, dem Genörgel Ihrer Frau ein Ende zu bereiten, ist, sensibler zu werden für ihre Bedürfnisse und sich zärtlicher und liebevoller um sie zu kümmern.

Eine der besten Bibelstellen für Ehepaare finden wir in Epheser 4,29-5,2. Obwohl sich Paulus hier an die gesamte Gemeinde und an jeden Christen wendet, treffen seine Worte besonders auf Mann und Frau in der Ehe zu.

> „Kein schlechtes Wort soll aus eurem Mund kommen, sondern was gut ist zur Erbauung, wo es nötig ist, damit es den Hörern Gnade bringe. Und betrübt nicht den

Heiligen Geist Gottes, mit dem ihr versiegelt worden seid für den Tag der Erlösung! Alle Bitterkeit und Wut und Zorn und Geschrei und Lästerung sei von euch weggetan samt aller Bosheit. Seid aber gegeneinander freundlich und barmherzig und vergebt einander, gleichwie auch Gott euch vergeben hat in Christus. Werdet nun Gottes Nachahmer als geliebte Kinder und wandelt in der Liebe, gleichwie auch Christus uns geliebt und sich selbst für uns gegeben hat als Darbringung und Schlachtopfer, zu einem lieblichen Geruch für Gott." (Epheser 4,29-5,2).

Unzerstörbare Liebe

„Deshalb wird ein Mann seinen Vater und seine Mutter verlassen und seiner Frau anhängen, und die zwei werden ein Fleisch sein." (Epheser 5,31).

Viermal lesen wir in der Bibel die folgende Aussage: „Deshalb wird ein Mann seinen Vater und seine Mutter verlassen und seiner Frau anhängen, und die zwei werden ein Fleisch sein." (1. Mose 2,24; Matthäus 19,5; Markus 10,7; Epheser 5,31). Das war die erste Aussage in der Bibel, mit der die grundlegende Basis der Ehe erklärt wurde. Alle weiteren Lehren der Bibel über die Ehe bezogen sich danach auf diese Stelle. Sie wurde sowohl von Jesus als auch von Paulus zitiert. Sie ist eine Zusammenfassung der Verhaltensweisen, die für das Überleben einer Ehe wesentlich sind: Der Mann und die Frau müssen bereit sein, alle anderen tragenden Beziehungen „zu verlassen" und sie mit dem neuen Bund der Ehe zu ersetzen. Dieser Prozess der Bindung wird „anhängen" genannt. Der Zustand der „Einheit" wird durch das Anhängen an den Partner erreicht.

Die Eltern verlassen

Hier gehört weitaus mehr dazu, als uns vielleicht bewusst ist, weil es ist ein lebenslanger Prozess ist, dem wir eher unfreiwillig beitreten. Denn wir müssen dazu das Zuhause verlassen, in dem wir aufgewachsen sind – den Ort, an dem wir das meiste über uns selbst, über andere Menschen und über die Welt um uns herum gelernt und entdeckt haben. Das heißt, wir müssen den Ort der Sicherheit verlassen, wo wir die Regeln und das System kennen, und wo alles und jeder berechenbar ist. Die Familie ist außerdem der Ort, wo uns die grundsätzlichen Werte, Prinzipien und Ziele – all unsere Erkenntnisse über die Wahrheit und die Realität – beigebracht wurden und diese zur Entfaltung kamen.

Darüber hinaus haben wir hier gelernt, wie wir bestimmte Dinge tun. Bei meiner Mutter, zum Beispiel, stapelten sich immer die schmutzigen Töpfe, Pfannen, Geschirr und Küchengeräte, wenn sie kochte. Nach dem Essen, wenn die Unterhaltung beendet war, stand sie auf und räumte die Unordnung auf. Und übrigens, sie hat nie erwartet, dass die Männer ihr dabei helfen, denn die Reinhaltung der Küche war Frauenarbeit (Gott segne sie dafür!). Meine Schwiegermutter dagegen säuberte ihre Töpfe und Pfannen immer sofort, wenn sie sie nicht mehr brauchte und räumte sie dann weg. Ihre Arbeitsplatten waren immer gepflegt, ordentlich und sauber. Sie konnte ihr Essen nur dann genießen, wenn sie wusste, dass der Abwasch erledigt war.

Welche der beiden Methoden ist die Richtige? Und welche ist falsch? Keine! Und doch war dies einer der ersten Konflikte, den ich mit meiner Frau hatte. Ich war mir sicher, dass die Methode meiner Mutter die beste war, weil es das war, was ich kannte und womit ich mich wohl fühlte. Meine Frau empfand dasselbe bezüglich der Einstellung ihrer Mutter. Jeder hielt die Tradition des anderen für ineffizient und unpraktisch. Es kam uns nie in den Sinn, dass wir die Freiheit hatten, uns hinzusetzen und unsere eigenen Absprachen zu treffen, dass wir nicht an die Methoden unserer Eltern gebunden waren, dass es uns freigestellt war, unsere eigene Einstellung zu diesen Themen zu entwickeln.

Mein Vater half nur wenig bei der Hausarbeit. Der Vater meiner Frau war jederzeit bereit zu helfen. Mein Vater brachte nie den Müll hinaus; ihr Vater tat das immer. Als meine Frau mich bat, ihr bei der Hausarbeit zu helfen oder den Müll hinauszubringen, hatte ich das Gefühl, sie wollte meine Rolle an sich reißen, indem sie mich dazu brachte, Frauenarbeit zu leisten. Sie hingegen war verletzt und wütend, weil ich nicht bereit war, meine grundsätzlichsten Pflichten als Ehemann zu erfüllen.

Es dauerte mehrere Jahre, bis wir diese Art von Konflikten durchgearbeitet hatten. Erst als wir erkannten, dass wir immer noch unsere Eltern im Hinterkopf hatten, dass wir immer noch an ihren Methoden festhielten anstatt unseren ganz eigenen Haushalt zu gründen, konnten wir die „Einheit" in unserer Lebensbeziehung erfahren.

Jede Familie ist Teil einer größeren Kultur. Gleichzeitig wird jede Familie ihre eigenen Traditionen pflegen, die sie in sich selbst zu einer einzigartigen Kultur machen. In diesem Sinne ist jede Ehe eine interkulturelle Ehe. Den meisten von uns ist bewusst, dass die Ehe mit einem Partner aus einem anderen Land eine Herausforderung darstellt. Die Herausforderung ist vielleicht nicht so groß, wenn man das Mädchen oder den Jungen von nebenan heiratet, aber es wird trotzdem eine Herausforderung sein.

Unterschätzen Sie niemals den Einfluss, den die Kultur Ihrer Eltern auf Ihre Sicht der Dinge hat. Bei den meisten von uns haben sie für mindestens zwölf Jahre die gesamte Weltanschauung geprägt. Sobald wir das Teenageralter erreicht hatten, fingen wir an zu rebellieren, und wir beschlossen, dass wir niemals so werden würden wie unsere Eltern. Wir würden anders sein, und wir würden alles anders machen. Das können wir auch, wenn wir uns zuerst klar machen, welche Dinge es wert sind, beibehalten zu werden, bei welchen Dingen wir verhandeln müssen, und was wir besser verwerfen sollten.

Ich sage nicht, dass wir von unserer eigenen Erziehung nicht auch Wertvolles mitnehmen können. Schließlich ist das die Hauptaufgabe der Eltern: „Gewöhne den Knaben an den Weg, den er gehen soll, so wird er nicht davon weichen, wenn er alt wird!" (Sprüche 22,6). Aber das bezieht sich hauptsächlich auf Glaubensprinzipien und auf ein gottgefälliges Leben. Über sie können wir nicht verhandeln, sie sind absolute Wahrheiten, in denen das Leben und die Wirklichkeit ruhen. Wir täuschen uns, wenn wir das Unwesentliche zum Wesentlichen machen – wenn wir uns an solche Dinge klammern wie an die Frage, wer den Müll rausträgt oder wer die Hausarbeit macht, als ob das die wichtigsten Fragen unseres Lebens wären. Denken Sie daran: Die Dinge, über die wir nicht verhandeln können, sind die, die Gott uns in Seinem Wort gegeben hat. Ich habe nie eine Stelle in der Bibel gefunden, wo steht, wer den Müll entsorgen oder das Geschirr spülen soll. Aber ich habe an vielen Stellen gelesen, dass wir einander in Liebe dienen sollen!

Ein Militärstratege hat einmal gesagt: „Such dir sorgfältig den Berg aus, auf dem du sterben willst!" Im Krieg kann man nicht jeden Berg einnehmen, und wer es dennoch versucht, wird vielleicht viele Schlachten gewinnen, aber den Krieg wird er dann verlieren. Dasselbe gilt auch für die Ehe. Stellen Sie sich schon früh der Tatsache, dass sowohl der Mann als auch die Frau in vielen Bereichen an Boden verlieren werden, wenn sie ein Ehepaar bleiben wollen. Dieses Wissen wird Ihnen helfen, die wichtigen Dinge frühzeitig festzulegen, die nicht verhandelbar sind. Idealerweise haben Sie das schon vor der Hochzeit getan – wie zum Beispiel die Klärung der Frage, ob Sie beide erfahrene Christen sind, die Gott von ganzem Herzen dienen! Anstatt die Ursache von Konflikten zu werden, stellen diese nicht verhandelbaren Bereiche die Basis dar, auf der die Beziehung aufbaut. Genau darüber hat auch Paulus in 2. Korinther 6,14 gesprochen: „Zieht nicht in einem fremden Joch mit Ungläubigen! Denn was haben Gerechtigkeit und Gesetzlosigkeit miteinander zu schaffen? Und was hat das Licht für Gemeinschaft mit der Finsternis?"

Aneinander festhalten

„Eins" werden bedeutet zum Zweiten, dass der Mann und die Frau aneinander festhalten müssen. Bedeutsamerweise benutzen die Griechen hierfür das Wort *proskollao,* das bedeutet: „zusammen kleben, sich selbst eng an jemanden binden, festhalten, anhaften". Es bezieht sich auf die engsten und unzertrennbarsten Verbindungen. Wie die Holzschichten, aus der eine Sperrholzplatte besteht, sind sie miteinander verbunden, um eine höhere Festigkeit zu erzielen. Wenn man die verschiedenen Schichten einer Sperrholzplatte voneinander trennen wollte, würde man die Platte nur kaputt machen. Haben Sie jemals versucht, zwei zusammen geklebte Holzstücke voneinander zu trennen? Vielleicht können Sie sie voneinander lösen, aber die Abrissstelle wird nicht wie vorher aussehen. Aus dem Holz werden Teile herausbrechen, die am Gegenstück kleben bleiben. Genau das passiert bei einer Scheidung. Wir können uns vielleicht von unserem Partner losreißen, aber ein Teil von ihm wird immer bei uns bleiben. Wir können nicht mehr da anfangen, wo wir vor unserer Ehe standen. Wir sind für immer verändert ... geschädigt!

Warum ist das so? Wenn ein Mann und eine Frau heiraten, unterwerfen sie sich einem göttlichen Ereignis, an dem nicht nur sie beteiligt sind, sondern auch Gott. Der Pastor, der die beiden traut, steht dort vor allem als Repräsentant Gottes, dann erst als Beauftragter der Gesellschaft. Er steht im wahrsten Sinne des Wortes an Christi Stelle – ein symbolisches Zeugnis, dass der Bund vor Gott und vor Menschen bestimmt und für gültig erklärt ist. Die Bibel lehrt uns, dass Gott allein derjenige ist, der „zusammenfügt". Die Scheidung ist im Wesentlichen ein Annullieren des Werkes Gottes, ein Widerruf dessen, was Gott veranlasst hat. Deshalb hat Jesus verkündet: „ So sind sie nicht mehr zwei, sondern ein Fleisch. Was nun Gott zusammengefügt hat, das soll der Mensch nicht scheiden!" (Matthäus 19,6).

Der Ausdruck „zusammengefügt" (*suzeugnumi*) bedeutet „an ein Joch anlegen oder gemeinsam anspannen". Diese Beschreibung geht auf zwei Ochsen zurück, die gemeinsam angespannt wurden, um einen Pflug oder ein Fuhrwerk zu ziehen. Sie sind nicht länger zwei, sondern „ein Joch Ochsen". Das Joch hält sie zusammen. Ihre Trennung wäre eine Sabotage all dessen, wozu der Besitzer sie bestimmt hat.

So ist das auch beim Mann und bei der Frau. Wenn sie verheiratet sind, wurden sie „zusammengefügt". Sie sind nicht länger zwei, sondern eins. Sie zu trennen ist gleichbedeutend mit einer Sabotage der höheren Absichten Gottes, für die ihr Bündnis bestimmt war. Wenn wir uns gegenseitig diesem „Joch" unterordnen, werden wir mit der Zeit immer mehr die guten Absichten Gottes und die fantastischen Wunder Seiner Wege entdecken. In der Tat sind dann zwei „besser als eins".

Diese göttliche Einheit ist weit mehr als eine körperliche, sexuelle Einheit, obwohl diese auch dazu gehört. Im selben Haus zu leben, sich das Einkommen und die körperliche Intimität zu teilen, macht noch keine Einheit aus. Die Einheit beginnt, wenn wir uns unserem Ehepartner bedingungslos verpflichten. Während wir in diesen Verpflichtungen wachsen und täglich ihren Herausforderungen gegenüberstehen, wächst unser Gespür für die Einheit. Es ist ein lebenslanger Prozess, der sich durch die Praxis zu seinem Vorteil verändert. Die Bedrohung der Einheit fängt oft mit ungelösten Feindseligkeiten an. Paulus schreibt: „ Ihr Männer, liebt eure Frauen und seid nicht bitter gegen sie!" (Kolosser 3,19). Wie töricht Verbitterung ist, können wir leicht erkennen, wenn wir sie auf das obige Bild der zwei Ochsen übertragen, die gemeinsam vor ein Joch gespannt sind. Überlegen Sie einmal. Alles, was der eine Ochse tun würde, um den anderen zu verletzen, würde nur zur Folge haben, dass er selbst leidet. Wenn er den anderen verwundet, dann muss er nicht nur seine eigene Last tragen, sondern auch die des anderen. Wenn er sich weigert, die Last zu ziehen, geht die Arbeit langsamer voran, und der Bauer (Gott, 1. Petrus 3,7) wird ihn bestrafen. Es liegt ganz offensichtlich in seinem eigenen Interesse, nach der Einheit mit der Person zu trachten, mit der Gott ihn zusammengefügt hat.

Liebe, die Gott reflektiert.

„Dieses Geheimnis ist groß, ich aber deute es auf Christus und auf die Gemeinde." (Epheser 5,32).

Wenn ein Ehepaar sich in einem Konflikt befindet, fällt es ihnen sehr schwer, die Beziehung noch objektiv zu betrachten. Sie sind überzeugt davon, dass ihre Ehe sich auf der Stelle bessern würde, wenn der andere einfach aufhören würde, die Dinge zu tun, die den Konflikt verursachen. Bei zwei Personen mit dieser Ansicht ist das Ergebnis natürlich nur ein Machtkampf. Im Laufe der Zeit setzt sich die Haltung und Meinung über den anderen immer mehr fest. Die Situation ähnelt dann der Beschreibung des Apostels Paulus, als er die Galater warnte: „Wenn ihr einander aber beißt und fresst, so habt acht, dass ihr nicht voneinander aufgezehrt werdet!" (Galater 5,15).

Die meisten Paare übersehen in dieser Situation den wesentlichen Zweck der Ehe: die Verherrlichung Gottes! Tatsächlich sollte das der Kernpunkt aller Ereignisse unseres Lebens sein. Als der Psalmist zum Herrn um Hilfe rief, flehte er Ihn an: „Hilf uns, du Gott unseres Heils, um der Ehre deines Namens willen, und rette uns und vergib uns unsere Sünden um deines Namens willen!" (Psalm 79,9). Paulus ermahnt uns: „Ob ihr nun esst oder trinkt oder sonst etwas tut – tut alles zur Ehre Gottes!" (1. Korinther 10,31). Petrus erklärt: „Wenn jemand redet, so rede er es als Aussprüche Gottes; wenn jemand dient, so tue er es aus der Kraft, die Gott darreicht, damit in allem Gott verherrlicht wird durch Jesus Christus. Ihm sei die Herrlichkeit und die Macht von Ewigkeit zu Ewigkeit! Amen." (1. Petrus 4,11).

Ich könnte jetzt jede Menge Bibelstellen zitieren, die alle eindeutig bestätigen, dass das ultimative Ziel eines christlichen Lebens in allen Bereichen unseres Lebens die Verherrlichung Gottes ist. Einer der Ältesten in unserer Gemeinde, ein erfolgreicher Geschäftsmann unserer Stadt, hat dieses Konzept einmal einer Gruppe von Männern erklärt. Er sagte: „Meine Herren, das Ziel eines Unternehmens ist die Verherrlichung Gottes." Die meisten der Anwesenden, mich selbst eingeschlossen, hatten immer gedacht, das Ziel eines Unternehmens ist, Geld zu verdienen. Doch Gott hatte ihm etwas gezeigt, das dem Rest von uns noch nie in den Sinn gekommen war – etwas, das absolut Sinn macht und völlig logisch ist, wenn man es im Licht der Offenbarung Gottes durch Sein Wort betrachtet. Natürlich ist das Ziel eines Unternehmens die Verherrlichung Gottes. Johannes verkündete in der Offenbarung:

> „Wer sollte dich nicht fürchten, o Herr, und deinen Namen nicht preisen? Denn du allein bist heilig. Ja, alle Völker werden kommen und vor dir anbeten, denn deine gerechten Taten sind offenbar geworden!" (Offenbarung 15,4).

Wenn die Verherrlichung Gottes die treibende Kraft in einem Unternehmen ist, ist Gott frei, Sich selbst durch dieses Unternehmen zu verherrlichen und den Mann zu segnen, der dieses Unternehmens verwaltet. „Sondern wer mich ehrt, den will ich wieder ehren; wer mich aber verachtet, der soll auch verachtet werden!" (1. Samuel 2,30).

In ähnlicher Weise kann man dieses Prinzip auch auf die Ehe und auf jeden anderen Bereich unseres Lebens anwenden. Gott möchte Sein Königreich, Seine Herrschaft ausbreiten auf jeden Bereich unseres Lebens. Das ist ein lebenslanger Prozess, weil Gott jeden Tag einen neuen Bereich unseres Lebens einnimmt. Ist es da noch verwunderlich, dass Paulus am Ende seiner Anweisungen für die Ehe zu dem Schluss kommt: „Dieses Geheimnis ist groß; ich aber deute es auf Christus und auf die Gemeinde." (Epheser 5,32).

In der gesamten Bibel gebraucht Gott zahlreiche Bilder, damit wir die verschiedenen Aspekte unserer Beziehung zu Ihm verstehen können. Er beschreibt Sich selbst als unseren Vater, unseren Hirten, unseren Meister und Herrn, unseren Diener, unseren Bruder usw. Dabei geht es immer um die Beziehung Gottes zu dem Menschen. Hier an dieser Stelle, und nur hier, gebraucht Er das Bild von Christus und der

Gemeinde, um Seine Beziehung zur Gemeinde, die Seine Braut ist, zu veranschaulichen. Die christliche Ehe soll nach Gottes Absicht ein tägliches, lebendiges Bild der Liebe Christi sein, die Er für Seine Gemeinde hat. Das können wir nur dann schaffen, wenn wir uns dazu verpflichten, aufopferungsvoll, mit reinem und sanftem Herzen und fürsorglich zu lieben.

Am Anfang meines Christenlebens war ich immer sehr engagiert dabei, dem Herrn zu dienen. Ich machte mir ständig Gedanken darüber, wie ich als Zeugnis für den Herrn lebte. Leider kam es mir nie in den Sinn, mir dieselben Gedanken über mein Zeugnis als christlicher Ehemann zu machen. Konnten andere Jesus in mir erkennen durch die Art, wie ich meine Frau behandelte? Erst als ich begann, den ersten Timotheusbrief gründlich zu studieren, erkannte ich allmählich, wie wichtig das war. Als ich die detaillierten Anforderungen las, die Paulus an diejenigen stellte, die als Gemeindeleiter geeignet waren, verstand ich allmählich die Bedeutung eines Familienlebens, in dem Gott verherrlicht wird:

> „Nun muss aber ein Aufseher untadelig sein, Mann einer Frau ... einer, der seinem eigenen Haus gut vorsteht und die Kinder in Unterordnung hält mit aller Ehrbarkeit – wenn aber jemand seinem eigenen Haus nicht vorzustehen weiß, wie wird er für die Gemeinde Gottes sorgen?“ (1. Timotheus 3,2.4.5).

Ich stand plötzlich vor einer Herausforderung: „Wie halte ich mein Familienleben nach Gottes Maßstäben in Ordnung?“

Was bedeutet es, seinem eigenen Haus gut „vorzustehen“? Im Griechischen lautet das Wort hierfür *proistemi*. Es bedeutet „über etwas stehen, beaufsichtigen, über etwas walten; ein Beschützer oder Hüter sein; Hilfestellung geben; sich um etwas kümmern, seine Aufmerksamkeit schenken“. Den Teil „darüber stehen, beaufsichtigen, walten“ beherrschte ich fast perfekt. Doch der andere Teil „beschützen, hüten, helfen, sich kümmern, Aufmerksamkeit schenken“ fehlte bei mir. Im Wesentlichen war meine Haltung der Familie gegenüber zu egozentrisch, so dass Gott nicht verherrlicht und meine Ehe nicht gesegnet sein konnte. Kein Wunder, dass meine Frau mich nicht so ehren konnte, wie ich es eigentlich von ihr erwartete. Gott bewegte sie nicht dazu, mich zu ehren, weil ich Ihn nicht ehrte. Die Bibel lehrt uns: „Gebt also jedem, was ihr ihm schuldig seid! ... Wem Respekt zusteht, dem erweist Respekt, und wem Ehre zusteht, dem erweist Ehre." (Römer 13,7, Gute Nachricht). In meinem Fall hatte meine Frau den Respekt vor mir verloren, bis ich anfing, mich darum zu bemühen, die christusähnliche Liebe in meiner Familie anzuwenden. Die Veränderung fand nicht sofort statt. Sie kam nicht daher, dass ich meiner Frau erklärte, ich sei nun ein anderer Mensch. Es passierte ganz allmählich, indem ich Gott die Erlaubnis gab, mich mit den Fehlern in meinem Leben zu konfrontieren. Ich musste es Ihm ermöglichen, dass Er mir einen neuen Weg zeigte, wie ich eine persönliche Beziehung zu meiner Frau und meinen Kindern aufbauen konnte. Ich gab mich nicht mehr länger damit zufrieden, dass ich nur dann aufopferungsvoll und bedingungslos liebte, wenn ich nicht zu Hause war, und selbstsüchtig auf meine eigene Person fixiert, wenn ich mit meiner Familie zusammen war. Als ich mich darauf konzentrierte, ein Ehemann und Vater zu sein, der Gott verherrlicht, konnte mich meine Familie allmählich auch ehren und respektieren. Hier will uns das nächste Kapitel hinführen.

Kapitel 7
Frauen von unübertroffener Schönheit

„Doch auch ihr – jeder von euch liebe seine Frau so wie sich selbst; die Frau aber erweise dem Mann Ehrfurcht! Gleicherweise sollen auch die Frauen sich ihren eigenen Männern unterordnen, damit, wenn auch etliche sich weigern, dem Wort zu glauben, sie durch den Wandel der Frauen ohne Wort gewonnen werden, wenn sie euren in Gottesfurcht reinen Lebenswandel ansehen. Euer Schmuck soll nicht der äußerliche sein, Haarflechten und Anlegen von Goldgeschmeide oder Kleidung, sondern der verborgene Mensch des Herzens in dem unvergänglichen Schmuck eines sanften und stillen Geistes, der vor Gott sehr kostbar ist. Denn so haben sich einst auch die heiligen Frauen geschmückt, die ihre Hoffnung auf Gott setzten und sich ihren Männern unterordneten, wie Sarah dem Abraham gehorchte und ihn »Herr« nannte. Deren Töchter seid ihr geworden, wenn ihr Gutes tut und euch keinerlei Furcht einjagen lasst.“ (Epheser 5,33; 1. Petrus 3,1-6).

Die bereits verstorbene Komödiantin, Sophie Tucker, hat einmal zusammengefasst, was eine Frau haben muss, damit sie von den Männern respektiert wird: von 0 bis 18 Jahren braucht sie gute Eltern; von 18 bis 35 Jahren muss sie gut aussehen; von 35 bis 55 Jahren muss sie einen guten Charakter haben; ab 55 braucht sie eine Menge Geld. Auf diese humorvolle Art fasste sie zusammen, was für die meisten Frauen in unserer Kultur zu einem großen Zwang geworden ist: das Bedürfnis, von den Männern geliebt, akzeptiert und respektiert zu werden. In unserer Kultur jedoch, die von Äußerlichkeiten besessen ist, wird dies zu einem gläsernen Berg. Wenn Frauen es schaffen, die Spitze zu erklimmen (und das sind nur wenige), wissen sie, dass sie früher oder später wieder vom Gipfel bis in das darunter liegende Tal abrutschen werden. Das gilt selbst für die nach außen hin schönsten Frauen. Unübertroffene Schönheit ist für die meisten aufgrund ihrer Genetik unerreichbar; und für die wenigen, die sie geerbt haben, dauert sie nicht lange an. Das Alter, die Schwerkraft und die sich ständig verändernden Definitionen für das, was als „schön" gilt, lassen die Schönheit für die meisten Frauen zu einem Trugbild werden.

Die Durchschnittsfrau würde auf die Frage, ob sie schön ist, mit „nein" antworten. Vielleicht ist das der Grund, warum das Streben nach äußerlicher Schönheit so stark ist. Amerikanische Frauen geben über 20 Milliarden Dollar im Jahr für Kosmetika und weitere 30 Milliarden Dollar für Diäten aus. Addieren Sie dazu noch die Anzahl der Schönheitsoperationen, Fettabsaugungen und Implantate, und das Streben nach Schönheit wird schnell zu einer der erfolgreichsten Branchen in der Wirtschaft.

Vor langer Zeit erkannten weise und gottgefällige Männer und Frauen die Torheit dieses Strebens. Salomo war es, der, umgeben von wunderschönen Frauen, die folgenden Worte schrieb: „Anmut ist trügerisch und Schönheit vergeht, aber eine Frau, die den Herrn fürchtet, die wird gelobt werden." (Sprüche 31,30).

Der Schwerpunkt der Lehren des Petrus über die Ehe liegt auf der Schönheit – die Schönheit, die niemals altert oder vergeht, sondern die stattdessen die Tendenz hat, mit der Zeit immer attraktiver zu werden. Er nennt sie den „unvergänglichen Schmuck eines sanften und stillen Geistes, der vor Gott sehr kostbar ist."

In einem früheren Kapitel habe ich ausführlich von den einzigartigen Unterschieden zwischen Männern und Frauen berichtet. Es gibt auch Dinge, die Männer und Frauen gemeinsam haben. Eines davon ist das Bedürfnis nach dem Respekt des anderen, besonders nach dem des Ehepartners.

Die allgemeine Angst, die in jeder Frau steckt, ist die Angst, zu einem Objekt zu werden, benutzt und missbraucht anstatt als wertvolle Person geschätzt und gemocht zu werden. Umgekehrt fürchtet jeder Mann, von einer Frau bezwungen und dominiert zu werden. Wir könnten das die allgemeine Männerneurose nennen. Jeder Mann birgt eine Angst in sich, den Erwartungen seiner Geliebten nicht genügen zu können – gewogen und für zu leicht befunden zu werden – in manchen oder all seinen Funktionen.

Aufgrund dieser verschiedenen Perspektiven suchen Männer und Frauen auf unterschiedliche Art und Weise nach Respekt. Frauen fühlen sich durch Freundlichkeit, Zuwendung, Fürsorge, Rücksichtnahme und Zärtlichkeit respektiert. Für Männer bedeutet Respekt, akzeptiert, angesehen und bestätigt zu werden. Aufgrund dieser Unterschiede musste Petrus den Männern und Frauen in 1. Petrus 3,1-7 sehr unterschiedliche Anweisungen geben. Er wendet sich zuerst an die Frauen. Sie werden ermahnt, durch ihre Taten, ihre Haltung und ihre Erscheinung Respekt zu erweisen.

Wie Frauen ihren Männern Respekt zeigen

Wenn man damit beginnt, eine Bibelstelle zu interpretieren, ist es wichtig, dass man damit anfängt, den Kontext zu ermitteln, in dem sie geschrieben steht. Petrus beginnt das dritte Kapitel seines ersten Briefes mit der Aussage: „Gleicherweise sollen auch die Frauen sich ihren eigenen Männern unterordnen“. Was meint er mit „gleicherweise“? Er bezieht sich auf die Anweisungen, die er schon vorher gegeben hatte; Petrus hatte zusammengefasst, was es bedeutet, in Jesu Fußstapfen zu wandeln. Das hat zur Folge, dass wir heilig (1,13-16), liebevoll (1,22), versöhnlich (2,1) und rein sind (2,11.12), dass wir uns Autoritäten unterordnen (2,13) und Gottes Diener sind (2,16).

Abschließend mahnt er in den Versen 2,21-23:

> „Denn dazu seid ihr berufen, weil auch Christus für uns gelitten und uns ein Vorbild hinterlassen hat, damit ihr seinen Fußstapfen nachfolgt. Er hat keine Sünde getan, es ist auch kein Betrug in seinem Mund gefunden worden; als er geschmäht wurde, schmähte er nicht wieder, als er litt, drohte er nicht, sondern übergab es dem, der gerecht richtet."

Warum war das für die Frauen so entscheidend? Weil sie sich in der besonderen Situation befanden, mit Männern verheiratet zu sein, die „sich weigern dem Wort zu glauben ...". Das waren Männer, die keine persönliche Beziehung zu Jesus Christus und keinen Respekt vor der Bibel und ihren Lehren hatten. Petrus nennt hier als Hauptziel für diese Frauen, dass sie ihre Männer zu Christus hinführen, und das „durch den Wandel der Frauen ohne Worte" zu tun.

Meine Damen, es ist wichtig, dass Sie Folgendes erkennen: Laut Petrus ist Gottes Absicht für Ihr Leben nicht die, dass Sie zuerst Ihren Mann zu einem besseren Ehemann machen. Vielmehr sollen Sie ihn für Christus gewinnen. Wir können davon ausgehen, wenn Christus tatsächlich das Leben eines Mannes ergreift, wird dieser zur rechten Zeit ein besserer Ehemann werden, weil er auch ein besserer Christ wird. Doch das größte Anliegen der Frau sollte die Beziehung ihres Mannes zu Christus sein, nicht zu ihr.

Liebevolles Handeln

Wie soll sie diese Aufgabe erfüllen? Durch ihre Taten! In der Neues Leben Übersetzung wird das so formuliert: „Das Beispiel eures Lebens wird sie mehr überzeugen als alle Worte." Die meisten Frauen sind viel wortgewandter als ihre Männer. Sie sind es mehr gewohnt, ihre Gefühle mit Worten zum Ausdruck zu bringen. Demzufolge können Frauen in ihrem Bemühen, ihre Gedanken und Gefühle auszudrücken, die Männer mit ihren Worten fast erschlagen. Viele Männer haben sich von dem

Glauben und dem Eifer ihrer Frauen für Gott einschüchtern lassen. Petrus rät den Frauen zu einer anderen, effektiveren Taktik; sie sollen es durch ihre Taten erkennen lassen.

Die *Amplified* Übersetzung verdeutlicht uns noch mehr, von welchen Taten er spricht:

> „Wenn sie nicht nur die reine und bescheidene Art wahrnehmen, wie sie sich verhalten, sondern auch die Ehrerbietung (vor Ihrem Ehemann. Das heißt, Sie sollen alle Gefühle, die zur Ehrerbietung gehören, für ihn empfinden.) – ihn respektieren, ihm den Vortritt lassen, ihn verehren; (verehren bedeutet) ihn ehren, ihn wertschätzen (anerkennen, würdigen) und (im menschlichen Sinne) ihn bewundern; (und bewundern heißt) ihn auf Händen tragen, ihn rühmen, sich ihm ergeben, ihn zutiefst lieben und sich an ihm freuen."

Ich kenne keinen Mann, den es ungerührt lassen würde, wenn eine Frau ihn auf diese soeben beschriebene Weise behandelt.

Ich weiß, viele von Ihnen würden das als „Mission Impossible" (unmöglichen Auftrag) bezeichnen. Sie sind, offen gesagt, vielleicht so verbittert gegenüber Ihrem Mann, dass der oben aufgeführte Gedanke, ihn zu „bewundern" oder „sich an ihm zu freuen" völlig außer Frage steht. Denken Sie aber daran, was Paulus in Epheser 5,21 gesagt hat: „... ordnet euch einander unter in der Furcht Gottes!" Diese liebevolle und respektvolle Haltung gegenüber Ihrem Ehemann muss vor allem von dem Verlangen motiviert sein, Gott durch Jesus Christus zu ehren und Ihm zu dienen, so wie Johannes das erklärte: „Wir lieben ihn, weil er uns zuerst geliebt hat." (1. Johannes 4,19). Die Frauen müssen also auch damit beginnen, dass sie zuerst Gott lieben und dann ihren Ehemann um Christi Willen lieben.

Einige Frauen haben mir berichtet, dass sie sich wie Heuchler fühlen, wenn sie Gefühle für ihren Mann vortäuschen, die sie gar nicht empfinden. Sie haben das Gefühl, unehrlich zu sein. Es wäre unehrlich und unehrenhaft, wenn Sie aus selbstsüchtigen Motiven heraus handelten, um Ihren Mann zu manipulieren oder zu täuschen, doch das ist hier nicht der Fall. Die geisterfüllte Frau will Christus durch all ihre Beziehungen bekannt machen, einschließlich und vor allem durch die Beziehung zu ihrem Ehemann. Sie gibt Christus dadurch die Erlaubnis, ihren Ehemann durch sie zu lieben.

Wichtig ist, dass wir verstehen, dass wir nicht von unseren Gefühlen beherrscht werden sollten. Gefühle sind nicht der Ursprung, sondern das Ergebnis unserer Überzeugungen und Taten. Wenn Sie glauben, dass jemand Sie liebt, werden Sie bei dieser Person ein gutes Gefühl haben, und Sie werden diese Person liebevoll behandeln. Wenn Sie der Meinung sind, dass jemand Sie hasst, werden Sie sich bedroht und verletzt fühlen, und Sie werden sich vorsichtig und zurückhaltend verhalten, wenn diese Person in Ihrer Nähe ist.

So ist das auch, wenn Sie glauben, dass Gott Sie liebt, auf Sie aufpasst und Sie beschützt. Sie werden ein sicheres Gefühl haben, wenn Sie Ihm gehorchen. Sie fühlen sich sicher, wenn Er Ihnen gebietet, andere zu lieben und zu respektieren (auch Ihren Ehemann). Sie lieben aus der Notwendigkeit heraus, weil Sie Ihm gefallen möchten. Ihr Ehemann wird zum Ziel Ihrer Liebe, nicht zum Anlass oder zur Ursache der Liebe. Wir lieben ihn, weil Er uns zuerst geliebt hat (1. Johannes 4,19), nicht weil jemand in unseren Augen liebenswert geworden ist. In gewissem Sinne beginnen wir, als stellvertretender Ausdruck unserer Liebe für Christus auch andere zu lieben.

Wenn wir anfangen, anderen unsere Liebe zu zeigen, werden sich tatsächlich bald auch liebevolle „Gefühle" einstellen. Wir sehen sie plötzlich mit anderen Augen. Auch sie reagieren allmählich auf die ihnen entgegengebrachte Liebe, wenn auch manchmal nur langsam.

Manche Menschen brauchen sehr lange dafür, weil sie es nie gelernt haben, eine andere Person uneingeschränkt zu lieben. Aber es funktioniert – besonders in der Ehe. Warum? Lassen Sie mich das veranschaulichen. Jeder Mann sehnt sich danach, von seiner Frau geliebt und geachtet zu werden. Männer sind in vieler Hinsicht noch kleine Jungen, die nach mütterlicher Anerkennung suchen. Wir brauchen dringend die Liebe und Akzeptanz unserer Ehefrauen. Manchmal scheint das Verhalten der Männer genau das Gegenteil sagen zu wollen. Wenn wir uns verteidigen, ungeduldig oder erregt sind, klingt das für die Frau wie Ablehnung oder Missbilligung. In den meisten Fällen ist es das Ergebnis unserer eigenen Ängste davor, dass wir den Erwartungen der Frau an uns als Ehemann und Vater nicht entsprechen können. Das ist der Grund, warum Männer mit Kritik und Nörgelei nicht gut umgehen können! Die Karikatur einer nörgelnden Ehefrau ist der Fluch der Ehemänner. Sie ist das Symbol der männlichen Unzulänglichkeit. Umgekehrt schnellt das Wertgefühl des Ehemannes nach oben, wenn seine Frau ihm Liebe und Zuwendung schenkt (besonders in der Öffentlichkeit).

Eine vorbildliche und ehrerbietige Haltung

Petrus fährt mit seinen Ermahnungen fort, wie Christus zu handeln, indem er die Haltung anspricht, die in den Gedanken der Frau vorherrschend sein sollte. Er spricht darüber, „wenn sie euren in Gottesfurcht reinen Lebenswandel ansehen". Wie geht man es an, einen „in Gottesfurcht reinen Lebenswandel" zu führen? Dazu gehört mehr als die Tat allein. Es fängt mit der richtigen Haltung an!

Was meine ich mit „Haltung"? Wir sprechen oft von der „Haltung", wenn wir die Art erklären wollen, wie jemand seinen Charakter nach außen hin zeigt. Meist gebrauchen wir das Wort hier im negativen Sinn. Ich höre oft, wie meine erwachsenen Kinder über jemanden reden, der eine gewisse „Haltung" hat. Im worttechnischen Sinn besitzen wir alle eine Haltung, denn die Haltung ist mehr als nur das, was wir nach außen hin zeigen. Sie beginnt mit dem, was wir innerlich für wahr halten. Egal, was wir bei einer Person oder einer Sache für wahr halten, es wird unseren Standpunkt und unsere Perspektive festlegen, was wiederum unsere Gedanken, Gefühle und Taten bestimmt. Das ist der Grund, warum wir lehren, dass Christus unser

Leben von innen heraus verändert. Wenn eine Person zum Glauben an Gott durch Jesus Christus findet, wenn sie anfängt, der Wahrheit und Zuverlässigkeit des Wortes Gottes, der Bibel, zu vertrauen, wird sie sich anders verhalten. Der Grund dafür ist, dass unser Wesen das, was wir für richtig halten, den Weg der Wahrheit, nachahmen soll.

Eine der großen geistlichen Gefahren ist, dass wir etwas für wahr halten, was in Wirklichkeit falsch ist. Jesus warnte uns: „Wenn aber dein Auge verdorben ist, so wird dein ganzer Leib finster sein. Wenn nun das Licht in dir Finsternis ist, wie groß wird dann die Finsternis sein!“ (Matthäus 6,23). Ein tragischer Fehler im Leben ist, wenn wir wichtige Entscheidungen auf Lügen gründen, anstatt auf die feste Wahrheit des Wortes Gottes. Jesus verglich das mit einem Mann, der sein Haus auf sandigen Boden baute, anstatt auf felsigen Untergrund. Wenn die Stürme des Lebens kommen, und sie werden immer kommen, werden sie rasch das Leben zerstören, das auf die wechselnden Grundfesten der Launen und Modeerscheinungen unserer heutigen Welt gebaut war. Aus diesem Grund ist es so wichtig, unsere Ehe auf das sichere Fundament des Wortes Gottes zu bauen, anstatt auf das, was Paulus „die Art der Welt“ nennt.

In der heutigen Welt ist es „in“, einen Schlussstrich zu ziehen und wegzulaufen, wenn eine Ehe in Schwierigkeiten ist. Wir gebrauchen Ausdrücke wie „unüberbrückbare Differenzen“ oder „Unvereinbarkeiten“. Wir reden uns selbst und anderen ein, dass „wir uns nicht mehr lieben“ und erlassen uns dann selbst jeden weiteren Versuch. Im Gegensatz dazu verordnet Gott den Frauen, die sich solchen Konflikten gegenübersehen, etwas völlig anderes. Er sagt, sie sollen anfangen, eine „vorbildliche und ehrerbietige“ Haltung zu entwickeln. Das beginnt damit, dass Sie anfangen, Gott von ganzem Herzen zu lieben. Sie sollen sich darauf konzentrieren, in all Ihren Beziehungen ein Spiegelbild Gottes zu sein und Ihren Blick nicht auf die Sünden und das Versagen anderer richten. Dann können wir allmählich die Lieblosigkeit anderer als Herausforderung unserer Jüngerschaft sehen, während wir uns darum bemühen, das Gebot Jesu zu erfüllen: „Wenn jemand mir nachkommen will, so verleugne er sich selbst und nehme sein Kreuz auf sich und folge mir nach!“ (Matthäus 16,24).

Wenn ich eine vorbildliche und ehrerbietige Haltung haben möchte, muss ich damit anfangen, die richtigen Dinge zu glauben. Dann wird sich diese Haltung entwickeln. Wie fange ich damit an? Erstens, indem ich glaube, dass das, was Gottes Wort über die Ehe sagt, nicht veraltet und nur auf den Mann bezogen ist, sondern dass es sich hier vielmehr um die unfehlbare Wahrheit Gottes handelt. Zweitens, indem ich überzeugt bin, dass es sich am meisten bezahlt macht und mir persönlich den größten Segen bringt, wenn ich Gott gefalle. So hat es auch der Schreiber des Hebräerbriefes ausgedrückt: „Ohne Glauben aber ist es unmöglich, ihm wohlzugefallen; denn wer zu Gott kommt, muss glauben, dass er ist, und dass er die belohnen wird, welche ihn suchen.“ (Hebräer 11,6). Ein vorbildliches Leben und Achtung allein wird für niemanden wirklich attraktiv sein. Vorbildlich und in Achtung zu leben bedeutet, gegen den Strom unserer Zeit zu schwimmen. Es erfordert Selbstbeherrschung, Verleugnung und Opfer. Jeder weiß, dass ein solches Leben nicht spielend möglich ist, denn es sind die Werke eines „gekreuzigten Lebens“! Dennoch, wenn ich glaube, dass Gottgefälligkeit ein „großer Gewinn“ ist (ein größerer als die Genusssucht, die Selbstsucht oder andere „selbstsüchtige“ Motive), dann wird auf natürliche Weise die Vorbildlichkeit und Achtung an die Oberfläche meines Lebens dringen.

Eine der Herausforderungen, denen Frauen gegenüberstehen, wenn sie ein vorbildliches Leben in Achtung vor Gott führen, ist ihr natürlicher Wunsch, ihrem Ehemann zu gefallen. Im 1. Korintherbrief 7,34 steht:

> „Die Unverheiratete ist besorgt um die Sache des Herrn, dass sie heilig sei sowohl am Leib als auch am Geist; die Verheiratete aber sorgt für die Dinge der Welt, wie sie dem Mann gefällt.“

Sie versündigt sich nicht, wenn sie ihrem Mann gefallen will, aber viele Frauen haben ihren Glauben und ihre geistlichen Verpflichtungen aufs Spiel gesetzt, um dadurch Konflikte mit ihrem Ehemann zu vermeiden. Ich habe das auf zwei unterschiedliche Arten beobachten können. Zum einen vernachlässigt sie vielleicht ihr persönliches Bibelstudium und Gebet und andere wesentliche Bestandteile ihres täglichen Lebens als Christin, falls ihr Mann dagegen Einwände hat. Oder zweitens, sie erklärt sich vielleicht damit einverstanden, bei bestimmten Dingen mitzumachen oder sich im Widerspruch zu ihrem Glauben zu verhalten, weil sie ihrem Ehemann gefallen oder seine Bedürfnisse erfüllen möchte. Dies führt nur dazu, dass der Mann den Respekt vor seiner Frau verliert, und sie wird zurückbleiben in einem Zustand der Sünde, denn „Alles aber, was nicht aus Glauben geschieht, ist Sünde" (Römer 14,23).

Gott möchte, dass sich unser Verstand durch Reife auszeichnet. Das bedeutet, Frauen müssen den Wunsch, ihrem Ehemann zu gefallen, auf gesunde und gottgefällige Weise steuern. Es ist unbedingt notwendig, dass die Frau ihre persönlichen, geistlichen Disziplinen aufrechterhält, damit sie wachsen kann und eine Frau wird, die Gott zum Mittelpunkt und sich selbst unter Kontrolle hat. Nur dann wird sie in der Lage sein, durch ihre Taten und ihre Haltung den „Wohlgeruch Christi" zu verbreiten. Vergessen Sie nicht, das Hauptziel ist nicht, dass ihr Mann sie liebt, sondern dass sie ihn dahin führt, dass er Christus liebt. Wenn er sich in Christus verliebt, wird er sie auch lieben – mit der bedingungslosen Liebe des Geistes.

Mittlerweile sollten wir erkannt haben, dass die fleischliche Liebe nur oberflächlich, selbstsüchtig und kurzlebig ist. Suchen Sie stattdessen nach dem, was über das Fleisch hinausgeht – die ewige Liebe des Geistes Gottes.

Ein Auftritt der inneren Schönheit

Zuletzt spricht Petrus noch das Thema der äußeren Erscheinung an. Dies ist immer wieder ein sehr kontroverses

Thema gewesen, weil die Christen Schwierigkeiten hatten, sich zu einigen, wie eine angemessene Erscheinung und Kleidung der christlichen Frau auszusehen habe. Mit seiner Antwort auf diese Frage gab Billy Graham dazu wahrscheinlich den deutlichsten Kommentar ab: „Ich glaube, die Frau sollte sich so kleiden, wie die Welt sich kleidet, aber sie sollte nicht so unbekleidet sein, wie es in der Welt üblich ist." Allein diese Stellungnahme hat wahrscheinlich Millionen von christlichen Frauen zu der Freiheit verholfen, sich auf zeitgemäße und attraktive Weise zu kleiden, ohne dabei unnötige Schuldgefühle zu haben. Außerdem steht es in enger Übereinstimmung mit dem, was Petrus sagt.

Petrus hat schöne Frauen oder Frauen, die so attraktiv wie möglich aussehen wollten, nicht verdammt. Ich habe Frauen gekannt, die ihr Aussehen vernachlässigt oder ihre Attraktivität absichtlich versteckt haben, weil sie den Wunsch hatten, nach außen hin heilig auszusehen. Der unglückliche Nebeneffekt davon war, dass sie dadurch eher Gegenstand von neugierigem Interesse als ein Zeugnis für Heiligkeit waren.

Petrus gibt vielmehr folgende Anweisung: „Euer Schmuck soll nicht der äußerliche sein ... sondern der verborgene Mensch des Herzens in dem unvergänglichen Schmuck eines sanften und stillen Geistes, der vor Gott sehr kostbar ist." (1. Petrus 3,3.4).

Der Griechisch-Professor Kenneth Wuest gab in seinen *Word Studies in the Greek* (griechische Wortstudien) folgende Erklärung: „Was das Wort Gottes der christlichen Frau verbietet, ist etwas auffälliges, extravagantes, kompliziertes Gekünsteltes in der Art, wie sie ihre Haare frisiert ... eine verschwenderische und auffällige Weise, ihren Schmuck zur Schau zu tragen ... das Anziehen der ... Kleidung, wie sie die Welt trägt – schamlos, prunkhaft, auffällig."[16] Beachten Sie, wie er immer wieder das Wort „auffällig" benutzt, um die Art des Schmucks zu beschreiben, den die Frau nicht zur Schau tragen soll. Das Wort bezieht sich auf alles, was die Aufmerksamkeit auf die eigene

Person zieht. Ein gottgefälliger Mann oder eine gottgefällige Frau sollten nie zum Ziel haben, durch irgendein Mittel die Aufmerksamkeit auf sich zu ziehen. Nichts ist falsch daran, attraktive und zeitgemäße Frisuren, Kleidung oder Schmuck zu tragen. Aber wenn es prunkhaft, protzig oder auffällig wird und wir es als Mittel benutzen, entweder die Aufmerksamkeit anderer auf uns zu ziehen oder die Oberflächlichkeit unseres Charakters zu maskieren, dann befinden wir uns im Irrtum. Unser Wunsch sollte sein, die Aufmerksamkeit auf Christus in uns zu ziehen und nicht auf unseren Körper oder unsere Person.

Wenn eine Frau ihren Mann für sich gewinnen oder ihn behalten will und sich dabei auf ihre äußere Erscheinung verlässt, lehnt sie ihren Rücken gegen die falsche Wand. Erstens kann keiner von uns seine Jugend oder Schönheit für immer behalten. Aufgrund des Alterungsprozesses und der Schwerkraft werden früher oder später bestimmte Körperteile nach unten hängen, Falten bilden und dicker werden, und keiner wird darum herumkommen. Zweitens kann die äußere Schönheit das Interesse eines Mannes nur für kurze Zeit aufrechterhalten. Ob Sie es glauben oder nicht, meine Damen, der durchschnittliche Mann IST noch an anderen Dingen interessiert, als nur an Ihrem Körper. Tatsächlich ist er nicht annähernd so beschäftigt mit Ihrer Kleidergröße, wie Sie es sind.

Vor einiger Zeit hörte ich ein Radioprogramm, in dem der Moderator die Ergebnisse einer Umfrage vorlas, die über AP (amerikanischer Rundfunksender, Anm. d. Übers.) hereingekommen waren. Einer großen Anzahl von Männern war die Frage gestellt worden: „Was ist der attraktivste Körperteil einer Frau?“ Bei der Beantwortung schien es keine einheitliche Meinung unter den Männern zu geben. Jeder hatte seine eigenen Vorlieben. Doch bei der zweiten Frage, die sie stellten, war ich wirklich überrascht: „Welches ist nach Ihrer Meinung das wichtigste Kriterium bei der Auswahl einer Frau?“ Können Sie die Antwort erraten? Die überwältigende Mehrheit der Männer antwortete: „Der Charakter.“

Seien Sie versichert, meine Damen, ich spreche als Mann, der die Männer gut kennt. Männer fühlen sich viel mehr von Ihnen als Person angezogen, als von Ihrer äußeren Erscheinung. Ich würde lügen, wenn ich behaupten würde, dass Männer Ihre äußere Erscheinung nicht wahrnehmen, aber sie kann seine Aufmerksamkeit oder sein Herz nicht fesseln. Männer achten viel mehr aufs Äußere als Frauen. Sie können sich für das, was sie sehen, sehr begeistern. Aber das bedeutet nicht, dass sie sofort ihr Herz daran hängen, nur weil es ihnen ins Auge gefallen ist. Was dauerhafte Beziehungen betrifft, hat das eine nichts mit dem anderen zu tun. Männer lieben die Frauen, die sie auch mögen. Kameradschaft und Verbundenheit sind weitaus wichtiger als der Körperbau.

Deshalb ist es doch absolut ratsam, dass Sie Ihre äußere Erscheinung nicht zur Hauptquelle Ihrer Identität und Ihres Werts machen. Lassen Sie lieber den „verborgenen Mensch des Herzens in dem unvergänglichen Schmuck eines sanften und stillen Geistes" (1. Petrus 3,4) Ihre größte Sorge sein. Dies hat nicht nur vor Gott großen Wert, sondern es ist auch für Ihren Ehemann das Wichtigste. Noch einmal, das bedeutet nicht, dass Sie Ihre äußere Erscheinung vernachlässigen oder ignorieren sollten. Vielmehr entsteht eine wunderbare Übereinstimmung zwischen der inneren Haltung und dem sichtbaren Zeugnis einer Frau, wenn sie ihr Äußeres so pflegt, dass sie damit Gott die Ehre gibt.

Kenneth Wuest fügt dem noch hinzu: „Der Charakter ist letzten Endes weitaus wichtiger als die Schönheit des Körpers oder als die Verschönerung, die allein durch die Kleidung erzielt wird. Der Mensch sollte wichtiger sein als seine äußere Verzierung. Man kann auch einen Zaunpfahl dekorieren. Wenn jemand es für notwendig erachtet, sich entweder von körperlicher Schönheit oder von Kleidung abhängig zu machen, um damit anderen zu imponieren, dann zeigt das, dass diese Person sich ihrer fehlenden persönlichen und geistlichen Eigenschaften bewusst ist, die einen überzeugten Christen ausmachen."[17]

An dieser Stelle widmet sich Petrus einer sehr alten Illustration, um seine weiblichen Leser zu inspirieren. Leider hat der Mangel an Verständnis für seine Äußerungen auf manche den gegenteiligen Effekt gehabt. Im Grunde genommen knüpft Petrus hier an seine Aussagen über den äußerlichen Schmuck an. Es geht um den Schmuck der Unterordnung!

Unterordnung

Die Lehre über die Unterordnung der Frau ist in den vergangenen Jahren zunehmend umstritten. Sie wurde angegriffen als eine chauvinistische Lehre, die die Frauen unterdrückt. Dazu muss ich sagen, dass diese Lehre so nicht in der Bibel präsentiert wird. Die Bibel betrachtet die Unterordnung zum Großteil im Hinblick auf Positionen oder Verantwortungsfunktionen. Gott hat dem Mann innerhalb der Ehe und der Familie eine Leitungsfunktion gegeben. Die Frauen werden aufgerufen, unter dieser Leitungsfunktion zu helfen und sie zu unterstützen. Ich glaube, es ist von entscheidender Bedeutung, dass Männer und Frauen diese Unterschiede in den Funktionen einer Familienstruktur verstehen und akzeptieren. Oft entstammt der Konflikt, der zwischen einem Mann und einer Frau besteht, einem Mangel an Verständnis oder Akzeptanz dieser von Gott bestimmten Struktur. Gene Getz hat das in seinem Buch *The Measure of the Family* gut formuliert:

> Die theologischen Aussagen Gottes lassen sich, wenn sie korrekt interpretiert werden, normalerweise auf das psychologische Wesen des Menschen gut anwenden. Wenn diese theologischen und psychologischen Gesetze missachtet werden, kann der Mensch nicht sein vollständiges Potential im Sinne von innerer Sicherheit und Glück erreichen. ... Er (Gott) hat für die Familienmitglieder bestimmte Funktionen aufgestellt, und wenn wir sie missachten, werden wir das wahre Glück nicht finden. Unsere gegenwärtigen Frustrationen und Ängste werden nur hervorgehoben und werden

sich allmählich in Bitterkeit und Desillusionierung verwandeln.[18]

Lassen Sie uns angesichts dieser Worte durch den Prozess der „korrekten Interpretation" dessen gehen, was die Bibel über die Unterordnung der Frau lehrt.

Im Neuen Testament gibt es zwei Worte, die diesen Bereich der Beziehung zwischen Mann und Frau beschreiben. Das erste Wort ist *hupotasso*. Es ist eine militärische Redewendung aus dem Griechischen, und sie bedeutet „nach militärischer Art und Weise (Truppendivisionen) unter den Befehl eines Führers aufstellen". Im nichtmilitärischen Gebrauch war es eine „freiwillige Haltung, nachgeben, kooperieren, Verantwortung übernehmen und eine Last tragen zu wollen". Das zweite Wort ist *hupeiko*. Es bedeutet „nicht länger widerstehen, sondern nachgeben, sich ergeben (bei Gegnern), sich einer Autorität und Ermahnung ergeben, sich unterordnen".

Beide Wörter werden verwendet, um zu beschreiben, wie Christus sich unterordnete und sich dem Vater unterwarf, wie Bürger sich Machthabern und anderen regierenden Autoritäten unterwerfen, wie Christen sich unterordnen und sich dem andern unterwerfen sollen, wie Arbeitnehmer sich Arbeitgebern unterordnen, Kinder den Eltern gehorchen und Ehefrauen sich den Ehemännern unterordnen sollen. In jedem dieser einzelnen Fälle ist die Unterordnung die Verantwortung, anderen zu geben, sie zu lieben und ihnen zu dienen. Die Art, wie jemand diese Anforderung erfüllt, unterscheidet sich im Hinblick auf die verschiedenen Autoritätsstrukturen, aber die Haltung, dass sich jemand einer anderen Autorität unterordnet, trifft auf alle zu.

Was bedeutet das?

Was bedeutet es genau, dass sich eine Frau unterordnet? Zunächst einmal bedeutet es die Anerkennung der Funktion und Autorität, die Gott dem Mann als Leiter des Haushalts gegeben hat. Von der Frau wird erwartet, dass sie sich dem Mann immer dann „unterwirft", wenn er seine Autorität ausüben will. Sie sollte nicht versuchen, ihn zu dominieren, zu kontrollieren oder zu manipulieren, um ihren Willen zu bekommen. Unterordnung ist das Gegenteil von Selbstbestimmung. Es bedeutet, dass eine Frau belehrbar und verletzlich ist.

Was es nicht bedeutet!

Umgekehrt gibt es auch viele Aspekte, um die es bei der Unterordnung NICHT geht. Unterordnung bedeutet nicht, dass der Mann das Recht hat, seine Frau körperlich, gefühlsmäßig, verbal, psychologisch, sexuell oder auf irgendeine andere Art zu missbrauchen. Es ist tragisch, dass ich eine solche Aussage machen muss. Leider haben viele Männer, die Missbrauch betreiben, die Lehre der Bibel über die Unterordnung als Rechtfertigung für ihr Verhalten verwendet. Dies ist gottlos und blasphemisch. Missbrauch ist zuallererst SÜNDE. Zweitens ist es KRIMINELL. Körperverletzung ist ein verbrecherisches Delikt und wird mit Gefängnis bestraft. Sie ist nie und nimmer richtig oder gerechtfertigt!

Unterordnung bedeutet auch nicht, dass die Frau nicht ihre eigenen Meinungen oder Ansichten haben darf. Sie muss nicht in allem mit ihrem Mann übereinstimmen. Sie muss sich nichts unterordnen, was gegen ihr Gewissen, ihre Moral oder ihre Ethik verstößt, und es wird auch nicht von ihr verlangt, dass sie ihren Ehemann verteidigt, wenn dieser sich im Unrecht befindet. Tatsächlich gehört es zu den liebevollsten und gehorsamsten Dingen, die eine Frau tun kann, dass sie ihren Mann mit Irrtümern konfrontiert, wenn sie sieht, dass seine Einstellung oder sein Verhalten ihm und/oder seiner Familie schadet.

Gottes Absicht ist, dass die Ehe eine Partnerschaft sein soll, aber im Sinne der Ordnung hat er dem Mann die endgültige Autorität über die Familie gegeben, natürlich gemäß dem Wort Gottes. Ein weiser Mann wird seine Frau als Stütze für seine Rolle als Leiter einsetzen. Wir werden uns später im nächsten Kapitel mit den Verpflichtungen des Mannes beschäftigen.

Was meint Petrus also, wenn er zu den Frauen sagt: „Denn so haben sich einst auch die heiligen Frauen geschmückt, die ihre Hoffnung auf Gott setzten und sich ihren Männern unterordneten ..." (1. Petrus 3,5)? Er erklärt es im nächsten Vers, indem er das Beispiel von Sarah nennt: „... wie Sarah dem Abraham gehorchte und ihn »Herr« nannte. Deren Töchter seid ihr geworden, wenn ihr Gutes tut und euch keinerlei Furcht einjagen lasst." (1. Petrus 3,6). Um zu verstehen, wie die Unterordnung einer Frau zur Schönheit verhilft, müssen wir uns ansehen, wie die Bibel mit den gegensätzlichen Arten der körperlichen Schönheit und der „Schönheit der Heiligkeit" umgeht.

Die menschliche Schönheit hat zwei gravierende Schwächen. Erstens löst sie für gewöhnlich eine stolze und rebellische Haltung in denen aus, die sie besitzen. Zum Beispiel lesen wir von Absalom, dem Sohn von König David:

> „Aber in ganz Israel war kein Mann so berühmt wegen seiner Schönheit wie Absalom. Von der Fußsohle bis zum Scheitel war kein Makel an ihm." (2. Samuel 14,25).

Er rebellierte gegen seinen Vater David, brachte ihn zu Fall und versuchte, sich selbst an seines Vaters Stelle als König einzusetzen. Ähnliches lesen wir auch von Luzifer, den wir als ultimatives Beispiel für Stolz und Rebellion sehen: „O du Siegel der Vollendung, voller Weisheit und vollkommener Schönheit!" (Hesekiel 28,12). Und so finden wir in der ganzen Bibel immer wieder Hinweise auf Personen, die wegen ihrer körperlichen Schönheit in eine Falle geraten waren.

Aufgrund dessen macht Salomo folgende Beobachtung: „Anmut ist trügerisch und Schönheit vergeht, aber eine Frau, die den Herrn fürchtet, die wird gelobt werden." (Sprüche 31,30)! Die Schönheit, die in der Bibel immer wieder angepriesen wird, ist die „Schönheit der Heiligkeit" (1. Chronik 16,29; 2. Chronik 20,21; Psalm 29,2).

Das liegt daran, dass der heilige Gott „der Schönheit Vollendung" ist (Psalm 50,2). Er ist es, der ausruft: „... der Mensch sieht auf das, was vor Augen ist, der Herr aber sieht das Herz an" (1. Samuel 16,7). Was Petrus uns sagen will, ist, dass diese historischen Frauen, wie Sarah, in Gottes Augen schön wurden, weil sie einem reinen und ehrerbietigen Leben nachgingen – einem Leben in Heiligkeit!

Wahrscheinlich sollte man hier hinzufügen, dass die körperliche Schönheit nicht der einzige Stolperstein für den Menschen ist. Daneben gibt es auch noch das Problem des Wohlstands und des Intellekts. Auch diese Bereiche können zu einem falschen Fundament werden, auf dem wir versuchen, unser Leben aufzubauen und uns bemühen, durch sie den Sinn und Wert unseres Lebens zu finden. In Wirklichkeit sind sie eine Variation von menschlicher Schönheit. Wohlstand ist „materielle Schönheit", und der Intellekt ist „geistige Schönheit". Mit anderen Worten, jeder, der mehr Wohlstand besitzt (zumindest mehr als wir haben) oder einen höheren Intellekt hat, ist in unseren Augen wertvoller als einer, der nicht so viel erreicht hat.

Oft drängen Eltern und andere ihre Kinder in diese Richtung, indem sie ihnen sagen, dass das der Weg zum Glück und zur Erfüllung ist, oder dass es einfach notwendig ist, um „ausgeglichen" sein zu können. Nun, sie helfen uns vielleicht, uns dem weltlichen Wertesystem anzupassen, aber sie sind nicht der Schlüssel zu einem ausgeglichenen Leben mit Gott. Gott möchte, dass wir wie Jesus sind. Was die Schönheit betrifft, hatte er „keine Gestalt und keine Pracht; wir sahen ihn, aber sein Anblick gefiel uns nicht" (Jesaja 53,2); im Hinblick auf materiellen Erfolg wurde er „obwohl er reich war, um euretwillen arm, damit ihr durch seine Armut reich würdet" (2. Korinther 8,9); und wenn wir den Intellekt in Erwägung ziehen, wird uns gesagt: „Denn dies ist unser Ruhm: das Zeugnis unseres Gewissens, dass wir in Einfalt und göttlicher Lauterkeit, nicht in fleischlicher Weisheit, sondern in göttlicher Gnade gewandelt sind in der Welt, besonders aber bei euch." (2. Korinther 1,12).

Sarah nannte Abraham Herr?

Was die meisten Frauen heute überrascht, ist der Satz: „... wie Sarah dem Abraham gehorchte und ihn »Herr« nannte." (1. Petrus 3,6). Das Problem ist schnell gelöst, wenn uns klar wird, dass das griechische Wort *kurios,* das mit „Herr" oder „Meister" übersetzt wird – obwohl es auch verwendet wurde, um den Erlöser zu beschreiben – auch für die sprachliche Beschreibung jeder Person benutzt wurde, die Autorität über andere hatte. Petrus will den Frauen hier nicht sagen, dass sie ihren Mann „Herrn" nennen sollen. Um genau zu sein, hat Sarah dieses Wort benutzt, um damit ihre Höflichkeit als Frau ihrem Mann gegenüber zum Ausdruck zu bringen, um seine Autorität, die er über sie hatte, anzuerkennen. Petrus legt den Kern seiner Aussage hier nicht auf das, was sie sagt, sondern auf die Unterwürfigkeit ihres Herzens, aus der ihre Worte stammten. Wenn wir in unserer Kultur heute diese Worte gebrauchen würden, wäre das unangebracht und irreführend, wie das auch offensichtlich wird durch die Verwirrung, die viele empfinden, wenn sie diese Stelle das erste Mal lesen.

Fürchten Sie sich nur vor der Angst!

Petrus schließt mit den Worten: „Deren Töchter seid ihr geworden, wenn ihr Gutes tut und euch keinerlei Furcht einjagen lasst." (1. Petrus 3,6). Gerade der letzte Teil dieser Äußerung ist ein wenig undeutlich, besonders in der Elberfelder Übersetzung, die für ihre wortgetreue Übersetzung bekannt ist. Dort steht: „... indem ihr ... keinerlei Schrecken fürchtet." Im Ursprungstext gibt es zwei Wörter, die für „Furcht und Schrecken" verwendet wurden, der diese Frauen möglicherweise zum Opfer fallen würden. 1. *phobeo,* das bedeutet „durch Erschrecken in die Flucht schlagen (verscheuchen), angsterfüllt sein, von Beunruhigung beschlagnahmt sein"; und 2. *ptoesis,* das bedeutet „panische Angst haben".

Die Emotion, die Petrus hier aufzeigt, wurde von einem zuverlässigen Kommentator mit „unruhigem Schrecken"[19] übersetzt. Er verweist auf Sprüche 3,25, wo wir lesen: „Du brauchst keinen plötzlichen Schrecken zu fürchten, auch nicht den Untergang der Gottlosen, wenn er kommt."

Alford empfiehlt die folgende Interpretation: „Solange die gläubige Ehefrau Gutes tut, muss sie keinen plötzlichen Schrecken fürchten, wenn der ungläubige Ehemann eventuell von ihr Rechenschaft fordert."[20] Dies passt auch gut zusammen mit dem, was die *Amplified* hierzu schreibt: „nicht hysterischen Ängsten nachgeben oder zulassen, dass Ängste einen aus der Fassung bringen."

Es scheint, als seien die Worte Petrus´ eine Warnung, trotz der Herausforderung, der diese Frauen gegenüberstehen, nicht den Ängsten nachzugeben. Ein berühmter Mann hatte einmal gesagt: „Wir müssen vor nichts Angst haben, außer vor der Angst an sich." Warum ist die Angst eine solche Bedrohung? Weil sie eine panische Reaktion auslöst, die uns zur Flucht veranlasst, wenn wir standhaft bleiben und widerstehen sollten. Petrus ermutigt die Frauen, nicht ihren Ängsten nachzugeben, egal, ob sie durch Bedrohung oder Entmutigung entstanden sind.

So hat Paulus auch die Korinther gewarnt: „Darum, meine geliebten Brüder, seid fest, unerschütterlich, nehmt immer zu in dem Werk des Herrn, weil ihr wisst, dass eure Arbeit nicht vergeblich ist im Herrn!" (1. Korinther 15,58). Sowohl Paulus als auch Petrus versprechen, dass Gott die Frau belohnen wird, die in ihrer Überzeugung beständig bleibt, als Frau Gottes zu leben, ganz gleich, welche Gesinnung ihr Ehemann hat. Hier sollte ich noch die Worte des Paulus hinzufügen, die er an Timotheus richtete: „... denn Gott hat uns nicht einen Geist der Furchtsamkeit gegeben, sondern der Kraft und der Liebe und der Zucht." (2. Timotheus 1,7). In dieser Kraft fordert uns die Bibel heraus, standhaft zu sein, nicht in der Kraft des Fleisches. Das Fleisch wird irgendwann einmal den Ängsten nachgeben, aber der Geist Gottes bringt uns Kraft, Liebe und Besonnenheit bei!

Kapitel 8
Männer, die bei Frauen beliebt sind

„Ihr Männer sollt gleichermaßen einsichtig mit eurer Frau als dem schwächeren Gefäß zusammenleben und ihr Ehre erweisen, weil ihr ja gemeinsam Erben der Gnade des Lebens seid, damit eure Gebete nicht verhindert werden.“ (1. Petrus 3,7).

Im Neuen Testament gibt es ein Prinzip, das ethische Wechselseitigkeit genannt wird. Es bedeutet, dass die Bibel in einer Beziehung niemals die gesamte Verantwortung an nur eine Partei überträgt. In jeder Beziehung gibt es gemeinsame Pflichten.

Ethik bezieht sich auf „ein Verhalten, das moralisch korrekt ist“. Ethik ist die Moral, die in unserem Alltag angewandt wird. Unser Verhalten ist ethisch, wenn wir uns entscheiden, das Richtige zu tun und uns auf moralisch konsistente Weise zu verhalten.

Ein Prinzip ist eine inhaltsreiche und fundamentale Regel. Die Schwerkraft ist ein Prinzip. Ob Sie daran glauben oder auch nicht, sie ist trotzdem da, sie ist trotzdem wahr, sie ist trotzdem gültig. Versuchen Sie, sich ihr zu widersetzen, indem Sie ohne geeignete Ausrüstung von einem hohen Gebäude springen, und Sie werden verlieren. Die Schwerkraft wird jedes Mal gewinnen.

Ein ethisches Prinzip ist ein moralisch korrektes Verhalten, das von Gott angeordnet wurde. Wenn wir es missachten, wird es negative Konsequenzen haben. Vielleicht ist uns die Ursache vieler unserer Probleme nicht einmal bewusst, weil wir Gottes

Prinzipien nicht kennen – wie die, von denen der Prophet Hosea sprach: „Mein Volk geht zugrunde aus Mangel an Erkenntnis; denn du hast die Erkenntnis verworfen, darum will ich auch dich verwerfen … weil du das Gesetz deines Gottes vergessen hast, will auch ich deine Kinder vergessen!" (Hosea 4,6).

Wir können die ethische Wechselseitigkeit im gesamten Alten und Neuen Testament erkennen. In jeder Beziehung müssen beide Parteien für bestimmte Verpflichtungen bezüglich ihres Verhaltens Rechenschaft ablegen.

Wenn Paulus zum Beispiel in Kolosser 3,18-4,1 und in Epheser 5,22-6,9 über die Regeln für ein geheiligtes Leben spricht, hat er beiden Seiten von jeder gesellschaftlichen Beziehung etwas zu sagen.

Kolosser	**Epheser**
Zu Hause:	
Kol. 3,18: Ihr Frauen, ordnet euch euren Männern unter, wie sich's gebührt im Herrn!	Eph. 5,22: Ihr Frauen, ordnet euch euren eigenen Männern unter als dem Herrn.
Kol. 3,19: Ihr Männer, liebt eure Frauen und seid nicht bitter gegen sie!	Eph. 5,25: Ihr Männer, liebt eure Frauen, gleichwie auch der Christus die Gemeinde geliebt hat und sich selbst für sie hingegeben hat.
Kol. 3,20: Ihr Kinder, seid gehorsam euren Eltern in allem, denn das ist dem Herrn wohlgefällig!	Eph. 6,1: Ihr Kinder, seid gehorsam euren Eltern in dem Herrn; denn das ist recht.
Kol. 3,21: Ihr Väter, reizt eure Kinder nicht zum Zorn, damit sie nicht mutlos werden!	Eph. 6,4: Und ihr Väter, reizt eure Kinder nicht zum Zorn, sondern zieht sie auf in der Zucht und Ermahnung des Herrn.

Kolosser	Epheser
Bei der Arbeit:	
Kol. 3,22: Ihr Knechte, gehorcht euren leiblichen Herren in allen Dingen; nicht mit Augendienerei, um den Menschen zu gefallen, sondern in Einfalt des Herzens, als solche, die Gott fürchten.	Eph. 6,5: Ihr Knechte, gehorcht euren leiblichen Herren mit Furcht und Zittern, in Einfalt eures Herzens, als dem Christus.
Kol. 4,1: Ihr Herren, gewährt euren Knechten das, was recht und billig ist, da ihr wisst, dass auch ihr einen Herrn im Himmel habt!	Eph. 6,9: Und ihr Herren, tut dasselbe ihnen gegenüber.

Die Verpflichtung zu lieben

Im vorigen Kapitel besprachen wir ausführlich die Verantwortung der Frauen gegenüber ihrem Mann. Daraus ergibt sich natürlich, dass Petrus abschließend auch eine Zusammenfassung über die Verpflichtungen des Mannes gegenüber seiner Frau aufstellt.

Es sollte uns einleuchten, warum Petrus das getan hat. Die natürliche Tendenz unserer selbstsüchtigen Natur ist es, uns auf die Verpflichtungen des anderen zu konzentrieren und unsere eigenen dabei zu übersehen.

Manchmal ist es lustig, die Männer und Frauen zu beobachten, die nebeneinander in einem Eheseminar sitzen. Wenn ich über die Verantwortungsbereiche des Mannes spreche, sehe ich, wie die Frauen ihrem Mann einen Blick zuwerfen. Manchmal sieht man auch, wie ein Ehemann einen Rippenstoß mit dem Ellbogen verpasst bekommt, so dass der arme Schlucker noch tiefer in seinen Sitz versinkt. Das ist die Art, wie seine Frau ihm mitteilen will: „Hörst du auch zu, was er sagt? Genau das habe ich dir schon seit Jahren erklärt."

Sobald das Thema zu den Frauen wechselt, verziehen die Männer ihre Gesichter zu vielsagenden Blicken. Sie lächeln ihrer Frau herablassend zu. Jetzt sind sie an der Reihe, ihnen zu sagen: „Siehst du? Was habe ich dir schon immer gesagt? Na also, ich hatte Recht! Du bist Schuld daran!"

Aber wenn wir uns die Ausgewogenheit ansehen, die in der Bibel präsentiert wird, stellen wir fest, dass beide Recht haben und beide im Unrecht sind. Jeder hat seine eigene Rolle, die er spielen und Verpflichtungen, die er erfüllen soll.

Im weitesten Sinne haben beide die Verpflichtung, einander zu lieben. Paulus gebietet: „Seid niemand etwas schuldig, außer dass ihr einander liebt; denn wer den anderen liebt, hat das Gesetz erfüllt." (Römer 13,8).

Die Liebe für den anderen ist keine Alternative. Sie ist eine Verpflichtung, die so abbezahlt werden muss, wie man ein Haus oder ein Auto abbezahlt. In diesem Fall ist Gott derjenige, der die Bezahlung verlangt. Wenn Sie nachlässig sind beim Bezahlen oder die Bezahlung verweigern, wird Er Sie dafür zur Rechenschaft ziehen.

Wenn Sie Ihrer Verpflichtung über längere Zeit nicht nachkommen, werden Sie im Laufe der Zeit eine riesige emotionale/relationale Schuld anhäufen. Sie werden sein wie der Mann, der vor seinen Gläubigern davonrennt. Sie werden Menschen und Situationen vermeiden, die Sie mit Ihrer Lieblosigkeit konfrontieren. Vielleicht wechseln Sie Ihren Sitzplatz in der Gemeinde oder Sie betreten und verlassen sie durch eine andere Tür. Vielleicht wechseln Sie sogar die Gemeinde. Vielleicht hören Sie auf, Kontakte zu knüpfen oder an Fahrgemeinschaften teilzunehmen, und alles nur, weil Sie Ihrer Verpflichtung, jemand zu lieben, der gegen Sie gesündigt hat oder gegen den Sie sich versündigt haben, nicht nachkommen wollen.

Die Bibel beschreibt diesen Zustand als eine „Wurzel der Bitterkeit". Hören Sie, was der Schreiber des Hebräerbriefes dazu sagt: „Und achtet darauf, dass nicht jemand die Gnade Gottes versäumt, dass nicht etwa eine bittere Wurzel aufwächst und Unheil anrichtet und viele durch diese befleckt werden, ..." (Hebräer 12,15). Er beschreibt hier das Endergebnis eines Herzens, das sich der Bitterkeit übergeben hat. In Wirklichkeit ist das emotionaler Konkurs! Bitter zu sein bedeutet, Gottes Gnade aufzugeben und als Konsequenz davon „mit Problemen belastet" und „befleckt" zu sein. Zuerst entfremdet man sich von dieser Person. Allmählich entfremdet man sich dann auch von Gott. Das passiert nicht schnell, sondern es ist vielmehr eine langsame, erodierende Angelegenheit, eine subtile Zerstörung, ein tragischer Verfall.

Weil es fast unmerklich geschieht, ist es von wesentlicher Bedeutung, dass wir uns mit der „Bitterkeit" befassen, sobald wir die Lieblosigkeit aufkeimen sehen und sie anderen gegenüber offensichtlich wird. Wenn wir ihr freien Lauf lassen, wird sie sich ausbreiten und unser ganzes Sein „beflecken". (Das griechische Wort für „beflecken" [*miaino*] bedeutet „mit einer anderen Farbe einfärben, beschmutzen, beflecken, verunreinigen, besudeln, infizieren, verschmutzen". Es beschreibt das weiße Gewand der Gerechtigkeit, das durch einen Fleck ruiniert ist.) Können Sie sich eine wunderschöne, junge Braut vorstellen, die bei ihrer Hochzeit den Gang hinunter läuft, und plötzlich sehen Sie einen großen, schwarzen Fettfleck mitten auf ihrem Kleid. Dieser Fleck würde sofort die Aufmerksamkeit aller Anwesenden auf sich ziehen. Die Schönheit des Augenblicks, die ganze Pracht und Herrlichkeit würde wegen einer solch schrecklichen Ablenkung verloren gehen.

Bitterkeit bedeutet eine schreckliche Ablenkung und Beeinträchtigung für unser Leben in Christus (ganz zu schweigen für unsere Ehe). Bekennen Sie sie, denn Bitterkeit zerstört die Ehe.

Die Krise in der Leitung

In den Science-Fiction-Filmen der 50er Jahre, sollte der Eindringling vom Mars die Erdlinge anfliegen und ihnen den Befehl geben: „Nehmt mich als euren Anführer!" Offensichtlich konnte der Marsmensch die Erdlinge nicht voneinander unterscheiden. Er hatte keine Vorstellung davon, wie die Unterscheidungsmerkmale aussahen.

Das beschreibt sehr gut das Dilemma, mit dem die meisten Männer heute konfrontiert werden, wenn sie herausfinden wollen, was es bedeutet, die Leitung ihrer Familie zu übernehmen. Früher haben sie vielleicht getrost darauf zurückgeblickt, wie ihr Vater sich als Ehemann verhalten hatte. Heute tun sie das nicht mehr! Heute werden die Väter als Relikt aus der Vergangenheit angesehen. Fügen Sie dem noch unser Misstrauen gegenüber Staatsoberhäuptern und Institutionen hinzu (wir tendieren dazu, von ihnen nur Betrug und Täuschung zu erwarten), und der durchschnittliche Mann hat keine Vorbilder oder Helden mehr.

Ironischerweise sind unsere einzigen Helden heute die „Anti-Helden". Früher haben wir sie Bösewichte genannt. Heute ist das Schlechte gut; und die Bibel sagt uns, dass das nicht gut ist! Jesaja 5,20 warnt uns: „Wehe denen, die Böses gut und Gutes böse nennen, die Finsternis zu Licht und Licht zu Finsternis erklären, die Bitteres süß und Süßes bitter nennen!". Das klingt wie eine Beschreibung unserer auf den Kopf gestellten, verdrehten, umgedrehten Welt. Während ein Held nach dem anderen entlarvt wird, bleiben wir ohne ein klares Vorbild, dem wir folgen können, zurück. An wen wenden wir uns also?

Ich hoffe, Ihre Antwort lautet: „An die Bibel." Dort hat Gott den Männern Seine Richtlinien gegeben, damit sie Männer nach Seinem Herzen werden: Männer, die nicht nur verantwortlich handeln, sondern auch ein dienendes und fürsorgliches Herz haben – ein gütiger Leiter sind, der sowohl Führer als auch Hirte seiner Herde ist.

Was sind also die Verpflichtungen des Mannes? Im 1. Petrusbrief 3,7 werden vier Aspekte festgelegt, die für den christlichen Ehemann obligatorisch sind: Rücksicht, Miterben sein, ein partnerschaftliches Verhalten haben und Gebet!

Nehmt Rücksicht!

Petrus beginnt seinen kurzen, aber leidenschaftlichen Mahnruf an die Ehemänner mit dem Gebot: „... nehmt Rücksicht auf eure Frauen ..." (1. Petrus 3,7; Hoffnung für Alle).

In der Schlachter Übersetzung finden Sie dort eine andere Ausdrucksweise vor: „Ihr Männer sollt gleichermaßen einsichtig mit eurer Frau ... zusammenleben".

In mancher Hinsicht ist diese Wiedergabe vollkommener als die Hoffnung für Alle, aber ich bevorzuge die *Amplified*-Ausgabe, weil sie am deutlichsten ausdrückt, was Petrus uns hier vermitteln will: „Ebenso solltet ihr verheirateten Männer rücksichtsvoll mit [euren Frauen] zusammenleben, mit intelligenter Anerkennung [eurer ehelichen Beziehung]." Was mir an dieser Übersetzung am meisten auffällt, ist die Kombination von Rücksicht und Intelligenz. Es ist, als würde Petrus sagen: „Männer, die schlauen Ehemänner sind die, die auch rücksichtsvoll sind."

Die große Frage lautet: „Was genau bedeutet es, rücksichtsvoll zu sein?" Grundsätzlich bedeutet es, „aufmerksam mit anderen Menschen und deren Gefühlen umgehen". Daraus lässt sich schließen, dass die Bedürfnisse der anderen sorgfältig, wohlüberlegt und bewusst bedacht werden.

Manchmal ist es leichter, ein Wort zu verstehen, wenn man das Antonym dafür betrachtet. In diesem Fall ist das Gegenteil von „Rücksichtnahme", lieblos, gemein, hart oder gedankenlos zu sein. Leider sind das die Prozesse, von denen viele Beziehungen der Männer zu ihren Frauen gekennzeichnet sind. Warum? Weil es einfacher ist, sich so zu verhalten. Es kommt viel natürlicher aus unserem sündhaften und selbstsüchtigen Wesen. Geben Sie zu, dass dieses Verhalten falsch ist. Das ist der einzige Weg, wie Veränderung herbeigeführt werden kann.

Es gibt zwei wichtige Aspekte bei der Rücksichtnahme auf andere: 1. Man denkt über ihre Bedürfnisse nach; und 2. man denkt sorgfältig und ganz bewusst über sie nach. Hierbei handelt es sich um eine Disziplin, eine bewusste Entscheidung, sich regelmäßig und beständig um die Bedürfnisse seiner Frau zu kümmern – und das nicht mehr länger, indem es einem erst im Nachhinein einfällt, sondern indem man sich schon vorher Gedanken darüber macht.

Der Apostel Paulus formuliert mit seinen Worten in Philipper 2,3 diesen Gedanken sehr gut: „Tut nichts aus Selbstsucht oder nichtigem Ehrgeiz, sondern in Demut achte einer den anderen höher als sich selbst." Paulus ruft uns zu einer wesentlichen Änderung unserer Ansichten auf. Wir sollen nicht mehr unsere eigenen Bedürfnisse an die erste Stelle setzen, sondern die der anderen. In einem Wort, wir sollen „demütig" sein.

Das Wort, das mit „achten" übersetzt wird, lautet im Griechischen *hegeomai*. Grundsätzlich bedeutet es „leiten", aber an dieser Stelle bedeutet es noch mehr. Sinngemäß heißt es „einer Sache einen höheren Wert beimessen, großen Respekt haben". Wenn jemand ein Leiter ist oder ein Amt von hoher Autorität ausführt, verdient er in unseren Augen ein außergewöhnliches Ansehen.

Der Präsident der Vereinigten Staaten ist ein gutes Beispiel dafür. Denken Sie an den Aufwand, der betrieben wird, um sich um jedes seiner Bedürfnisse zu kümmern, sie zu schützen und zu erfüllen. Denken Sie an den Respekt, der ihm entgegengebracht wird. Paulus gebraucht dieses Wort, um die Fürsorge, Rücksicht, Sorge und den Respekt zu veranschaulichen, mit denen wir die anderen zum Mittelpunkt machen sollen. Damit wir sie im wahrsten Sinne des Wortes „höher achten können als uns selbst".

Der Kampf mit dem Ehrgeiz

Damit wir auf den anderen Rücksicht nehmen können, müssen wir bereit sein, „selbstsüchtigen Ehrgeiz" und „eitle Einbildung" abzulegen. Hier kommen wir zum wirklich schwierigen Teil. Die meisten Männer leben für ihre ehrgeizigen Bestrebungen. Es gibt gewisse Ziele und Vorstellungen, die sie ins Auge gefasst haben, und denen sie sich mit ihrem Leben verschrieben haben, um sie zu erreichen. Oftmals, wenn wir unsere Frau und die Kinder vernachlässigen, trösten wir uns damit, dass wir ihnen später mehr Aufmerksamkeit schenken werden, wenn wir in anderen Bereichen weiter vorangekommen sind.

Wir verhalten uns genauso wie ein Passagier im Flugzeug. Wir sagen oft, wir fliegen, aber das stimmt nicht. Der Pilot fliegt das Flugzeug. Nicht wir machen die Erfahrung, den Motor beim Abheben zu drosseln, die Bedienelemente zu überwachen, zu landen, den Kurs zu ändern, zu navigieren usw. Wir sitzen einfach nur da, lesen, essen, sehen uns einen Film an, hören Musik, sprechen miteinander. Nur wenige von uns werden jemals erfahren, wie es wirklich ist, ein Flugzeug zu fliegen. Wir sind nur die Passagiere, bestenfalls Zuschauer. Unser Leben dreht sich darum, von einem Ort zum anderen zu reisen, aber wir sind nicht aktiv daran beteiligt, wie wir dorthin kommen.

Jemand hat einmal gesagt: „Das Leben will gelebt werden." Für viele von uns ist das Leben das, was an uns vorübergeht, während wir herumsitzen und warten, bis es beginnt. Wir reden uns ständig ein: „Wenn ich dieses Projekt beendet, dieses Ziel erreicht habe ... dann habe ich Zeit für die anderen Dinge." Stellen Sie sich vor: So funktioniert es nicht. Die Gelegenheit, ein liebevoller Ehemann zu sein, besteht genau jetzt, heute, in dieser Minute. Es gibt keine Garantie dafür, dass es sie morgen noch gibt. Jeden Tag, an dem Sie dieser Verantwortung nicht nachkommen, wird das Loch tiefer. Wenn Sie endlich zur Vernunft kommen, könnte das Loch schon zu tief sein, als dass es noch etwas auszugraben gäbe.

Treffen Sie jetzt in diesem Moment eine Entscheidung, damit Sie anfangen können, eine Strategie zu entwickeln, wie Sie ein besserer Ehemann und Vater sein können. Glauben Sie mir, die Zeit vergeht zu schnell. Als Vater von drei herangewachsenen Kindern spreche ich aus Erfahrung. Wie sehr wünschte ich mir, ich könnte die Zeit zurückdrehen und alles anders machen. Ich war immer zu beschäftigt und konnte mich nicht darauf konzentrieren, ein guter Ehemann und Vater zu sein. Ich verbrachte zu viel Zeit außerhalb der Stadt oder in der Gemeinde. Ich stand jedem anderen zuerst zur Verfügung. Meine Frau und Kinder bekamen die Überreste. Gott war barmherzig. Mit meinen Kindern ist es gut ausgegangen, aber ich bin derjenige, der zu kurz gekommen ist.

Ich habe noch ein Kind, das noch zu Hause lebt. Schon früh habe ich beschlossen, dass ich denselben Fehler nicht noch einmal begehen würde. Ich habe mich selbst in das Leben meines jüngsten Sprösslings investiert und habe eine wundervolle Erfüllung und Freude als Elternteil entdeckt, die ich größtenteils bei meinen anderen Kindern vermisst habe. Doch es ist eine zweischneidige Erfahrung. Sie dient mir auch als häufige Erinnerung an das, was ich mit meinen anderen Kindern gehabt haben könnte, wenn ich nicht so voll „eitler Einbildung" gewesen wäre.

Sehen Sie, das ist genau das Problem. Ich war so erfüllt von mir selbst; meine Ziele waren so wichtig, dass ich von jedem erwartete, meinen Bedürfnissen zu folgen. Ich hatte die Worte Jesu nicht wirklich verstanden, als er sagte: „Geben ist seliger als Nehmen."

Die Welt ist voll mit „Nehmenden"; die Gemeinde ist voll mit „Nehmenden"; Familien sind voll mit „Nehmenden". Das ist unser Wesen. Gott möchte Geber! Man kann einen Geber leicht erkennen. Das sind diejenigen, die lächeln. Sie haben Freude in ihrem Leben. Sie können gut schlafen, weil sie Frieden in ihrem Herzen haben. Sicher gehen sie im Leben auch durch schwierige Zeiten. Aber sie haben soviel, wofür sie dankbar sein können: Sie haben gelernt, dass Gott treu ist, und dass das Leben ein großes Abenteuer ist.

Die „Nehmenden" dagegen kann man ebenfalls erkennen. Sie sind beschäftigt; sie sind wichtig. Fragen Sie sie doch, sie werden Ihnen das schon sagen, wenn Sie Zeit haben, ihnen zuzuhören. Und sie haben eine Menge Beschwerden. Sie können Ihnen genau erklären, warum manche Dinge falsch laufen. Wählen Sie sich ein Thema aus, und sie können es für Sie analysieren.

Welche Seite beschreibt Sie am besten? Ich habe gerade noch früh genug gelernt, dass es weitaus besser ist, ein „Geber" zu sein. Geber sind Empfänger. Nehmende sind Verlierer.

Wären Sie nicht gerne bei den „Gebern"? Beschließen Sie, dass heute der Tag sein wird. Bitten Sie Gott, die Kontrolle über Ihre Träume, Ihren Zeitplan, Ihre Geschäfte und über alles zu übernehmen, was Ihr Leben auf tyrannische Art und Weise kontrolliert hat. Wenn Sie Ihn bitten, wird Er es tun. Dafür garantiere ich.

Ernten Sie, was Sie säen

Jeder Mann, den ich kenne, möchte, dass seine Frau ihn respektiert, und dass sie sich seiner Leitung zu Hause fügt. Aber früher oder später muss der Respekt auch verdient sein. Wir alle fühlen uns natürlich von denen angezogen, die ein aufrichtiges Interesse an unserem Wohlbefinden haben. Wir reden gern mit Menschen, die sich dafür interessieren, was in unserem Leben geschieht, wie wir uns fühlen, was wir hoffen, wovon wir träumen, wovor wir Angst haben. Wenn Sie möchten, dass Ihre Frau Respekt vor Ihnen hat, fangen Sie an, ihr Ihr Interesse zu zeigen. Hören Sie ihr zu, denken Sie über ihre Bedürfnisse nach, sorgen Sie für Zuneigung und für Ihr Wohl, beschützen Sie sie, stellen Sie ihre Bedürfnisse vor Ihre eigenen. Seien Sie ihr ein gutes und gottgefälliges Vorbild, an dem sie erkennen kann, wie Sie sie haben wollen.

Salomo hat einmal folgende Beobachtung gemacht: „Dies alles habe ich gesehen und mein Herz all dem Treiben gewidmet, das geschieht unter der Sonne, in einer Zeit, da ein Mensch über den anderen herrscht zu seinem Schaden." (Prediger 8,9). Wenn ein Mann über seine Familie herrscht, ohne dass er Gottes Art der Führung verstanden hat, wird das Unglück, das er anrichtet, ihn oft selbst am meisten von allen treffen.

Allzu oft habe ich mir die Klagen von Männern angehört, die sich über die griesgrämige Art ihrer Frau beschwerten. Wie traurig war für sie dann die Erkenntnis, dass der größte Teil von dem, was sie an ihren Frauen auszusetzen hatten, ihr eigenes Werk war. Diese Frauen reagierten einfach nur auf die schwerfällige und unerfahrene Art ihrer Männer, mit ihnen „zusammen zu leben". Männer, durch unser Vorbild leiten wir die Frauen viel besser als durch irgendwelche Worte. Ich weiß das deshalb, weil ich es bei mir zu Hause im wahrsten Sinne des Wortes selbst erlebt habe.

Meine Kinder haben eine unverwechselbare Ähnlichkeit mit mir. Das ist bedauerlich, denn die überwältigende, weit verbreitete Mehrheit stimmt mit mir überein, dass meine Frau zweifellos die attraktivere Hälfte unserer Ehe ist.

An einem „weniger guten Aussehen" kann man arbeiten und es kompensieren. Aber mit negativen Verhaltensweisen und Einstellungen wird man nicht so leicht fertig. Wenn ich sie bei meinen Kindern auftauchen sehe, muss ich zugeben, dass sie das von mir gelernt haben. Zugegeben, sie haben viele gute Eigenschaften. Aber diejenigen, die mir am meisten auffallen, sind die, die mir am meisten vertraut sind – meine eigenen Charakterfehler. Ich musste ihnen diese schlechten Gewohnheiten nicht beibringen. Sie haben sie von mir aufgegriffen, indem sie einfach nur mit mir zusammen waren. Meine Herren (und Damen), wir ernten, was wir säen.

Seid respektvoll

Petrus fährt fort mit seinen anregenden Erläuterungen zur Ehe und nennt dabei drei Möglichkeiten, wie ein Mann Rücksicht auf seine Frau nehmen kann. Die erste ist, sie mit Respekt zu behandeln. Die zweite ist, sie als Miterbin in Christus zu behandeln. Die dritte ist, mit ihr und für sie zu beten.

> „Ihr Männer sollt … mit eurer Frau als dem schwächeren Gefäß zusammenleben und ihr Ehre erweisen." (1. Petrus 3,7).

Die Motivation, aus der heraus wir das tun sollen, sollte jetzt offensichtlich sein. Wenn Sie respektiert werden wollen (und jeder Mann möchte das), dann müssen Sie auch Respekt zeigen. Wir ernten, was wir säen!

Bei manchen Leuten fällt es einem leicht, sie zu respektieren. Ihr Verhalten verdient den Respekt. Dann gibt es die, denen wir nur deshalb Respekt entgegenbringen, weil sie ein bestimmtes Amt ausüben. In einer Ehe ist es wünschenswert, dass der Mann seiner Frau Respekt entgegenbringt, weil sie es verdient hat, und bei der großen Mehrheit der Ehen ist das auch der

Fall. Aber es gibt manche Ehen, wo die Frau kein ehrenhaftes Verhalten zeigt – und trotzdem schulden Sie ihr den Respekt, der ihr als Ihre Ehefrau gebührt.

Ich weiß, einige von Ihnen werden jetzt denken: „Wie kann ich jemandem Respekt entgegenbringen, wenn ich diesen Respekt innerlich überhaupt nicht empfinde?“ Nun, Sie können ihn jederzeit vortäuschen! Nein, genau das habe ich eben nicht gemeint. Ich wollte damit sagen, wir dürfen es nicht zulassen, dass unsere Gefühle sich unser Verhalten zum Sklaven machen. Es gibt viele Dinge, die wir nur deshalb tun, weil es richtig ist, sie zu tun und nicht, weil wir Lust dazu haben. Zu diesen Dingen sollte auch der Respekt für unsere Frau gehören.

Wenn Sie die Gewohnheit haben, sich auf die Schwächen und Fehler Ihrer Frau zu konzentrieren, wird das zu einer großen Herausforderung für Sie werden. Sie werden Gott darum bitten müssen, dass Er Ihnen ein neues Augenpaar gibt, damit Sie Ihre Frau anders sehen können. Sie dürfen auf keinen Fall darauf warten, dass sie sich zuerst ändert, bevor Sie ihr Respekt entgegenbringen können. Die richtigen Gefühle werden den richtigen Taten folgen. Wenn Sie sie respektvoll behandeln, werden Sie mit Gottes Hilfe erkennen können, warum dies die richtige Richtung für Ihre Ehe ist, in die Sie gehen sollten.

Unterschiede zwischen Männern und Frauen

Wenn meine Frau und ich uns mit Freunden treffen, machen wir oft Witze über das andere Geschlecht. Die Frauen fangen an, Bemerkungen über das seltsame Verhalten der Männer zu machen; die Männer führen Beweise an, wie fremdartig das weibliche Verhalten ist.

Normalerweise ist das humorvoll und harmlos. Meine Frau und meine Tochter nehmen zum Beispiel mich und meine Söhne oft auf die Schippe, weil wir so zerstreut sind. Ich gehe vielleicht in ein Geschäft, um eine Besorgung zu machen und vergesse, den wichtigsten Artikel mitzunehmen, wegen dem ich eigentlich geschickt worden war. Ich mache das nicht mit Absicht, es entfällt mir einfach. Es gab Zeiten, in denen ich meine Frau zu Hause anrufen musste, um sie zu fragen, was ich eigentlich mitbringen sollte. Das ist ein bisschen peinlich, aber es ist immer noch besser, als mit leeren Händen zurückzukommen.

Nicht selten passiert es, dass ich die falsche Marke oder die falsche Größe eines Produkts mitbringe. Wenn meine Frau mir nicht die genaue Größe, Marke und Inhalt nennt, stehen die Chancen gut, dass ich das Falsche mitbringe. Meine Frau und meine Tochter sagen dann lachend: „Das muss ein Männerproblem sein."

Bis zu einem gewissen Grad liegt das an den angeborenen Unterschieden zwischen Mann und Frau. Aber es liegt auch daran, dass meine Frau und ich sehr unterschiedlich sind. Meine Frau achtet sehr auf Details, und ich lerne noch. Bei ihr geschieht das auf ganz natürliche Art; ich muss daran arbeiten. Ich gebe es nicht gerne zu, aber wir haben Jahre damit verbracht, uns wegen unserer Unterschiede in diesen und anderen Bereichen zu kritisieren und geringschätzig zu behandeln. Sie konnte nicht verstehen, was so schwer daran war, eine 250-Gramm-Dose geschälte Tomaten mitzubringen. Warum kam ich stattdessen mit einer 280-Gramm-Dose Tomatensoße wieder? Für mich reichte es aus, dass „Tomate" darauf stand.

Im Laufe der Zeit ist mir bewusst geworden, dass meine Frau durch ihre Detailtreue unser Schiff öfter über Wasser gehalten hat, als ich es gerne zugeben würde. Sie für ihren Teil hat sich große Mühe gegeben, „auf meine Schwächen Rücksicht zu nehmen". Sie schreibt Listen und Notizen für mich, in denen sie ihre Anweisungen festhält. Sie klebt kleine Haftzettel an Stellen, wo sie nicht übersehen werden können. Sie hat gelernt, mich an Dinge zu erinnern, bevor ich aus dem Haus gehe, manchmal musste ich sogar „wiederholen", was ich jetzt tun wollte. Das ist mir früher wirklich „auf die Nerven gegangen", bis ich schließlich zugab, dass ich ihre Hilfe auf diesem Gebiet nötig hatte.

Wichtiger noch, ich habe allmählich erkannt, dass es Gott in Seiner Weisheit war, der uns zusammengebracht hat. Ihre Unterstützung in den Bereichen, wo ich es am nötigsten habe, ist von unschätzbarem Wert. Ich habe von ihr mehr über Organisation gelernt als von irgendeiner anderen Person, die ich kenne. Gott und meine Mutter wussten, wie dringend ich es lernen musste, meinen Tagesablauf zu organisieren.

Umgekehrt konnte meine Frau allmählich den Wert meiner Zerstreutheit erkennen. Ich denke auf abstrakte Art und Weise. Demzufolge habe ich mir im Laufe der Jahre ein paar nützliche Erkenntnisse einfallen lassen, die uns dabei geholfen haben, den Kurs unseres Lebens und unserer Arbeit durch einige schwierige Situationen hindurch festzulegen. Einige der besten Gedanken für meine Predigten kamen mir, während ich mich auf geistiger Wanderschaft befand.

Leider können wir eine so starrsinnige Ansicht über das andere Geschlecht entwickeln, dass wir dadurch intolerant und übermäßig kritisch werden. In meinem Fall ist meine Vergesslichkeit die Folge meiner Zerstreutheit. Oft vergesse ich, wonach ich eigentlich gerade genau suche. Mein Geist driftet ab und ich denke über alles Mögliche nach, das mir wichtiger erscheint, während ich im Laden stehe und irgendetwas Unwesentliches einkaufe. Wenn ich ohne das Produkt nach Hause kam, das ich holen sollte, wurde meine Frau wütend. Ich konnte nicht verstehen, was daran so schlimm war.

Endlich begann ich zu begreifen, dass meine Frau meine Vergesslichkeit als Zeichen deutete, dass sie und ihre Bedürfnisse mir egal waren. Ich hatte die Bedeutung der Besorgung, die ich für sie erledigen sollte, heruntergespielt, weil sie mir nicht wichtig war. Ich hatte mich nicht in ihre Lage versetzt. Sie brauchte dieses Produkt dringend, weil sie nur dann ihre Aufgabe zu Ende führen konnte. Für mich ging es nur um irgendeine Dose. Das war doch nichts Besonderes!

Als ich mein Verhalten überprüfte, wurde mir klar, was ich da tat. Meine Gedanken waren in meinen Augen wichtiger als ihre Bedürfnisse. Ich habe den Dingen, die ihr wichtig waren, nicht dieselbe Sorgfalt und Aufmerksamkeit beigemessen, aus dem einfachen Grund, weil sie mir nicht wichtig waren. Wenn meine Vergesslichkeit ihr dann noch mehr Schwierigkeiten bereitete, erwartete ich von ihr, dass sie „Verständnis“ für mich hatte und „nicht so ein großes Trara darum machte“. Doch immer, wenn das Blatt sich wendete und sie etwas vergaß, was ich brauchte oder den falschen Gegenstand nach Hause brachte, war ich verärgert.

Gegensätze ziehen sich an

Jede Frau und jeder Mann bringt individuelle Stärken und Schwächen mit in die Ehe. Die große Ironie dabei ist, dass das genau die Dinge sind, die den anderen für uns anziehend machen. Vor der Ehe neigen wir dazu, uns nur auf die Stärken unseres geliebten Partners zu konzentrieren. Andererseits vertuschen wir seine Schwächen und unterschätzen dabei, wie ärgerlich und frustrierend diese Schwächen für uns später sein können. Wir rechnen hingegen fest damit, dass seine Stärken den Bereich unserer Schwächen ausgleichen werden. Es kommt uns niemals in den Sinn, dass er sich über unsere Schwächen in diesem Bereich unserer Persönlichkeit ärgern könnte.

Nachdem wir geheiratet haben, nehmen die Schwächen an Bedeutung zu. Mit der Zeit können sie so groß werden, dass sie alle Stärken, die wir in unserem Partner je gesehen haben, in den Schatten stellen. Schließlich können wir nur noch die Schwächen erkennen. Wir können uns nicht mehr vorstellen, was wir damals an unserem Partner Besonderes fanden. Wir sagen Dinge, wie: „Wie konnte ich nur so blind sein?“ Oft kommen wir dann zu dem Schluss, dass der andere uns absichtlich getäuscht hat, dass er so lange seine Fehler vor uns verborgen hielt, bis er uns überlistet hatte.

Ich möchte darauf hinweisen, dass man an diesem Punkt wahrscheinlich schon die Perspektive verloren hat. Selten sind Menschen so gut oder schlecht, wie wir sie einschätzen.

Genauso wie jedes Geldstück zwei Seiten hat, so hat auch jeder Mensch zwei Seiten – Stärken und Schwächen.

> Die Bibel sieht diesen Konflikt schon voraus und rät uns: „Wir aber, die Starken, haben die Pflicht, die Schwächen der Schwachen zu tragen und nicht Gefallen an uns selbst zu haben." (Römer 15,1).

Als Paulus an die Galater schrieb, gab er ihnen einen Rat, wie sie sich diesem Problem stellen und sich vertragen sollten:

> „Brüder, wenn auch ein Mensch von einer Sünde übereilt würde, so helft ihr, die ihr geistlich seid, einem solchen im Geist der Sanftmut wieder zurecht; und gib dabei acht auf dich selbst, dass du nicht auch versucht wirst! Einer trage des anderen Lasten, und so sollt ihr das Gesetz des Christus erfüllen! Denn wenn jemand meint, etwas zu sein, da er doch nichts ist, so betrügt er sich selbst. Jeder aber prüfe sein eigenes Werk, und dann wird er für sich selbst den Ruhm haben und nicht für einen anderen ..." (Galater 6,1-4).

Beachten Sie, dass er nichts darüber sagt, dass wir den anderen ändern sollen. Wir sollten vielmehr daran arbeiten, dass wir unsere Reaktionen auf die Schwächen ändern, mit denen wir uns jeden Tag unseres Lebens, sowohl in der Ehe als auch in anderen Beziehungen, auseinandersetzen müssen.

Ein großer Teil des Lernprozesses im Umgang mit den Schwächen des anderen ist, dass wir verstehen lernen, warum wir so frustriert über ihn sind. Vor der Ehe erwarten wir oft, dass unser Partner alle unsere Bedürfnisse stillen wird. Er wird schon dafür sorgen, dass meine Fehler nicht sichtbar werden. Es dauert nicht lange bis wir merken, dass es so nicht funktioniert. Er ist der Erste, der sich über meine Schwächen ärgert. Anstatt sie zu vertuschen, verlangt er, dass ich mich ändere, und zwar schnell.

Lassen Sie mich am Beispiel unserer eigenen Ehe zeigen, was ich meine. Ich bin eher ein geselliger und etwas impulsiver Mensch. Ich liebe Spontaneität und habe Schwierigkeiten mit

Vorausberechnungen. Als Folge davon bin ich ziemlich kreativ. Ich habe außerdem Schwierigkeiten, etwas bis zum Ende durchzuführen und beständig zu sein. Wenn mir eine Aufgabe zu langweilig wird, fällt es mir leicht, sie einfach fallen zu lassen und mich dann einer anderen Aufgabe zu widmen, die ich interessanter finde.

Als ich meine Frau kennenlernte, war sie der zuverlässigste und ausgeglichenste Mensch, den ich kannte. Für sie hat jedes Ding seinen Platz, und sie hat einen Platz für jedes Ding. Sie macht jeden Tag dieselben Dinge, immer wieder auf dieselbe Weise.

Sie war für mich der stabilisierende Faktor, wie der Ballast auf einem Schiff. Sie brachte Beständigkeit in mein Leben. Umgekehrt sah sie in mir eine Ausdrucksfreiheit, die sie selbst nicht hatte. Wir passten zusammen wie die Faust aufs Auge. Ich war derjenige, der vorne stand, der das Reden und die Unterhaltung übernahm. Sie regelte die Details im Hintergrund.

In vieler Hinsicht hat unsere Beziehung so funktioniert. Aber es gab ein paar unvorhergesehene Hindernisse, die umsegelt werden mussten. Ich will das anhand von ein paar Beispielen erklären.

Einen unserer häufigsten Konflikte haben wir dann, wenn wir zusammen Auto fahren. Ich liebe das Wagnis einer schnellen Autofahrt und niemals dieselbe Fahrtstrecke zweimal fahren zu müssen. Ich brauche die Abwechslung. Sie hingegen erinnert mich ständig an die Höchstgeschwindigkeit, die ich einhalten „darf". Ich erwidere ihr dann irgendetwas über den „Verkehrsfluss". Sie erinnert mich daran, wie viele Bußgeldbescheide ich schon wegen zu schnellen Fahrens bekommen habe. (Natürlich hat sie noch nie einen bekommen.) Sie erklärt mir die kürzeste Strecke. Ich möchte mich lieber mit meinem „Bauchgefühl" an unseren Bestimmungsort bringen. Ich weiß, dass mein Fahrstil meine Frau oft auf die Palme bringt.

Ein zweiter Bereich, wo wir oft Konflikte haben, hat mit Menschen zu tun. Ich knüpfe gern neue Kontakte und liebe es, mich mit anderen Leuten zu unterhalten. Sie hat die Menschen gern, aber sie fühlt sich von ihnen ausgelaugt. Deshalb sehe ich unser Zuhause als einen Ort der Unterhaltung; sie sieht unser Zuhause als einen Ort, an dem sie sich zurückziehen kann. Ich liebe Aktivitäten. Sie liebt die Ruhe. Ich möchte mit ein paar Jungs zusammen Fußball im Fernsehen sehen und dabei Nachos essen und Cola light trinken. Sie macht gern Puzzle, während sie am Kaminfeuer sitzt.

Ist die eine Art richtig und die andere falsch? Nicht unbedingt. In unserem Fall sind wir einfach unterschiedlich „verkabelt". Diese Unterschiede haben uns oft so gestärkt, dass wir Zeiten der Anfechtung und der Schwierigkeiten besser ertragen konnten.

Sie haben uns außerdem herausgefordert, die Bereiche der Schwachheiten in uns anzugehen, die korrigiert werden mussten. Eine meiner Lieblingsstellen in Sprüche drückt das sehr gut aus: „Eisen schärft Eisen; ebenso schärft ein Mann den anderen." (Sprüche 27,17). Beim Schleifen eines Werkzeugs an meinem Schleifstein habe ich beobachtet, dass dabei eine große Reibung entsteht. Dasselbe gilt auch, wenn Gott ein Gebiet unseres Lebens „schärfen" will. Er gebraucht normalerweise eine andere Person, die er als „Schleifstein" benutzt. Die Funken beginnen zu fliegen, die Klinge wird heiß. Aber es ist die einzige Möglichkeit, sie zu schärfen.

So funktioniert das auch beim Menschen. Die besten Veränderungen geschehen durch die Reibungen, die wir erfahren, wenn wir versuchen uns so nah zu kommen, dass wir uns aufrichtig lieben können. Die Reibung ist schmerzhaft. Unser Wunsch, dass die Schmerzen gelindert werden, motiviert uns zur Veränderung.

Heute bin ich als Autofahrer sicherer und kontrollierter. Ich bin weitaus weniger impulsiv. Mein Leben verläuft sehr geordnet, und ich habe gelernt, an einer Aufgabe dranzubleiben, bis sie erledigt ist. Ich danke Gott für die Veränderungen in meinem Leben. Aber mir ist klar, dass er meine Frau gebraucht hat, um mir meine Schwächen bewusst zu machen, und um mich zur Veränderung zu motivieren.

Meine Frau ist gelöster und spontaner geworden. Sie hat gelernt, mit dem Strom zu schwimmen und zu vertrauen, dass meine verrückte Art, wie ich manchmal Dinge erledige, oft funktioniert. Aufgrund des Konflikts sind wir beide zu besseren Menschen geworden.

Einige Vorschläge

Es ist egal, wie sehr Sie jemanden lieben, diese Person hat trotzdem auch Charaktereigenschaften, die Sie zum Wahnsinn treiben werden. Das ist unvermeidbar. Die einzige Kontrolle, die Sie darüber haben, ist die Art, wie Sie sich entscheiden damit umzugehen. Ich schlage vor, dass Sie damit anfangen, sich zuerst auf die Stärken Ihres Partners zu konzentrieren. Was bringt er oder sie mit in die Ehe, das Sie nicht gut können? Schreiben Sie es auf. Machen Sie eine Liste. Fangen Sie an, Gott für das Geschenk zu danken, das Er Ihnen für Ihr Leben gegeben hat. Wenn Sie anfangen, Gott ernsthaft Ihre Wertschätzung für Ihren Partner zu zeigen, dann sind Sie bereit, das auch ihm oder ihr zu zeigen.

Wenn Sie über die Schwächen Ihres Partners nachdenken, bitten Sie den Herrn, dass Er Ihnen zeigt, wie Sie ihm/ihr helfen können, in diesen Bereichen zu wachsen. Machen Sie sich bewusst, dass die Dinge, die Sie am schwersten tolerieren können, die Bereiche sind, die Ihnen selbst am leichtesten fallen. Nur weil Sie Ihnen leicht fallen, heißt das noch lange nicht, dass sie auch Ihrem Partner leicht fallen. Erwarten Sie nicht, dass er/sie jemals so stark oder kompetent in diesen Bereichen sein wird wie Sie es sind. Lassen Sie es vielmehr zu, dass Sie durch Ihre Stärke in diesem Bereich über die Schwäche Ihres Partners hinwegsehen können. Wenden Sie 1. Petrus 4,8 an: „Vor allem aber habt innige Liebe untereinander; denn die Liebe wird eine Menge von Sünden zudecken.“ In

Gottes Augen gibt es noch etwas Größeres als im Recht zu sein, nämlich „in der Liebe zu bleiben".

Schwächer?

Der erste Grund, den Petrus für den respektvollen Umgang mit einer Frau nennt, ist, dass sie der schwächere Partner ist. Frauen sind in mancher Hinsicht stärker als Männer. Als ich das erste Mal sah, wie meine Frau in den Wehen lag und ein Kind zur Welt brachte, war für mich eindeutig erwiesen, dass sie gerade etwas ausgehalten hatte, was mich garantiert umgebracht hätte. Wenn ich an ihrer Stelle gewesen wäre, hätte ich die Ärzte angewiesen, mich in Narkose zu versetzen und mich wieder aufzuwecken, wenn es vorbei wäre.

Es gibt noch andere Bereiche, in denen meine Frau stärker ist als ich. Sie kann viel besser Termine einteilen. Sie hat viel mehr Selbstbeherrschung und Selbstdisziplin als ich. Was meinte Petrus also, als er sagte, dass Frauen schwächer sind?

Die offensichtlichste Erklärung ist die körperliche Stärke. Frauen sind von Gott so gemacht, dass sie Durchhaltevermögen und Ausdauer haben. Männer wurden zur Schnelligkeit und Stärke bestimmt.

Es ist eine wissenschaftliche Tatsache, dass Männer durchschnittlich 50 Prozent mehr brachiale Stärke entwickeln als Frauen. Ich weiß, dass es einige Frauen gibt, die stärker sind als manche Männer; aber Männer haben schon immer und werden auch immer die Bereiche dominieren, die eine größere brachiale Stärke erfordern, um Erfolg zu haben, wie z. B. Berufsathleten. Männer können schneller laufen, höher springen und mehr Gewichte heben als Frauen.

Frauen hingegen haben mehr Ausdauer. Frauen sind viel besser als Männer dafür geeignet, lange Strecken zu laufen oder zu rennen. Weil sie ein größeres Fettdepot haben als Männer (das soll keine Beleidigung sein, meine Damen), haben sie höhere Energiereserven, die es ihnen ermöglichen, über einen längeren Zeitraum durchzuhalten und längere Strecken zu bewältigen.

Frauen sind in mancher Hinsicht auch emotional stärker als Männer. Männer können im Allgemeinen besser mit plötzlichen Belastungssituationen umgehen. Sie sind im Krisenmanagement und im Notfallschutz leistungsfähiger als Frauen. Die israelische Armee hat festgestellt, dass Männer sich im Krieg viel schneller an den psychischen Stress im Kampf gewöhnen können als Frauen. Männer sind bei heftigen Konflikten geschickter darin, schnelle, maßgebliche Entscheidungen zu treffen.

Frauen können jedoch viel besser mit Stress umgehen, der mit dem Unterhalt in Verbindung steht. Sie sind weniger gestresst durch regelmäßige und monotone Aufgaben als Männer. Frauen sind bessere Unterhaltsverwalter als Männer. Während Männer sich auf „Größeres und Wichtigeres" konzentrieren, sind Frauen mehr damit beschäftigt, ihren Ablauf reibungslos in Gang zu halten.

Der Unterschied, den Petrus hier gemacht hat, liegt im Bereich des Schützens. Ein Mann ist dazu berufen, seine Frau vor allem zu schützen, was sie bedrohen oder in Gefahr bringen könnte. Er sollte sich im wahrsten Sinne des Wortes verpflichten und bereit sein, sein Leben für sie zu geben. Gott hat ihm mehr körperliche Stärke und Belastbarkeit gegeben, um auf Notfälle reagieren zu können, damit er sie beschützen kann, wenn es nötig ist.

Eine Art, wie wir uns auf diese Rolle vorbereiten, ist, dass wir uns gentlemanlike verhalten. Ich glaube, dass ein Mann einer Frau die Tür aufhalten sollte – auch die Autotür. Er sollte sie bei den Mahlzeiten an ihren Platz begleiten, sei es zu Hause oder im Restaurant. Männer, wenn wir solche Dinge tun, vermitteln wir unserer Frau, dass wir unsere Verantwortung annehmen, für ihren Schutz und ihre Sicherheit zu sorgen.

Das ist der Grund, warum körperlicher Missbrauch das Gegenteil von dem erwirkt, was ein Mann sich für seine Beziehung wünscht. Nichts lässt eine Frau mehr vor ihrem Mann zurückweichen als die Angst vor ihm. Wenn wir uns gentlemanlike verhalten, sichern wir ihr damit zu, dass sie bei uns sicher ist. In seinen Armen fühlt sie sich sicher und wohl.

„… ihr Ehre erweisen, weil ihr ja gemeinsam Erben der Gnade des Lebens seid …“ (1. Petrus 3,7)

Ein zweiter Grund, den Petrus nennt, warum wir unsere Frau besonders rücksichtsvoll und respektvoll behandeln sollen, ist ihre geistliche Ebenbürtigkeit innerhalb der Familie Gottes.

Das Evangelium hat von Grund auf die Art und Weise umgestaltet, wie Frauen damals traditionell angesehen wurden. Weil Männer mehr körperliche Stärke besitzen, waren sie in der Lage, die Frauen zu dominieren und zu bezwingen. Selbst im Bereich der Religion und der Geistlichkeit wurden Frauen normalerweise als minderwertig angesehen.

Dann kam Jesus. Er führte eine radikal andere Art der Beziehung zu Frauen ein. Wenn Er mit Frauen über Gott sprach, tat Er das auf genau die gleiche Weise wie bei den Männern. Er behandelte die Frauen stets ehrenhaft und respektvoll. Es waren die Frauen, die Ihm bis zum Kreuz folgten und sich unter dem Kreuz aufhielten, während die Männer sich aus Angst versteckten. Es waren die Frauen, und besonders Maria Magdalena, denen Er nach Seiner Auferstehung zuerst erschien. Sie waren die ersten, die an Seine Auferstehung glaubten, während die Jünger immer noch skeptisch waren und Angst hatten.

Paulus hat am deutlichsten ausgedrückt, wo die Frauen in der Familie Gottes stehen, als er schrieb: „Da ist weder Jude noch Grieche, da ist weder Knecht noch Freier, da ist weder Mann noch Frau; denn ihr seid alle einer in Christus Jesus.“ (Galater 3,28).

Selbstverständlich gibt es unterschiedliche Aufgaben und Verantwortungsbereiche, Positionen und Ämter, in die Gott die beiden Geschlechter einsetzen will. Sie haben verschiedene Stärken und Veranlagungen. Was aber die Erkenntnis Gottes betrifft, die persönliche Beziehung mit dem Erlöser, da ist Gott blind für die Unterschiede im Geschlecht. Sowohl Männern als auch Frauen wird das ewige Leben geschenkt.

Im Matthäusevangelium gibt es eine Geschichte, die das ganz deutlich macht. Dort steht Folgendes:

> „An jenem Tag traten Sadduzäer zu ihm, die sagen, es gebe keine Auferstehung, und sie fragten ihn und sprachen: Meister, Mose hat gesagt: Wenn jemand ohne Kinder stirbt, so soll sein Bruder dessen Frau zur Ehe nehmen und seinem Bruder Nachkommen erwecken. Nun waren bei uns sieben Brüder. Der erste heiratete und starb; und weil er keine Nachkommen hatte, hinterließ er seine Frau seinem Bruder. Gleicherweise auch der andere und der dritte, bis zum siebten. Zuletzt, nach allen, starb auch die Frau. Wem von den Sieben wird sie nun in der Auferstehung als Frau angehören? Denn alle haben sie zur Frau gehabt. Aber Jesus antwortete und sprach zu ihnen: Ihr irrt, weil ihr weder die Schriften noch die Kraft Gottes kennt. Denn in der Auferstehung heiraten sie nicht, noch werden sie verheiratet, sondern sie sind wie die Engel Gottes im Himmel." (Matthäus 22,23-30).

Manche haben diesen letzten Satz missgedeutet und nehmen an, dass wir Engel werden, wenn wir in den Himmel kommen. Doch Jesus hatte damit gemeint, dass wir hinsichtlich des Geschlechts und der Ehe einmal „wie die Engel" leben würden. Engel haben kein Geschlecht. Die Geschlechtlichkeit ist nur eine irdische Dynamik. Im Himmel werden die irdischen geschlechtlichen Unterschiede der Menschen nicht mehr erkennbar sein. Wir werden alle Kinder des Vaters sein; wir werden alle „Söhne Gottes" sein.

Mithelfer

Ich glaube, dass Petrus hier noch mehr ableitet. Ich glaube, dass meine Frau mit mir zusammen die Früchte meiner Arbeit ernten wird. Meine Frau ist kein Lehrer. Sie besitzt nicht dieselben Gaben des Dienstes. Aber sie war für meinen Dienst als Pastor und Lehrer eine unerlässliche Quelle der

Unterstützung, Einsicht und Ermutigung. Ich bin überzeugt davon, dass sie den gleichen Anteil der Belohnung und Früchte meines Dienstes als Lehrer und Pastor erhalten wird. Wir haben ein gemeinsames Konto. Immer, wenn ihr himmlisches Guthaben wächst, wächst auch meines, und umgekehrt.

Wir teilen die Früchte des anderen. Wir sind gleichgestellte Partner. Wenn ich sie mit dieser Art Respekt behandle, fühlt sie sich ermutigt und gestärkt. Sie gibt sich mehr Mühe in unserer Partnerschaft. Sie erkennt unseren gemeinsamen Vorteil. Sie sieht sich nicht länger im Konkurrenzkampf mit meinem Dienst, in dem sie um meine Zeit kämpft, denn es ist nicht mehr „mein" Dienst, sondern „unser" Dienst.

Männer können diesen wesentlichen Zusammenhang oft nicht erkennen. Sie trennen ihr Geschäft oder ihr berufliches Leben oft von ihrem Eheleben. Sie sehen nicht die entscheidende Unterstützung, die eine Frau ihnen geben kann, indem sie ihrem Mann hilft, seine berufliche Balance aufrechtzuerhalten. Sie hat mehr Anteil daran als irgendeine andere Person auf der Welt. Sie möchte, dass ihr Ehemann Erfolg hat, und sie sehnt sich nach einer Gelegenheit, an seinen Karrierezielen beteiligt zu sein.

Männer hingegen schließen ihre Frauen auf diesem Gebiet ihres Lebens oft aus. Sie erzählen ihnen nichts von dem, was sie belastet, fragen sie nicht nach ihrer Ansicht, ihrem Zuspruch und Rat. Dabei sondern sie sich selbst von einem ihrer wertvollsten Berater ab. Diese Frau kennt ihren Mann nicht nur besser als jeder andere, sie sorgt sich nicht nur mehr um ihn als jeder andere, sondern Gott hat ihr auch eine einzigartige Perspektive gegeben, um sie zu bevollmächtigen, seine „Gehilfin" zu sein. Sich diesen Gewinn entgehen zu lassen, ist einfach nur absolut dumm.

Wenn Sie weise sind, werden Sie anfangen, sie über ihre Arbeit zu informieren und sie mit einzuschließen. Bitten Sie sie um ihren Rat und um ihre Gebete. Vielleicht braucht sie eine Weile, um all die subtilen Aspekte ihrer Arbeit zu verstehen, aber mit der Zeit wird sie ein Gespür für die Herausforderungen Ihres Lebens bekommen. Gott wird so durch sie zu Ihnen sprechen, wie das sonst keiner tun könnte.

In Sprüche 31 spricht Salomo über die „tüchtige“ oder vortreffliche Frau. Hier handelt es sich nicht um eine Frau, die unbeteiligt ist. Er stellt sie dar als eine Künstlerin, Handwerkerin, Geschäftsfrau, Landwirtin und Managerin. Sie ist fleißig, genügsam, großzügig und freundlich.

Es gibt auch einige sehr aufschlussreiche Bemerkungen über ihren Ehemann. Salomo erzählt uns insbesondere zwei Dinge über seine Haltung gegenüber dieser tugendhaften Frau:

1. „Auf sie verlässt sich das Herz ihres Mannes ...“ (Sprüche 31,11).
2. Er gibt „ihr von den Früchten ihrer Hände, und ihre Werke werden sie rühmen in den Toren!“ (Sprüche 31,31).

Beschreibt das Ihre Haltung? Lassen Sie sie erkennen, dass Sie sich „auf sie verlassen“? Wenn sie Vorschläge macht oder Ihnen ihre Bedenken mitteilt hinsichtlich einer Entscheidung oder Anweisung, hören Sie ihr mit sorgsamem Bedacht zu?

Auf welche Art und Weise belohnen Sie Ihre Frau für all ihre treue Unterstützung? Bemühen Sie sich, sie für ihr Opfer zu segnen?

Haben Sie jemals „ihre Werke in den Toren gerühmt“? Wann war das letzte Mal, dass Sie mit Ihrer Frau geprahlt haben? Haben Sie sie öffentlich gelobt?

Die meisten Männer, die ich kenne, deuten, nachdem sie diese Stelle in Sprüche gelesen haben, schnell auf die Bereiche, wo ihre Frau die Beschreibung dieser Art von Tüchtigkeit nicht erfüllt. Diesen Männern möchte ich gerne die Frage stellen: Was tun Sie zu ihrer Ermutigung, damit sie so eine Frau wird? Wenn Sie sich auf sie verlassen, wenn Sie sie belohnen und sie in der Öffentlichkeit loben, wird sie sich bemühen, eine vortreffliche Frau zu werden. Aber wenn Sie sie behandeln, als sei sie unfähig oder als könne sie Ihre Lasten nicht verstehen, wenn Sie ihr nur selten Komplimente machen, wenn Sie nur selten vor anderen über ihre Tüchtigkeit sprechen, wird sie bald entmutigt sein.

Im Laufe der Jahre habe ich einige Frauen kennen gelernt, die sehr tüchtig geworden sind, obwohl ihr Ehemann es versäumt hat, sie zu ehren. Doch die meisten Frauen, die nicht das Vertrauen und das Lob ihres Mannes genießen können, versinken allmählich in Entmutigung. Sie sehnen sich nach dem Lob ihres Mannes, aber was sie tun, scheint nie genug zu sein, um das zu erreichen.

Viele meinen, dass das ihrer eigenen Unzulänglichkeit zuzuschreiben ist, aber das ist nur selten der Grund. Meistens versäumen die Männer einfach nur ihre Pflicht, weil sie zu sehr auf sich selbst konzentriert sind.

Falls das Sie beschreibt, wird es Zeit, dass Sie endlich aufwachen und der Realität ins Auge sehen.

Wert hinzufügen

In einigen Ländern gibt es eine Steuer, die man „Mehrwertsteuer" nennt. Das bedeutet, jedes Stadium der Herstellung eines Produkts führt zu einer Verbesserung bzw. zu einem Mehrwert desselben. Für den Weiterverkauf des Produkts wird in jedem Stadium der Herstellung diese Steuer erhoben.

Zum Beispiel verkauft ein Holzunternehmen Baumstämme an ein Sägewerk. Für die Baumstämme wird eine Steuer bezahlt. Das Holzunternehmen schneidet die Baumstämme in fertige Holzplatten oder -balken, die dann wiederum an eine Möbelfirma verkauft werden. Wieder wird eine Steuer erhoben. In jedem Stadium des Herstellungsprozesses wird vorausgesetzt, dass der Wert des Produkts gestiegen ist. Auf diese Wertsteigerung wird eine Steuer erhoben.

Neulich war ich von einem unserer Gemeindeleiter zu einem „Potluck"* eingeladen. Als ich in seinem Wohnzimmer saß, bemerkte ich ein geschnitztes Entenpärchen, das mit

* Ein „Potluck" ist ein Essen, bei dem jeder Gast eine Speise mitbringt. Anm. d. Übers.

erstaunlichem Geschick gefertigt war. Sie waren die schönsten geschnitzten Holzenten, die ich je gesehen hatte. Jedes kleinste Detail, bis hin zum Gefieder, war genau nachgebildet.

Wenn man darüber nachdenkt, ist das Erstaunlichste daran die Tatsache, wie diese Enten ursprünglich einmal ausgesehen hatten. Sie waren vorher einfach nur ein Holzblock gewesen. Sie hatten nur einen ganz geringen Wert. Durch Geschick und Arbeitsaufwand wurde dieses Stück Holz hundertmal wertvoller, als es am Anfang war. Ihm wurde Wert hinzugefügt!

Ähnlich ist das auch mit dem, was Gott in unserem Leben tun möchte. Wir wurden mit einem ungeheuren Potential in diese Welt hineingeboren. Jeder von uns hat ein Gehirn und einen Körper und die Fähigkeit, sich intellektuell, körperlich und geistig zu entwickeln. Und doch erreicht nicht jeder die Grenzen seines Potentials. Wir sind vielleicht durch unsere soziale Umgebung und durch unsere Ausbildung eingeschränkt. Vielleicht leiden wir unter gesundheitlichen Problemen. Wenn wir nie mit dem Evangelium vertraut gemacht worden sind, können wir geistlich nicht wachsen. Wir sind nicht vom Geist neu geboren.

Da gibt es auch noch das Problem des persönlichen Willens. Heute hören wir sehr oft davon, wie Leute schikaniert werden. In gewisser Hinsicht sind wir alle Opfer von irgendjemand oder irgendetwas, irgendwann einmal. Doch das größte Hindernis für persönliches Wachstum ist unser Widerwille, das zu tun, was getan werden muss, damit wir wachsen und uns verändern können.

Man schätzt, dass man ungefähr 20.000 Stunden braucht, um in einer Sache geübt zu sein. Groteskerweise verbringt das durchschnittliche Kind zwischen seinem dritten und achtzehnten Lebensjahr genau soviel Zeit vor dem Fernseher. Und so werden die meisten Kinder geübt im Fernsehen. Leider ist diese Fachkenntnis nicht sehr gefragt und wird auch nicht gut bezahlt.

Die meisten von uns haben zu wenig Disziplin, Selbstbeherrschung und Bereitschaft, die harte Arbeit zu leisten, die notwendig ist, um unsere Ziele im Leben zu erreichen. Das gilt sowohl für Christen als auch für die, die keine Christen sind. Und es trifft insbesondere auf unser geistliches Wachstum zu. Wir lassen nicht zu, dass Gott unserem Leben „Wert hinzufügt". Warum? Wir mögen die Art nicht, wie Er das tut. Wir hassen den Prozess.

Wie erreichten die Holzenten ihre „Werterhöhung"? Indem das Holz sich dem Messer fügte und es zuließ, dass die nutzlosen Teile weggeschnitten wurden.

Wie „schneidet" Gott unsere nutzlosen Teile weg? Durch Anfechtungen und Prüfungen. Das ist der Grund, warum Jakobus uns ermahnt: „Meine Brüder, achtet es für lauter Freude, wenn ihr in mancherlei Anfechtungen geratet..." (Jakobus 1,2). Ich bin nur sehr wenigen Christen begegnet, die die harten Umstände des Lebens durchweg von diesem Standpunkt aus betrachtet haben.

Der Töpfer und der Ton

An mehreren Stellen im Alten und Neuen Testament (Jesaja 29,16; Jesaja 41,25; Jesaja 64,8; Jeremia 18,4; Jeremia 18,6; Römer 9,21) beschreibt Gott Seine Beziehung zum Menschen und spricht dabei von einer „Werterhöhung". Er ist der Töpfer, wir sind der Ton. Er fordert uns auf, gefügig und aufgeschlossen zu sein, wenn Er unser Leben formt und gestaltet, und wenn wir das tun, dann wird unser Leben eine Form annehmen, die Ihm die Ehre gibt und für uns lohnend ist.

Ein zusätzliches Ausmaß dieses Prozesses ist die Fähigkeit, die Gott uns gibt, den Wert der anderen erhöhen zu können, geradeso wie Gott auch unserem Leben Wert hinzufügt. Als Paulus schrieb: „So ermahne ich euch nun: Werdet meine Nachahmer! ... Seid meine Nachahmer, gleichwie auch ich Nachahmer des Christus bin!" (1. Korinther 4,16; 11,1), sprach er von der Kompetenz, die wir haben, als Mentor für andere zu handeln. Durch unser Beispiel können wir ein Vorbild sein für das, was Gott im Leben derer tun kann, die sich Ihm ergeben. Paulus erklärt das noch einmal so:

> „Gelobt sei der Gott und Vater unseres Herrn Jesus Christus, der Vater der Barmherzigkeit und Gott alles Trostes, der uns tröstet in all unserer Bedrängnis, damit wir die trösten können, die in allerlei Bedrängnis sind, durch den Trost, mit dem wir selbst von Gott getröstet werden. Denn wie die Leiden des Christus sich reichlich über uns ergießen, so fließt auch durch Christus reichlich unser Trost." (2. Korinther 1,3-5).

Obwohl Gott möchte, dass Christus unser größtes Vorbild und unsere wichtigste Quelle des Trostes ist, hat Er uns auch geschaffen, dass wir von den Taten und Haltungen anderer beeinflusst werden. Er möchte wiederum auch, dass wir mit unserem Verhalten andere dazu ermutigen, Christus ähnlicher zu werden.

Das ist der Weg, wie wir anderen „Wert hinzufügen". Gott erhöht unseren Wert, und wir erhöhen wiederum den Wert der anderen. Die Männer sollen ihre Frauen so behandeln, dass sie deren Wert erhöhen. Das tun wir, indem wir „rücksichtsvoll", „respektvoll", „hilfreich", „beschützend" usw. handeln. Doch am wirksamsten geschieht das durch Gebet – Gebet für Ihren Partner und mit ihm.

> „Ihr Männer sollt gleichermaßen einsichtig … damit eure Gebete nicht verhindert werden." (1. Petrus 3,7).

Leider denken wir oft, dass wir die Leute so verändern können, wie sie nach unserer Meinung sein sollten. In Wirklichkeit gibt es nur sehr wenig, was wir tun können, um andere Menschen zu verändern. Wir können Menschen dazu ermutigen, den Fortschritt der Veränderung zuzulassen, wenn sie einmal beschlossen haben, anders zu werden. Aber nur Gott kann einen Menschen wirklich verändern, und das geschieht durch die Kraft und die innere Arbeit des Heiligen Geistes.

Wenn Sie den Wert einer anderen Person wirklich erhöhen wollen, müssen Sie sich verpflichten, für sie zu beten. Das ist der sicherste und wirksamste Weg, auf das Leben eines anderen für immer einzuwirken.

Ich bin überzeugt davon, dass, wenn wir einmal im Himmel sind, die Engel uns am häufigsten die Frage stellen werden: „Warum hast du nicht noch mehr gebetet?" Gebet ist der Weg, durch den Christen die Kraft des Universums frei schalten können. So wird es auch in dem bekannten Kirchenlied „Welch ein Freund ist unser Jesus" ausgedrückt: „Wer mag sagen und ermessen, wie viel Heil verloren geht, wenn wir nicht zu ihm uns wenden und ihn suchen im Gebet."

Was ist der Grund, warum wir mit unserem Gebet so im Rückstand sind? Ich vermute, das hängt mit unserem Wunsch zusammen, die Kontrolle zu behalten. Als meine Kinder kleiner waren, sahen sie, wie ich den Rasen mähte. Sie kamen nach draußen und fragten, ob sie den Rasenmäher bedienen durften. Ich wusste, sie waren zu klein, um den Rasenmäher unter Kontrolle zu halten, aber ich ließ zu, dass sie es versuchten. Ich wusste, wenn ich ihnen zur Antwort geben würde, dass sie noch zu jung, zu klein und nicht stark genug seien – selbst wenn das der Wahrheit entsprach –, würden sie mich so lange bedrängen, bis ich es erlaubte. Nach einigen wenigen Minuten wurden sie müde und ließen mich gern allein weitermachen. Als sie älter und kräftiger waren, mussten sie dazu aufgefordert werden, den Rasen zu mähen. Es war keine Herausforderung mehr für sie, sondern eine anstrengende Arbeit und Belastung.

Ähnlich funktioniert das auch zwischen Gott und uns. Wir möchten alle die Kontrolle behalten. Wir geben nicht gerne zu, dass wir sie nicht haben. Ich glaube, das gilt besonders für die Männer. Ist Ihnen jemals aufgefallen, wie schwer es Männern fällt, nach dem Weg zu fragen, wenn sie sich verlaufen oder verfahren haben – oder es überhaupt zuzugeben, dass sie auf dem falschen Weg sind, selbst wenn das bereits jedem anderen klar ist? Wir haben einfach Schwierigkeiten, vor uns selbst und vor anderen zuzugeben, dass wir die Situation nicht mehr unter Kontrolle haben.

Also gestattet uns Gott, es selbst zu versuchen. Er lehnt sich zurück und sieht uns dabei zu, wie wir uns bis zur Ermüdung anstrengen. Er wartet geduldig darauf, dass wir uns wieder an Ihn wenden und Ihn bitten: „Du kannst jetzt wieder die Kontrolle übernehmen. Es ist zu viel für mich."

Die eigentliche Haltung des Gebets ist das Zugeständnis, dass die Probleme, die vor uns liegen, für uns zu schwer zu bewältigen sind. Wenn ein Kind Gottes diesen Punkt erreicht hat, übernimmt Gott mehr als die Kontrolle. Er zeigt uns Seine Stärke und Kraft in jedem Bereich unseres Lebens. Wir bewegen uns in einem einzigen Moment von der Niederlage zum Sieg – in dem Moment der Auslieferung und Hingabe!

Hindernisse im Gebet

Es gibt im Leben eines Christen kein größeres Unglück als ein „behindertes Gebetsleben". Ohne Gebet werden wir wie Soldaten, die ihrer Waffen beraubt wurden. Wir sind nicht in der Lage, dem Feind entgegenzutreten.

Petrus beendete den siebten Vers seines ersten Briefes mit einer ernsten Warnung: „... damit eure Gebete nicht verhindert werden." (1. Petrus 3,7). Was sind die Dinge, die uns am Gebet hindern? Die Bibel ermittelt nur einen Schuldigen: die Sünde! Wenn Männer ihre Frauen nicht richtig behandeln, leben sie in Gottes Augen in Sünde – es ist eine mutwillige, gewohnheitsmäßige, fortwährende Rebellion gegen Gott.

Wenn wir der Sünde erlauben, in unserem Leben zu herrschen, wird Gott nicht unsere Wünsche erfüllen. Wir werden unfähig, die Absichten zu erfüllen, zu denen Gott uns berufen hat. Wir werden blockiert und frustriert in allem, was wir tun. Wir bewegen uns in unserem Leben nicht mehr vorwärts, sondern rückwärts.

Es gibt zwei Dinge, zu denen jeder Mann sich verpflichten sollte: 1. für seine Frau zu beten und 2. mit seiner Frau zu beten. Ich glaube, das wird der Ehe und der Familie mehr helfen als alle anderen Versuche, die ein Mann sonst unternehmen kann. Warum? Paulus liefert uns eine klare Antwort in seinen Briefen an die Korinther und die Epheser:

> „Denn obgleich wir im Fleisch wandeln, so kämpfen wir doch nicht nach Art des Fleisches; denn die Waffen unseres Kampfes sind nicht fleischlich, sondern mächtig durch Gott zur Zerstörung von Festungen, so dass wir Vernunftschlüsse zerstören und jede Höhe, die sich gegen die Erkenntnis Gottes erhebt, und jeden Gedanken gefangen nehmen zum Gehorsam gegen Christus" (2. Korinther 10,3-5).

> „Im Übrigen, meine Brüder, seid stark in dem Herrn und in der Macht seiner Stärke. Zieht die ganze Waffenrüstung Gottes an, damit ihr standhalten könnt gegenüber den listigen Kunstgriffen des Teufels; denn unser Kampf richtet sich nicht gegen Fleisch und Blut, sondern gegen die Herrschaften, gegen die Gewalten, gegen die Weltbeherrscher der Finsternis dieser Weltzeit, gegen die geistlichen Mächte der Bosheit in den himmlischen Regionen ... indem ihr zu jeder Zeit betet mit allem Gebet und Flehen im Geist, und wacht zu diesem Zweck in aller Ausdauer und Fürbitte für alle Heiligen" (Epheser 6,10-18).

Die Kraft des Gebets

Wie ich schon vorher erwähnt habe, spricht der Herr an mehreren Stellen in der Bibel von unserer Beziehung zu Ihm und vergleicht uns mit dem Töpfer und dem Ton. Er ist ständig dabei, uns zu kneten, Er legt uns auf die Töpferscheibe und formt und gestaltet uns nach dem Vorsatz Seines Willens. Er hat sich für jeden einzelnen von uns ein einzigartiges und kunstvolles Design ausgedacht. Jeder von uns hat einen bestimmten Zweck, für den unser Leben gestaltet und geformt wurde.

Bei den meisten der oben erwähnten Punkte hat Gott ein Problem mit dem Ton. Er (der Ton) ist nicht bereit, die Form zu akzeptieren, die Gott ihm zugedacht hat. Ironischerweise widersetzt sich der Ton seinem Meister, dem Töpfer. Diese Metapher ist lächerlich, aber so ist auch die Realität, die sie porträtieren will: Wir denken, wir könnten so dreist sein und uns dem Plan Gottes für unser Leben widersetzen. Und doch ist das für gewöhnlich der Fall. Warum?

Meistens sind wir zu beschäftigt damit, Recht zu haben und das zu beweisen. Wir strengen uns an, die Kontrolle zu behalten und sind zu stolz, unsere Schwächen einzugestehen. Deshalb muss Gott den Ton noch einmal von Neuem durchkneten und ihn immer wieder auf die Töpferscheibe legen, bis wir anfangen, auf seine formenden Hände einzugehen.

Wenn wir beten, funktioniert der Prozess viel schneller und reibungsloser. Das Gebet verhilft dem Ton dazu, geschmeidig zu werden und sich auf den Meister einzustellen. Das Gebet ist das Mittel, durch das wir Seinem Willen „gleichgestaltet" werden (Philipper 3,10).

Diese Lektion habe ich schon früh in unserer Ehe gelernt. Wie ich schon vorher berichtet habe, war der Anfang unserer Ehe ziemlich mit Problemen belastet. Ich kann mich noch gut daran erinnern, dass ich eines Tages Gott gebeten habe, meine Frau zu überführen und zu korrigieren, weil sie mich nicht respektierte und meiner Leitung nicht vertraute. „Hilf ihr, dass sie sich unterordnet", waren die wesentlichen Worte meines Gebets. Und doch hatte ich, während ich betete, das Gefühl, dass meine Gebete nicht gehört wurden. Alles, was ich tat, war, dass ich meinen Gefühlen Luft machte. Es gab keine wirkliche Kommunikation zwischen Gott und mir. Ich empfand weder Trost noch Zuversicht, dass Gott meine Bitte erhören würde. Langsam beruhigte ich mich vor Ihm. Ich sagte: „Herr, wenn es etwas gibt, das in mir verändert werden sollte, bin ich bereit, es zu hören."

Augenblicklich veränderte sich meine Gesinnung und verwandelte sich von Ärger in Härte. Plötzlich wurde es so offensichtlich, so einleuchtend. Ich erkannte die Härte und

Bitterkeit meines Herzens. Stolz und Selbstsucht krochen langsam unter dem Mantel meines Ärgers hervor. Sofort flehte ich Gott an, mir zu vergeben und Erbarmen zu haben. Wie konnte ich mich über das Verhalten meiner Frau beschweren, wenn mein Herz so viel Hässlichkeit in sich barg? Was gab es denn in mir, das sie ermutigen würde, mir zu vertrauen und mich zu respektieren?

Dies sollte der größte Wendepunkt in unserer Beziehung sein. Vielleicht hat es sogar unsere Ehe gerettet. Der Pfad, dem ich folgen sollte, wurde kristallklar. Es ging nicht mehr länger darum, dass sie die richtige Ehefrau wurde oder dass sie ein neuer Mensch wurde, so wie ich sie haben wollte. Es ging um mein Wachstum in meiner Beziehung zu Gott, damit ich der richtige Ehemann für sie werden konnte.

Beten Sie für Ihre Frau

Wann haben Sie das letzte Mal für Ihre Frau gebetet? Ich habe nicht gefragt: „Wann haben Sie das letzte Mal ‚wegen' Ihrer Frau gebetet?" Sondern wann haben Sie sich das letzte Mal die Zeit genommen, für das Wohl und den Segen Ihrer Frau vor Gott einzutreten? Das sollten Sie jeden Tag tun.

Ein Gebiet, auf dem wir unter anderem am leichtesten getäuscht werden können, ist der Glaube, dass wir einen anderen Menschen verändern können. Wir können wirklich überhaupt niemanden verändern. Nur Gott kann ein Herz verändern, und das tut Er durch den Prozess der Umkehr.

Die Umkehr geschieht allein durch Gott. Paulus verkündet: „... und erkennst nicht, dass dich Gottes Güte zur Buße leitet?" (Römer 2,4).

Wenn ein Ehemann oder eine Ehefrau den Partner kritisiert und ihm in den Ohren liegt, dass er sein Verhalten ändern soll, gibt der Partner vielleicht sein Bestes, dieses anstößige Verhalten zu beenden, besonders wenn es eine starke negative Reaktion des anderen zur Folge hatte. Weil aber die Veränderung nur äußerlich stattfindet und nicht von Herzen kommt, stirbt die Beziehung allmählich im Stillen, auch wenn das äußere Verhalten sich angepasst hat. Schließlich lernt der Partner, der den anderen gekränkt hat, wie er Konflikte vermeiden kann. Das ist ähnlich, wie durch ein Minenfeld zu gehen. Was fehlt, ist die Kommunikation, die zu Intimität und Vertrauen führt. Man lebt in der Angst, den anderen zu verletzen. Immer wenn der „andere" da ist, ist man auf der Hut, man passt auf, nicht irgendetwas zu tun oder zu sagen, das zu einem Konflikt führen würde.

Am Schluss stellt man fest, dass keine Veränderung des Herzens stattgefunden hat. Demzufolge wurde das anstößige Verhalten nur unterdrückt und nicht beseitigt. Anstelle von Liebe ist nun Schuld die treibende Kraft. Mit der Zeit gibt die Schuld Raum für Ärger und Groll.

Zur selben Zeit wird auch der Partner, der sich beschwert hat, unzufrieden. Er oder sie spürt den Groll. Er oder sie weiß, dass es nur eine oberflächliche Veränderung ist. Er oder sie fühlt sich angeklagt und missverstanden.

Ich kann mich nur allzu gut daran erinnern, wie das zwischen mir und meiner Frau gewesen ist. Sie beschwerte sich, dass ich ihr nie zeigte, dass ich tagsüber auch an sie dachte. Ich habe sie nie angerufen oder ihr Blumen oder Pralinen gebracht, um sie zu überraschen. Wie habe ich also darauf reagiert? Ich setzte es auf meine „To Do"-Liste. Ich rief sie an; ich brachte ihr Pralinen; ich brachte Blumen mit nach Hause. Zu meinem Verdruss beschwerte sie sich immer noch. Sie stellte ganz richtig fest: „Du tust das doch nur, weil du es tun sollst."

Als ich rückblickend meine Motive überprüfte, stellte ich fest, dass sie Recht hatte. Ich hatte ihre Klage als Leistungserwartung interpretiert, so wie ich das auch bei der Arbeit tat. Meine Geschenke und Anrufe waren nicht spontaner Ausdruck meiner Liebe und Fürsorge. Sie waren eine „Pflicht"!

Aber ich hatte keine Ahnung, wie ich das ändern sollte. Meine Eltern waren mir hier als Kind kein Vorbild gewesen. Es wurde nur sehr selten aufrichtige Zuneigung und Liebe gezeigt. Die Geschenke waren immer sehr praktisch und kamen nie spontan.

Irgendwann hörte meine Frau auf, sich zu beschweren und begann, für mich zu beten. Ich fing ebenfalls an zu beten und bat den Herrn, dass er mir half zu hören, was meine Frau mir mitteilte. Ich habe gelernt, dass meine Frau wissen muss, dass sie mir 24 Stunden am Tag wichtig ist. Das ist die „Pflicht", die ich ihr gegenüber habe. Ich kann mir das nicht in den Kalender oder auf meine „To Do"–Liste schreiben. Es muss von Herzen kommen, freiwillig, aufrichtig und spontan.

Auch Jesus war unzufrieden

Jesus hat auf ähnliche Weise seine Unzufriedenheit ausgedrückt, als Er den Pharisäern sagte, dass sie Gott mit ihren Lippen ehren, aber mit dem Herzen nicht dabei sind (Matthäus 15,8). Sie liebten Gott nicht. Sie fürchteten Ihn. Sie versuchten Ihn zu besänftigen oder zu manipulieren, um ihre selbstsüchtigen Wünsche zu erfüllen oder zu rechtfertigen. Wenn sie ihr Verhalten änderten, dann nur aus Angst oder Überlegtheit, nicht aus Liebe. Wenn Ihr Partner ein Verhalten hat, das Sie nicht mögen, dann beten Sie für ihn oder sie. Beten Sie nicht einfach nur, dass Gott sein oder ihr Verhalten ändern möge. Beten Sie, dass Gott Ihren Partner nah zu sich zieht; dass Er seine oder ihre Gemeinschaft mit dem Erlöser bereichert; dass Er die Wunder Seines Wortes Ihrem Partner aufschließt; dass Er einen unstillbaren Hunger nach Seinem Wort und Willen in ihrem oder seinem Leben weckt.

Gott wird ein solches Gebet immer anerkennen, denn es entspricht Seinem Wunsch, Seinem vollkommenen Willen für den Partner Ihres Lebens (und für Sie ebenfalls). Wenn wir uns dem Herrn nähern, werden wir immer mehr Ähnlichkeit mit Seinem Wesen bekommen, und „dem Ebenbild seines Sohnes gleichgestaltet werden" (Römer 8,29). Die Veränderung wird langsam, aber sicher stattfinden. Es wird von innen heraus geschehen. Die Erfolge werden nicht ganz plötzlich zu sehen sein, aber sie sind zuverlässig, bedeutungsvoll und dauerhaft.

Beten Sie gemeinsam

Früher war ich überrascht, wie vielen Paaren es schwer fällt, gemeinsam zu beten. Als ich dieses Problem weiter erforschte, leuchtete es mir ein. Wahres Gebet erfordert „Harmonie". Jesus hat das so formuliert: „Weiter sage ich euch: Wenn zwei von euch auf Erden übereinkommen über irgendeine Sache, für die sie bitten wollen, so soll sie ihnen zuteil werden von meinem Vater im Himmel." (Matthäus 18,19).

Die Transliteration des Wortes „übereinkommen" ist *sumphoneo* (*sum*, zusammen, *phone*, ein Klang). Es bedeutet „in Einklang, hauptsächlich von Musikinstrumenten".[21] Es ist die Wurzel des englischen (und auch deutschen) Wortes „Symphonie".

Wenn zwei Gläubige in Übereinstimmung ihres Herzens beten, entsteht im Herzen Gottes eine himmlische Harmonie, die schöner klingt als jedes irdische Orchester. Das ist der Grund, warum Gott sich an unseren Gebeten erfreut. Doch der Schlüssel für erfolgreiches Gebet in einer Gruppe ist Harmonie oder Übereinkommen.

Unbeseitigte Probleme

Zu keinem Zeitpunkt sind wir leichter zu durchschauen, als wenn wir mit aufrichtigem Herzen beten. Ich habe festgestellt, dass Ehepaare, denen es schwer fällt, gemeinsam zu beten, Probleme haben, dem anderen mit dieser Verletzlichkeit zu vertrauen. Wenn man die wahren Empfindungen des Herzens für sich behält, funktioniert das Beten nicht. Wie ich bereits erwähnt habe, ist das Gebet der einzige Schlüssel, der die Türen öffnen kann, damit Ihre Ehe noch mehr gesegnet wird.

Ich will Ihnen noch ein Beispiel aus meiner Ehe geben. Als meine Frau und ich ungefähr fünf Jahre verheiratet waren, stellte ich Anzeichen einer leichten Depression bei ihr fest. Ich wusste nicht, wie ich mit ihren Schwierigkeiten umgehen sollte und suchte deshalb einen Freund auf, der ein erfahrener

Eheberater war. Er machte den Vorschlag, dass meine Frau und ich uns jeden Abend hinsetzen sollten, um gemeinsam zu reden, die Bibel zu lesen und zu beten.

Am Anfang war das ziemlich schmerzhaft. Als ich sie bat, mir alles zu sagen, was ich eventuell tat, das zu ihrer Depression beitrug, war das, als ob ich ein Schleusentor öffnete. Ich musste mir auf die Lippen beißen. Ich hatte keine Ahnung, dass es so viele Dinge gab, die ich tat oder unterließ, über die sie sich ärgerte.

Nach einer Weile, die mir wie eine Ewigkeit vorkam, kam sie endlich zu einem Ende. Wir lasen dann gemeinsam ein Kapitel im Buch der Sprüche und beteten anschließend. Ich bat den Herrn um Vergebung und um Seine Hilfe, dass ich einfühlsamer wurde für die Bedürfnisse meiner Frau. Sie betete, dass Gott ihr ihre Bitterkeit vergab, die sie mir gegenüber hatte.

Wir haben uns weiterhin mehrere Monate zusammengesetzt. Langsam begannen wir beide zu wachsen und uns zu verändern. Die Zeit, die wir miteinander im Gespräch verbrachten, wurde weniger belastend. Letztendlich wurde es zu einer wundervollen Zeit der Gemeinschaft und der Bestätigung. Das Wort wurde lebendig unter uns, während wir die Erfahrung machten, dass Gott an unseren Herzen arbeitete. Wir machten eine Gebetsliste und notierten außer dem Gebetsanliegen auch das Datum, an dem wir es aufschrieben und das Datum, wann es erhört wurde. Unser Glaube wuchs, als wir sahen, wie Gott unsere Ehe heilte und unseren Glauben aufbaute, während Er ein Gebet nach dem anderen erhörte. Es gab nicht eine einzige Bitte, die Er nicht erhörte, nicht ein einziges Bedürfnis, das Er nicht erfüllte.

Wir sind immer noch im Besitz dieses alten Gebetstagebuchs. Von Zeit zu Zeit fällt es uns wieder in die Hände. Welch wundervolles Zeugnis von Gottes Kraft und der Wirksamkeit des Gebets ist es uns geworden!

Wenn Sie und Ihr Partner nicht zusammen beten können, versuchen Sie, das zu tun, was meine Frau und ich getan haben, oder lassen Sie sich einen anderen Plan einfallen.

Das Wichtigste ist, dass Sie Satan nicht erlauben, Ihnen diesen elementaren Weg des Segens zu rauben. Legen Sie Ihren Stolz und Ihre verletzten Gefühle zur Seite. Laden Sie den Geist des Herrn ein, Segen und Freiheit in Ihr Heim zu bringen, indem Sie regelmäßig zusammen beten.

Kapitel 9

Männer, die nicht leiten wollen!

„Doch ist im Herrn weder der Mann ohne die Frau, noch die Frau ohne den Mann. Denn gleichwie die Frau vom Mann kommt, so auch der Mann durch die Frau; aber alles kommt von Gott. Urteilt bei euch selbst, ob es schicklich ist, dass eine Frau unbedeckt zu Gott betet! Oder lehrt euch nicht schon die Natur, dass es für einen Mann eine Unehre ist, langes Haar zu tragen? Dagegen ist es für eine Frau eine Ehre, wenn sie langes Haar trägt; denn das lange Haar ist ihr anstelle eines Schleiers gegeben. Wenn aber jemand rechthaberisch sein will — wir haben eine solche Gewohnheit nicht, die Gemeinden Gottes auch nicht." (1. Korinther 11,11-16).

Wenn etwas schief läuft, möchten wir wissen: „Wer trägt die Verantwortung?" Wenn wir eine Beschwerde haben, möchten wir wissen: „Wer ist dafür zuständig?"

Eine grundlegende Bedingung, die jeder von uns an die Welt stellt, ist, dass es jemand geben muss, der die Obhut hat, jemand der verantwortlich ist. Wenn es niemanden gibt, der zuständig ist, entsteht Chaos. Egal, ob wir über die Regierung, Geschäfte, Sport, die Gemeinde, die Familie sprechen, es muss jemanden geben, der die Verantwortung trägt, damit alles richtig funktionieren kann. Wenn etwas schief läuft, muss jemand da sein, der die Richtung angibt, der die Verantwortung übernimmt, der Lösungen schafft. Aus diesem Grund haben wir die Polizei, Feuerwehr, Bürgermeister, Gouverneure, Soldaten, Präsidenten, Handwerker. Das sind Leute, denen wir die Vollmacht erteilt haben, für bestimmte Bereiche unserer Bedürfnisse die Verantwortung zu übernehmen. Das ist auch der Grund, warum die Familie einen Ehemann und Vater hat.

Die oberste Leitung

Wie in allen anderen Bereichen muss es auch in der Familie jemand geben, der die Verantwortung trägt. Nach dem biblischen Plan soll der Mann der Leiter sein und die endgültige Autorität zu Hause haben. Der Apostel Paulus erklärt den Ablauf der Autorität so: „Ich will aber, dass ihr wisst, dass Christus das Haupt jedes Mannes ist, der Mann aber das Haupt der Frau, Gott aber das Haupt des Christus." (1. Korinther 11,3). Die Pyramide dieser Untervollmachten ist ganz einfach und sieht folgendermaßen aus:

Was die Ehe und die Familie betrifft, hat Gott bestimmt, dass der Mann die grundlegende Leitung übernehmen soll. Letztendlich ist er für alles verantwortlich, was innerhalb der Familie geschieht. Die Bibel bezeichnet das als oberste Leitung.

Die Familie ist keine Demokratie. Paulus beschreibt sie als eine Theokratie (Gottesherrschaft)! Sie muss von Gott regiert werden. Er hat ein sehr präzises Autoritätssystem aufgestellt, nach dem die Familie regiert werden soll.

Gott, der Vater, hat Seinem Sohn Jesus Christus die Autorität gegeben. Im biblischen Sinne wird Christus als das „Haupt" der

Gemeinde bezeichnet, die Sein Leib ist (Epheser 5,23; Kolosser 1,18; 2,19). Christus wiederum hat dem Ehemann/Vater Vollmacht gegeben, eine christusähnliche Leitung zu Hause nachzuahmen. Die Ehefrau/Mutter soll sich ihrem Ehemann unterordnen, so wie die Gemeinde sich Christus unterordnet (Epheser 5,22). Zuletzt sollen die Kinder ihre Eltern ehren (Kolosser 3,20). Jedes Familienmitglied muss eine Aufgabe erfüllen, eine Aufgabe, die Gott speziell für sie oder ihn bestimmt hat. In einem Indianerstamm kann nicht jeder der Häuptling sein. In einer Familie kann nicht jeder die Verantwortung tragen. Gott hat diese Position für den Mann reserviert.

Zurück zum Garten

Es gibt Vermutungen, dass Adam und Eva, unsere ursprünglichen Eltern, vor dem Sündenfall in allen Bereichen eine ebenbürtige Basis hatten. Das entspricht nicht dem, was die Schrift lehrt: „Denn der Mann kommt nicht von der Frau, sondern die Frau vom Mann; auch wurde der Mann nicht um der Frau willen erschaffen, sondern die Frau um des Mannes willen." (1. Korinther 11,8.9).

Gott hatte schon von Anbeginn der Schöpfung den Plan, dass Er dem Mann die oberste Leitung und Verantwortung geben würde. Das ist der Grund, erklärt uns Paulus, warum Er zuerst den Mann geschaffen hat und danach die Frau.

Mir ist klar, dass einige mit diesem Prinzip nicht einverstanden sind. Paulus muss ihre Einwände schon vorausgeahnt haben, denn er beendet seine Debatte mit der Bemerkung: „Wenn aber jemand rechthaberisch sein will – wir haben eine solche Gewohnheit nicht, die Gemeinden Gottes auch nicht." (1. Korinther 11,16). Mit anderen Worten, dieses Prinzip ist unantastbar. Das ist die einzige Struktur, die Gott anerkennt.

Zugegeben, eine Ehe ist in vieler Hinsicht wirklich eine Partnerschaft – eine Partnerschaft zwischen Mann und Frau. Aber selbst in Partnerschaften braucht man einen „leitenden" Partner. Die meisten Partnerschaften missglücken, weil die

Leute zu spät gemerkt haben, dass sie eine Autorität mit klaren Linien brauchen, dass einer der beiden Partner die letzte Entscheidung treffen muss.

Liebevolle Leiter

Wenn eine Familie so funktioniert, wie Gott sie geplant hat, wird der Ehemann sie auf ruhige, freundliche und liebevolle Art leiten. Er leitet sie mit einer ihm angeborenen Stärke und Zuversicht, die Gott ihm in seiner Rolle als Familienoberhaupt gegeben hat. Als solcher ist er der „Servant Leader" (dienender Leiter) seines Hauses, genauso wie Jesus uns während Seines Dienstes auf Erden die „Servant Leadership" (dienende Leitung) vorgelebt hat. Er fasste dieses Prinzip mit den folgenden Worten zusammen: „Der Größte aber unter euch soll euer Diener sein." (Matthäus 23,11).

Früher haben wir die Regierungsangestellten als „öffentlich Bedienstete" oder als „Arbeitnehmer im öffentlichen Dienst" bezeichnet, weil es ihre Aufgabe ist, der Öffentlichkeit zu dienen. Wir, das Volk, haben sie bevollmächtigt, uns zu regieren, zu schützen, zu verteidigen und den Staatsangehörigen zu dienen.

Ehemänner sind auf ähnliche Weise „Familienbedienstete". So wie Gott bestimmt hat, dass eine Regierung über eine Nation herrschen soll (Römer 13,1-7), so hat Er auch bestimmt, dass Ehemänner und Väter über ihre Familie herrschen sollen. Ausschlaggebendes Motiv sollte das Dienen sein und nicht die Ausübung roher Gewalt über andere.

Wenn ein Mann hin und her läuft und dabei seine Stimme erhebt und Drohungen ausspricht, wenn er versucht zu manipulieren und Zwang auszuüben, damit er die Kontrolle behält, hat er absolut nicht verstanden, worum es geht. Er versucht, seine Rolle als Familienoberhaupt durchzusetzen, anstatt es Gott zu ermöglichen, sie sichtbar werden zu lassen. Er hat noch nicht verstanden, dass der Zweck eines gottgefälligen Familienoberhaupts nicht die Kontrolle, sondern der Dienst ist, nicht nur zu herrschen, sondern auch zu segnen, sich um den anderen zu kümmern und ihn zu schützen.

Das Beispiel des Josua

Als Josua von Gott zum Nachfolger Moses berufen wurde, übernahm er eine sehr machtvolle Position. Das Volk wollte ihm bereitwillig folgen, aber es gab eine Bedingung: „Wie wir Mose gehorsam gewesen sind, so wollen wir auch dir in allem gehorsam sein; wenn nur der Herr, dein Gott, mit dir ist, wie er mit Mose war!“ (Josua 1,17). Das war eine ziemlich konditionale Überantwortung. Sie sagten damit: „Wir entscheiden uns zunächst einmal zu deinen Gunsten. Aber du musst uns beweisen, dass du wirklich der Auserwählte Gottes bist.“

Ein unbedeutenderer Mann hätte jetzt angefangen, Pläne zu schmieden, wie er seinen Wert beweisen könnte, doch Josua überließ es Gott, für ihn zu werben. Schließlich war es Gott, der ihn „aufsteigen ließ“, und Gott würde ihm auch den Erfolg geben. Hören Sie, welche Verheißung Gott Josua gab: „Heute will ich anfangen, dich vor ganz Israel groß zu machen, damit sie wissen, dass ich mit dir sein werde, wie ich mit Mose gewesen bin.“ (Josua 3,7).

Wie hat Gott Sein Wort erfüllt? Er teilte das Wasser des Jordans, als gerade Hochwasser war, und das Volk Israel ging auf trockenem Boden hindurch. Hören Sie, was dann dem heiligen Bericht zufolge geschah: „An diesem Tag machte der Herr den Josua groß vor den Augen von ganz Israel; und sie fürchteten ihn, wie sie Mose gefürchtet hatten, sein ganzes Leben lang.“ (Josua 4,14). Sie hatten nicht nur Respekt vor ihm, sondern sie „fürchteten“ ihn!

Alles, was Josua tun musste, war, auf Gottes Stimme zu hören und Seinen Anordnungen zu gehorchen. Tatsächlich wäre Josua zu beschäftigt gewesen, Gottes Anweisungen zu hören, wenn er versucht hätte herauszufinden, wie er sich selbst beweisen könnte.

Meine Herren, gehen Sie nicht in die Falle, indem Sie versuchen, durch menschliche Kraft oder Fähigkeit zu beweisen, dass Gott Sie als Oberhaupt Ihrer Familie berufen hat. Selbst wenn kein anderer daran glaubt – es ist das von Gott bestimmte Ideal. Es ist eine Tatsache des Lebens. Konzentrieren Sie sich darauf, dem Herrn treu zu sein, und Er wird Ihre Familie nach den Prinzipien Seines Wortes aufbauen.

Sie können damit rechnen, dass Sie auf Widerstand stoßen werden, wenn Sie anfangen, Ihre neue Rolle einzunehmen. Satan will nicht, dass Sie sich wie ein gottgefälliger Mann verhalten. Er will nicht das Beste, das Gott für Sie und für Ihre Familie bereithält. Er wird alles tun, um Sie zu entmutigen und Ihnen von der Verpflichtung abzuraten, ein gottgefälliger Ehemann und Vater zu werden.

Der Widerstand kann von denen kommen, die Sie am meisten lieben – von Ihrer Frau und Ihren Kindern. Das auszuhalten ist für einen Mann extrem schmerzhaft. Aber geben Sie nicht auf. Akzeptieren Sie es vielmehr als den Willen Gottes für Ihr Leben. Wenn Sie gedemütigt und in Verlegenheit gebracht werden, wenn Ihre Gefühle verletzt sind, geschieht das, weil es das ist, was in Ihrem Leben geschehen muss, damit Sie als Mann so werden, wie Gott Sie gewollt hat. Wenn Ihre Frau und Ihre Kinder Sie nicht akzeptieren, ärgern Sie sich nicht und seien Sie auch nicht deprimiert. Freuen Sie sich stattdessen, weil Sie wissen, dass Sie die Leiden Christi tragen. Paulus zählte solch einen Umstand als Gelegenheit, sich zu rühmen: „Darum habe ich Wohlgefallen an Schwachheiten, an Misshandlungen, an Nöten, an Verfolgungen, an Ängsten um des Christus willen; denn wenn ich schwach bin, dann bin ich stark“ (2. Korinther 12,10).

Wenn Sie treu dem Willen des Herrn folgen, wird Er die Herzen derer verändern, die sich Ihnen widersetzen. Er wird Ihnen die Anerkennung Ihrer Familie schenken, indem Er ihnen zeigt, dass Er Sie zum Haupt Ihrer Familie berufen hat.

Ich will Ihnen zwei Schriftstellen mitgeben, an denen Sie sich festhalten können, bis das passiert:

> „Lasst uns aber im Gutestun nicht müde werden; denn zu seiner Zeit werden wir auch ernten, wenn wir nicht ermatten." (Galater 6,9).

> „Darum, meine geliebten Brüder, seid fest, unerschütterlich, nehmt immer zu in dem Werk des Herrn, weil ihr wisst, dass eure Arbeit nicht vergeblich ist im Herrn!" (1. Korinther 15,58).

Machen Sie langsam

Ich möchte Ihnen noch eine Mahnung mit auf den Weg geben. Machen Sie langsam! Wann immer Sie über eine wesentliche Veränderung in Ihrem Leben nachdenken, behalten Sie diese für lange Zeit in Ihren Gedanken, bevor Sie versuchen, sie auf umstehende Personen anzuwenden.

Als Pastor musste ich diese Lektion am eigenen Leib erfahren. Am Anfang meines Dienstes besuchte ich Konferenzen oder Seminare. Dort hörte ich von neuen Methoden, wie ich meinen Dienst versehen konnte. Es hörte sich so großartig an, dass ich die Veränderungen gleich anwenden wollte, sobald ich nach Hause kam. Ich war jedes Mal schockiert, wenn sich die Leute in meiner Gemeinde dem widersetzten oder negativ darauf reagierten. Ich warf ihnen vor, dass sie sich Gott widersetzten, dem Herrn nicht zuhörten, dass sie rebellisch waren.

Im Laufe der Jahre habe ich gelernt, dass ich diesen lieben Menschen gegenüber unfair war. Ich hatte noch nicht einmal selbst gelernt, das zu leben, was ich von ihnen erwartete. Ich hatte Gott nicht die Gelegenheit gegeben, mir zu zeigen, ob dies überhaupt Sein Wille für unsere Gemeinde war.

Viele dieser Menschen wurden sehr wütend auf mich. Ich bin sicher, dass einige von ihnen mir immer noch böse sind. Und das ist meine Schuld. Wenn das, was ich tun wollte, wirklich vom Herrn war, dann hätte Er es ihnen allmählich gezeigt, so wie Er es mir gezeigt hatte. Genauso könnte es auch sein, dass Ihre Frau und Ihre Kinder Sie nicht sofort in Ihrer neuen Rolle als Familienoberhaupt akzeptieren, besonders wenn Sie bisher nicht treu darin waren, sie zu leiten und ihnen noch vor Ihren eigenen Bedürfnissen zu dienen. Sie sind es nicht gewohnt, dass Sie Pflichten auf sich nehmen und Interesse und Fürsorge für Bereiche zeigen, die Sie früher vernachlässigt haben. Sie haben sich daran gewöhnt, viele Dinge selbst zu tun und nicht mehr länger auf Ihre Leitung und Unterstützung zu warten.

Machen Sie also langsam. Überlassen Sie es dem Herrn, für Hinweise auf Ihre Leitung zu sorgen. Überlassen Sie es dem Herrn, ihnen zu zeigen, dass sie auf der sicheren Seite sind, wenn sie sich Ihrer Führung unterordnen. Gehen Sie Ihre Rolle so an, wie Jesus es tat, als Er den Menschen auf der Erde erschien. Sie sollten dieselbe Haltung haben wie Jesus Christus:

> „… der, als er in der Gestalt Gottes war, es nicht wie einen Raub festhielt, Gott gleich zu sein; sondern er entäußerte sich selbst, nahm die Gestalt eines Knechtes an und wurde wie die Menschen; und in seiner äußeren Erscheinung als ein Mensch erfunden, erniedrigte er sich selbst und wurde gehorsam bis zum Tod, ja bis zum Tod am Kreuz. Darum hat ihn Gott auch über alle Maßen erhöht und ihm einen Namen verliehen, der über allen Namen ist, damit in dem Namen Jesu sich alle Knie derer beugen, die im Himmel und auf Erden und unter der Erde sind, ..." (Philipper 2,6-10)!

Jesus besaß alle Macht und Autorität des Himmels und der Erde. Er kam, um über Sein Königreich – die Herzen der Menschen – zu herrschen, aber Seine Absicht war, die Herzen der Menschen zu „gewinnen", und nicht, ihren Körper zu kontrollieren. Darum „entäußerte er sich selbst und nahm die Gestalt eines Knechtes an", und „er erniedrigte sich selbst". Was kam dabei heraus? „Darum hat ihn Gott auch über alle Maßen erhöht und ihm einen Namen verliehen, der über allen Namen ist." Vergessen Sie nicht: Wenn Sie sich selbst erniedrigen, wird Gott auch Sie erhöhen (Matthäus 23,12; 1. Petrus 5,6).

Männer, die nicht leiten wollen

Heute gibt es in vielen Ehen zwei Probleme, die den göttlichen Plan für die Familie unterminiert haben: 1. Ehemänner, die nicht leiten wollen und 2. Ehefrauen, die nicht folgen wollen. Das Ergebnis sind frustrierte Männer, wütende Ehefrauen und Kinder, die die Autoritätsstruktur der Familie nicht mehr länger respektieren.

Warum ist das so? Ich glaube, das liegt hauptsächlich an der Verwirrung, die über die männliche und die weibliche Rolle herrscht. Sowohl Männer als auch Frauen sind sich unsicher darin, wie ihre Beziehung zueinander aussehen soll. Die Männer sind oft zu sehr eingeschüchtert, ihre männliche Rolle zu erfüllen. Die Frauen haben Angst davor, ihnen diese Rolle zu überlassen.

Wie sind wir in diese Situation hineingeraten? Unsere Eltern schienen nicht so große Probleme gehabt zu haben, ihren Platz zu kennen. Sie betrachteten es als selbstverständlich, dass Männer und Frauen unterschiedlich sind. Sie hatten akzeptiert, dass dieser Unterschied das Ergebnis von Gottes schöpferischem Plan war. Sie waren nicht empört darüber, dass Männer andere Interessen zeigten als Frauen, oder dass sie anders auf bestimmte Situationen reagierten. Durch ihre Akzeptanz und Unterwerfung unter diese Unterschiede konnten sie größtenteils ohne Schuldgefühle und Verwirrung ihrer alltäglichen Arbeit nachgehen. Sie erfreuten sich an den Unterschieden, anstatt diese als Schlachtfeld des Lebens zu betrachten.

Doch in den späten 60er Jahren gab es eine neue Flutwelle des Denkens. Eine Gruppe gesellschaftlicher Aktivisten, die die darwinistische Evolution zur Grundlage ihres Denkens hatte, behauptete, dass Männer und Frauen in Wirklichkeit gleich wären. Sie stellten fest, dass Jungen und Mädchen das gleiche Verhalten und dieselbe Einstellung entwickeln, wenn sie in derselben Umgebung aufwachsen und denselben Reizen ausgesetzt sind. Positionen in der Mathematik und Wissenschaft, in der Regierung und Unternehmungsführung wären bald von ebenso vielen Frauen wie Männern besetzt, vielleicht sogar mehr noch von Frauen! Schließlich wurde mit Vorliebe behauptet: „Der beste Mann für diesen Job ist eine Frau!"

Heute wissen wir, dass es zwischen den beiden Geschlechtern tief greifende, angeborene Unterschiede gibt, die bis auf unsere DNA-Moleküle zurückverfolgt werden können. George Gilder hat in seinem ursprünglich bahnbrechenden Werk *Men and Marriage*, in dem er den Konsens der wissenschaftlichen Beweislage zusammenfasste, behauptet:

> Die ultimative Vision der „Sexualrechtler": Die beiden Geschlechter sind im Wesentlichen identisch, im unwesentlichen und willkürlichen Sinne gespalten. Im Laufe der Jahrhunderte wäre den meisten Menschen diese Ansicht grotesk vorgekommen. Und so ist das auch heute. Denn nach all diesen Jahren bestätigen die Wissenschaftler endlich, was der Laie schon immer gewusst hat: dass es tiefgreifende und hartnäckige biologische Unterschiede zwischen den Geschlechtern gibt, mit der jede Gesellschaft zurechtkommen muss ... von der Empfängnis bis zum Erwachsenenalter sind Männer und Frauen verschiedenen hormonellen Einflüssen ausgesetzt, die ihren Körper, ihr Gehirn und ihr Temperament auf verschiedene Art und Weise prägen ... Die Geschlechter sind maßgeblich anders geartet, sogar bei der Gestaltung ihres Gehirns während der Zeit im Mutterleib.[22]

Ganz innen, in unserem menschlichen Kern, ist unser Gehirn unterschiedlich strukturiert, was wiederum die Art und Weise unterscheidet, wie Männer und Frauen denken, handeln und auf Lebenssituationen reagieren. Wegen dieser Unterschiede bringt jedes Geschlecht völlig unterschiedliche Eigenschaften mit ins Leben.

Wer etwas anderes behauptet, passt in die Kategorie, die der Apostel Paulus im Römerbrief darstellt:

> „Denn obgleich sie Gott erkannten, haben sie ihn doch nicht als Gott geehrt und ihm nicht gedankt, sondern sind in ihren Gedanken in nichtigen Wahn verfallen, und ihr unverständiges Herz wurde verfinstert. Da sie sich für weise hielten, sind sie zu Narren geworden ..." (Römer 1,21.22).

Leider leben die meisten Männer und Frauen noch nach den alten Vorstellungen. Diese Aktivisten waren damals in der Lage, lange und laut genug für ihre Vorstellungen zu werben, so dass sie mit Erfolg eine ganze Generation von etwas überzeugen konnten, was absolut falsch ist.

Für viele von uns ist es an der Zeit, dass wir uns ohne Schuldgefühle und Rechtfertigung so verhalten, wie es von Gott geplant war. Männer sind Männer, und Frauen sind Frauen, und so soll es immer sein.

Vernachlässigung?

Weil die Rollenverteilung so verwirrend ist und der Schwerpunkt zunehmend auf die persönliche Befriedigung gelegt wird, ist es so üblich geworden, dass die Männer sich von den Pflichten abgewendet haben, die Gott ihnen auferlegt hat. Anstatt die Leitung zu übernehmen und die Last der Verantwortlichkeiten in einer Familie zu tragen, entscheiden sie sich, diese zu ignorieren oder vor ihnen davonzulaufen.

In manchen Fällen haben sich die Männer einfach aus dem Staub gemacht und eine Frau und Kinder zurückgelassen, die nun für sich selbst sorgen müssen. Doch eine noch typischere Form der Flucht ist der „Rückzug". In diesem Fall ist der Mann vielleicht körperlich anwesend, aber er hat sich so weit zurückgezogen, dass die Frau gezwungen ist, die meiste Zeit über die Führungsrolle zu übernehmen und Entscheidungen selbst zu treffen.

Ich bezeichne diese Art des Rückzugs als emotionale Vernachlässigung. Das passiert dann, wenn der Mann so sehr mit seinem eigenen, eng begrenzten Terminplan beschäftigt ist, dass er die dringenden Bedürfnisse seiner Frau und seiner Familie entweder ignoriert oder vernachlässigt. Das nimmt seiner Frau das Gefühl, von ihm beschützt und versorgt zu werden, was so wesentlich ist für ihr Wohlbefinden. Oft ist das dann der Auslöser für die Nörgeleien und Spitzfindigkeiten, über die sich die Männer so häufig beschweren.

Lieber John

Ich finde es verblüffend, wie viele Männer eines Abends in ein leeres Zuhause kommen, in dem sie nur einen Brief mit der Überschrift „Lieber John“ vorfinden, der sie vom Weggang ihrer Frau informiert. Sie sind fassungslos und verwirrt. Gab es denn keine Anhaltspunkte, Anzeichen oder Hinweise für das, was geschehen war?

Jedes Mal, wenn ich in solch einem Fall nachgeforscht habe, stellte ich fest, dass es eine ganze Menge solcher Anzeichen gegeben hatte. Drohungen waren ausgesprochen worden, es gab kurze Trennungszeiten, Versuche, zu einem Eheberater zu gehen, Bücher und Hefte waren auf dem Wohnzimmertisch hinterlassen worden – das alles war vergeblich. Der arme Mann hatte einfach von allem abgeschaltet, was ihm unangenehm erschien.

Schließlich beschloss seine früher noch geliebte Ehefrau, dass die Frustration zu schwer zu ertragen war. „Es ist einfacher, alleine zurecht zu kommen, als den Schmerz der Isolation noch länger durchzuhalten“, habe ich sie oft sagen hören. „Was macht das schon für einen Unterschied? Ich habe jahrelang alleine gelebt. Jetzt habe ich wenigstens weniger schmutzige Wäsche und Geschirr zu waschen als vorher.“

Ich befürworte oder empfehle diese Reaktion absolut nicht. Aber ich habe sie nur allzu häufig beobachten können. Vielleicht geben diese Frauen zu schnell auf. Es sieht so aus, als würde der Toleranzpegel der Frauen immer mehr sinken. Immer mehr Frauen sind immer weniger bereit, schwierige Situationen auszuhalten, aber das ist keine Entschuldigung für den Mann. Er muss seinem Versagen wie ein Mann klar ins Auge sehen.

Diese Männer sind nicht dumm. Aber keiner von uns hat hinten Augen. Wenn wir uns in die falsche Richtung bewegen, wenn wir das, was um uns herum geschieht, vernachlässigen, werden wir selbst die deutlichsten Anzeichen übersehen. Manchmal geschieht das aus Unwissenheit, manchmal auch aus Verweigerung, aber am Ende kommt dasselbe dabei heraus: Vernachlässigung. Manche Menschen können sich von bestimmten „Dingen" so einwickeln lassen, dass sie all dem keine Aufmerksamkeit mehr schenken, was im wichtigsten Bereich ihres Lebens schief läuft.

Das Zuhause leiten

Ehemänner, die sich der Verantwortung entziehen, machen sich, normalerweise unwissentlich, schuldig, weil sie entscheidende Pflichten innerhalb der Familie „vernachlässigen". Als Paulus anfing, die Qualifikationen eines geistlichen Leiters im 1. Timotheusbrief darzustellen, drehte sich dabei vieles um das Familienleben eines Mannes. Insbesondere stellte er fest: „... Einer, der seinem eigenen Haus gut vorsteht und die Kinder in Unterordnung hält mit aller Ehrbarkeit – wenn aber jemand seinem eigenen Haus nicht vorzustehen weiß, wie wird er für die Gemeinde Gottes sorgen? – ..." (1. Timotheus 3,4.5).

Es gibt einen offensichtlichen Rückschluss, den man aus den Worten Paulus´ ziehen kann: Führung erfordert Aufmerksamkeit. Das griechische Wort, das wir mit „vorstehen" übersetzen (*proistemi*), bedeutet „beaufsichtigen, über etwas walten, ein Beschützer oder Wächter sein, Hilfestellung geben, sich kümmern, sich befassen mit". Das ist kein beiläufiges Unterfangen. Es erfordert gezielte Konzentration und Energie. Man muss diese Aufgabe mit dem höchsten Maß an Ernsthaftigkeit angehen.

Warum trifft das auch auf das Familienleben zu? Ehen und Familien wachsen nicht von selbst. Ein starkes, glückliches, gesundes und erfolgreiches Zuhause ist das Resultat von Ehemännern, Ehefrauen, Müttern und Vätern, die sich bewusst entschieden haben, all jene Dinge zu tun, die zu einem positiven Ergebnis führen (Sprüche 22,6). Umgekehrt sind ungesunde Ehen und Familien das Resultat von Vernachlässigung.

Das sollte für uns einleuchtend sein. Wir können es überall um uns herum beobachten. Wenn der Fernseher unser liebster Zeitvertreib und unsere Hauptquelle ist, von der wir unsere Informationen und kulturelle Bildung beziehen (wie das bei den meisten Haushalten üblich ist), werden sowohl Ehen als auch Familien emotional, intellektuell und geistlich mangelernährt. Das ist so, als ob wir bei unserem Auto nie einen Ölwechsel durchführen lassen. Es wird erstaunlich lange damit gefahren, aber irgendwann werden die schlechten Eigenschaften des verbrauchten Altöls den Motor beschädigen und dessen Leistungsfähigkeit beeinträchtigen. Familien neigen, ähnlich wie Autos, dazu, in den entscheidendsten Momenten zu zerbrechen und zu versagen, nämlich dann, wenn sie eigentlich am stabilsten sein sollten. Warum? Weil wir in diesen Momenten unter einem hohen Druck stehen und unsere schwächsten Glieder offenbaren, wie stark oder schwach sie wirklich sind.

Die meisten von uns wissen das bereits, aber wir haben uns nicht unserem Wissen gemäß verhalten. Wir sind zu beschäftigt mit anderen Dingen. Wir müssen bis zum Gehtnichtmehr an unserer Karriere arbeiten, Projekte zu Ende führen, Geld verdienen, Urlaub planen, Ballspiele im Fernsehen anschauen, unsere Hobbys ausbauen. Jeder mag einen anderen Grund haben, und wir folgern daraus, dass wir eben verschieden sind. Doch das Resultat ist letztendlich dasselbe. Zu viele von uns leben in einem Haushalt, der aus Mitbewohnern statt aus Familienmitgliedern besteht.

Es geht um die richtigen Prioritäten

Oft haben mich die Worte des Herrn an Jona herausgefordert und ermutigt: „Die sich an nichtige Götzen halten, verlassen ihre Gnade ..." (Jona 2,9). Dies hat sich immer als treffende Beschreibung des Problems erwiesen, dem die meisten von uns gegenüberstehen. Wir werden oft in die Irre geführt und dazu verleitet, den falschen Dingen nachzulaufen. Wir lehnen unsere Leiter gegen eine Wand und verbringen einen Großteil unseres Lebens mit dem Versuch, die Spitze zu erreichen. Wenn wir endlich oben angekommen sind, stellen wir fest, dass wir die falsche Wand erklommen haben. Unsere Prioritäten waren völlig verkehrt gesetzt.

Heute ist es viel schwieriger als früher, richtige Entscheidungen zu treffen und Prioritäten in der richtigen Reihenfolge zu setzen. Wir haben immer weniger freie Zeit zur Verfügung. Die wenige freie Zeit, die uns bleibt, wird bombardiert mit Bildern und Nachrichten aus den Medien, denen wir allen eine wesentliche Bedeutung geben. Sie widersprechen oft dem oder fordern das heraus, was wir für wahr erachten. Wir werden in sämtliche Richtungen gezerrt. Die meisten Menschen, mit denen ich spreche, können mir nicht klar sagen, in welche Richtung ihr Leben geht. Sie leben einfach Tag für Tag. Es gibt keinen Plan, keine Strategie, keine Wahrnehmung einer Berufung oder einer Bestimmung.

In welche Richtung bewegen Sie sich?

Da ist es doch kein Wunder, dass es heute so wenige Leiter gibt. Da bewahrheitet sich das Sprichwort: „Wer den Weg nicht kennt, verirrt sich leicht." Jesus hat uns gesagt, wohin dieses „Verirren" führt: „Lasst sie; sie sind blinde Blindenleiter! Wenn aber ein Blinder den anderen leitet, werden beide in die Grube fallen." (Matthaus 15,14).

Die Lehren Jesu sind voller Herausforderungen, wie wir unser Leben auf die richtige Art und Weise führen sollen. Uns wird gesagt, dass wir unser Haus auf Felsengrund bauen sollen und nicht auf Sand (Matthäus 7,24-27), dass wir zuerst nach dem Königreich Gottes und nach Seiner Gerechtigkeit trachten sollen (Matthäus 6,33), dass es keinen Gewinn gibt, wenn wir die ganze Welt gewinnen und unser Leben verlieren (Matthäus 16,26) – und noch viele andere Hinweise. Er fordert den Bibelleser wiederholt heraus, richtige Entscheidungen zu treffen.

Die Fragen, die jeder von uns sich immer wieder stellen muss, sind: „Welche Macht kontrolliert mein Leben? Welche Leidenschaft in mir treibt mich an? Was entscheidet und bestimmt die Art, wie ich meine Zeit und meine Energie verbringe und wie ich mein Geld ausgebe?"

Jesus hat genau erklärt, wie diese richtige Entscheidung aussehen muss:

> „Ihr sollt euch nicht Schätze sammeln auf Erden, wo die Motten und der Rost sie fressen und wo die Diebe nachgraben und stehlen. Sammelt euch vielmehr Schätze im Himmel, wo weder die Motten noch der Rost sie fressen und wo die Diebe nicht nachgraben und stehlen! Denn wo euer Schatz ist, da wird auch euer Herz sein." (Matthäus 6,19-21).

Kopfwissen gegen Herzwissen

Wenn ich Christen (Männern) die Frage stelle, welche Prioritäten sie in ihrem Leben haben, geben die meisten von ihnen mir die richtige Antwort: zuerst Gott, dann meine Familie und zuletzt mein Beruf. Wer lange genug eine Gemeinde besucht hat, hat gelernt, wie solche Fragen beantwortet werden müssen. Aber nur wenige von uns befolgen diese Prioritäten auch tatsächlich.

Vor vielen Jahren kam ein Pastor aus einer anderen Gemeinde mit seiner Frau zu mir in mein Büro. Sie suchten Seelsorge für ihre Ehe. Sie lebten in einer Stadt, die 150 Meilen entfernt lag und hatten den langen Weg auf sich genommen, weil sie nicht wollten, dass irgendjemand aus ihrem Ort oder ihrer Gemeinde erfuhr, dass sie Eheprobleme hatten.

Wir begannen unser Gespräch, und nach ungefähr einer Stunde spürte ich einen Widerstand, der von dem Mann ausging. Ich bat die Frau, den Raum für ein paar Minuten zu verlassen. Dann stellte ich ihn auf die Probe. Während wir uns unterhielten, fing der Mann an, meinen Fragen auszuweichen. Und als ich Bibelverse zitierte, fuhr er mich an: „Ich weiß, was in der Bibel über die Ehe steht. Ich habe es versucht, aber es funktioniert nicht."

Hier saß ein Mann vor mir, der jede Woche seiner Gemeinde erzählte, dass die Bibel zuverlässig ist, dass sie ihr Leben auf die Lehren der Bibel gründen und ihnen vertrauensvoll und unerschütterlich folgen sollen. Und doch stellte er in Frage, ob sie sich auch auf seine Ehe anwenden ließen.

Anfangs war ich bestürzt über seine Antwort. Dann erinnerte ich mich daran, dass ich ein paar Jahre zuvor Ähnliches empfunden, aber dann erkannt hatte, dass ich selbst das Problem war und nicht die Bibel.

Sehen Sie, viele von uns kennen die Worte der Bibel, aber wir haben uns nie ganz verpflichtet, sie vollständig zu befolgen. Wir halten uns zurück, weil wir Angst haben, dass Gottes Wort uns im Stich lässt. Die Konsequenz ist, dass wir es nie in seiner ganzen Fülle erlebt und erfahren haben.

Gottes Wort wird für uns zur Realität, wenn wir Ihm gestatten, es an unserem Leben zu beweisen. Doch das ist mit einem Risiko verbunden. Das ist der schwierige Teil des Glaubens. Männer und Frauen des Glaubens sind Risikoträger. Sie haben es riskiert, alles zu verlieren, um die Fülle in Christus zu erreichen (Philipper 3,7-11).

Ich setzte mein Gespräch mit dem Mann fort und erklärte ihm, was ich über mich selbst herausgefunden hatte: „Sie kennen die Bibel nicht wirklich. Wenn Sie sie wirklich kennen würden, würden Sie sie auch anwenden. Alles, was Sie über das Wort Gottes wissen, ist reines Kopfwissen. Erst, wenn Sie zulassen, dass es auch Ihr Herz durchdringt, werden Sie sagen können, dass Sie es wirklich kennen, weil Sie dann seine Kraft durch den Glauben erfahren haben. Dann werden Sie erkennen, dass es funktioniert."

Zu viele Christen sind irrtümlicherweise überzeugt davon, dass sie eine christliche Ehe führen, weil sie Christen sind, zur Gemeinde gehen und in einer Gemeinde geheiratet haben. Wer in einer Garage lebt, ist deshalb kein Auto. Wer zur Gemeinde geht, ist deshalb nicht automatisch ein Christ. Einen Christen zu heiraten bedeutet nicht gleichzeitig, eine christliche Ehe zu führen. Das erreichen wir erst dann, wenn wir die biblischen Prinzipien und Prioritäten in unserer Ehe auch anwenden.

Wo fange ich an?

Den meisten Männern ist klar, dass ihre Hauptaufgabe als Ehemann und Vater ist, für die Familie zu sorgen. Leider neigen sie dazu, ihre Rolle als Versorger nur sehr eng zu definieren – sie begrenzen sie auf die finanzielle Fürsorge.

Natürlich ist es wichtig, die finanziellen Bedürfnisse der Familie zu erfüllen. Dazu sagt die Bibel so viel: „Wenn aber jemand für die Seinen, besonders für seine Hausgenossen, nicht sorgt, so hat er den Glauben verleugnet und ist schlimmer als ein Ungläubiger." (1. Timotheus 5,8).

Man könnte es korrekterweise so ausdrücken, dass an dieser Stelle der Mann damit beginnt, seine Familie zu versorgen und ihr zu dienen. Doch ein Versorger ist noch viel mehr als einer, der für das Essen auf dem Tisch, die Kleidung seiner Kinder und für ein Dach über dem Kopf sorgt. Ein Mann muss auch die geistliche Leitung und die emotionale Rückenstärkung übernehmen.

Geistliche Leitung

Die geistliche Leitung sollte auf der Prioritätenliste des Mannes als Versorger seiner Familie ganz oben stehen. Und doch wird sie oft am meisten vernachlässigt. In vielen Familien betrachtet der Mann die geistlichen Angelegenheiten als Frauendomäne. Geistlichkeit bezeichnen viele als feminin.

Nichts könnte weiter von der Wahrheit entfernt sein. Man muss nur das Leben Jesu und der Apostel studieren, um festzustellen, dass die Geistlichkeit eine der männlichsten Gesinnungen ist, die ein Mann haben kann. Es gehört eine große Portion Mut dazu, denn wenn ein Mann sich erst einmal entschieden hat, sein Leben allein Gott zu weihen, wird er mit unzähligen Herausforderungen und großen Widerständen konfrontiert.

Grenzen

Als Gott das Volk Israel ins Land Kanaan brachte, teilte Er ihnen mit, wo die Grenzen ihrer Nation liegen sollten. Sie sollten alles in Besitz nehmen, was innerhalb dieser Grenzen lag, aber nichts, was sich außerhalb davon befand. Auf ähnliche Weise gab Er ihnen auch gesellschaftliche Grenzen: Gesetze, Satzungen und Verordnungen. Das war der Rahmen, der ihre Einstellung und ihr Verhalten anderen gegenüber bestimmen sollte.

Ähnlich zeigt auch das Neue Testament die Grenzen der Gemeinde auf. Wir sind Gottes Kinder, Sein erkauftes Eigentum, Seine Diener. Wir sind Sein Königreich und wir sollen in unserem Leben immer mehr von Seinem himmlischen Königreich erobert und eingenommen werden. Unser Ziel ist nicht, etwas für Gott zu „tun", sondern mehr wie Christus zu „werden". Paulus vergleicht die beiden Seiten dieses Prozesses im Römerbrief miteinander:

> „Denn die er zuvor ersehen hat, die hat er auch vorherbestimmt, dem Ebenbild seines Sohnes gleichgestaltet zu werden, damit er der Erstgeborene sei unter vielen Brüdern." (Römer 8,29).

> „Und passt euch nicht diesem Weltlauf an, sondern lasst euch [in eurem Wesen] verwandeln durch die Erneuerung eures Sinnes, damit ihr prüfen könnt, was der gute und wohlgefällige und vollkommene Wille Gottes ist." (Römer 12,2).

Hierin liegt die Herausforderung. Wir müssen es zulassen, dass Gott uns dem Bild Seines Sohnes „anpasst" und müssen der oft viel verlockenderen Alternative widerstehen, uns „der Welt anzupassen".

In mancher Hinsicht kann das sehr bedeutsam werden. Wo werden Sie Ihre Zeit und Energie investieren, um Ihren Wert und Ihre Bedeutung zu gewinnen? Mit wem oder was werden Sie sich identifizieren? Wer wird Ihr Held sein? Ihr Vorbild? Ihr

Mentor? Wem wollen Sie ähnlich sehen, wenn Sie in den Spiegel schauen? Wem eifern Sie nach, wenn keiner Sie sieht?

Die Bibel sagt uns, dass unsere größte Sorge ein Leben sein sollte, das Gott gefällt.

> „... damit ihr des Herrn würdig wandelt und ihm in allem wohlgefällig seid: in jedem guten Werk fruchtbar und in der Erkenntnis Gottes wachsend ..." (Kolosser 1,10).

> „... sondern so wie wir von Gott für tauglich befunden wurden, mit dem Evangelium betraut zu werden, so reden wir auch - nicht als solche, die den Menschen gefallen wollen, sondern Gott, der unsere Herzen prüft." (1. Thessalonicher 2,4).

Hier liegt unsere größte Schwierigkeit. Zum größten Teil sind wir mehr darum besorgt, „Menschen gefallen zu wollen" als Gott. Unsere Taten decken auf, welches unsere wahren Prioritäten sind. Wir können alles behaupten, was wir wollen, aber „an der Frucht erkennt man den Baum" (Matthäus 12,33). Welche Frucht tragen wir?

Trachtet zuerst nach dem Reich Gottes

Jede Diskussion über den Mann als Versorger der Familie muss mit der geistlichen Leitung anfangen. Warum? Weil das der Punkt ist, an dem wir laut Jesus anfangen sollen: „Trachtet vielmehr zuerst nach dem Reich Gottes und nach seiner Gerechtigkeit, so wird euch dies (Nahrung, Unterkunft, Kleidung) alles hinzugefügt werden!" (Matthäus 6,33).

Das ist der Schlüssel zum Erfolg in allen Lebensbereichen. Gott verspricht uns und garantiert uns, uns mit allem zu versorgen, was wir für unser Leben brauchen, wenn wir uns darauf konzentrieren, Ihn und Sein Königreich (Seinen Willen, Zweck und Plan) zu suchen. Folglich verpflichtet Er sich gegenüber den Ehemännern und Vätern, auch alle anderen Bedürfnisse der Familie zu stillen, wenn sie für die geistliche

Leitung in ihrer Familie sorgen. Sein Segen wird aus ihrer Hingabe an Christus herausfließen.

Es überrascht uns wohl nicht, dass das unsere größte Herausforderung ist. Es ist eine grundlegende Tatsache des Lebens, dass es leichter ist, an das Geld zu glauben, das ich sehen kann, als an den unsichtbaren Gott, den ich nicht sehen kann. Wenn ich dem Wort Gottes in meinem Leben den Vorrang gebe, muss ich im Glauben gehen. Ich muss darauf vertrauen, dass Sein Wort wahr ist.

Die Verwaltung Ihrer Mittel

Ich gehe davon aus, das Sie mir bis hierher zustimmen und Sie motiviert sind, Ihr Leben in die richtige Bahn zu bringen. Jetzt müssen wir uns der Umsetzung zuwenden. Im Grunde geht es hier um die Verwaltung Ihrer Mittel. Sie besitzen nur drei: Ihre Zeit, Ihr Geld und Ihre Energie. Das wichtigste Mittel ist Ihre Zeit. Zeit ist unersetzlich. Wenn wir sie einmal verbraucht haben, ist sie für immer weg. In gewisser Weise ist Geld nur konzentrierte Zeit. Ebenso wie die Energie kann es meine Zeit ertragreicher machen, weil ich mich im Hinblick auf mein Ziel mehr anstrenge.

Das führt natürlich zur Debatte über die Qualität im Vergleich zur Quantität unserer Zeit. In Wirklichkeit ist diese Debatte eher unbedeutend. Wer in seinem Leben ein gutes Ergebnis erzielen will, braucht beides. Ein Produkt, das Qualität hat, ist das Resultat einer Quantität an Zeit, die dafür aufgebracht wurde. Wenn wir operiert werden müssen, interessieren uns drei Fragen, die wir dem Chirurg gerne stellen würden:

1. Haben Sie diese Operation schon einmal durchgeführt?
2. Wie oft?
3. Wie sind die Operationen ausgegangen?

Alle drei Fragen sind sowohl Fragen nach der Quantität als auch nach der Qualität.

Wenn Sie ein erfolgreicher Versorger Ihrer Familie sein wollen, besonders im geistlichen und emotionalen Sinn, wird das Zeit kosten. Gott möchte Sie durch Seinen Geist und durch Sein Wort neu in Seine Schule nehmen. Es ist dieselbe Herausforderung, vor die Paulus die Römer stellte, als er schrieb:

> „Ich ermahne euch nun, ihr Brüder, angesichts der Barmherzigkeit Gottes, dass ihr eure Leiber darbringt als ein lebendiges, heiliges, Gott wohlgefälliges Opfer: das sei euer vernünftiger Gottesdienst! Und passt euch nicht diesem Weltlauf an, sondern lasst euch [in eurem Wesen] verwandeln durch die Erneuerung eures Sinnes, damit ihr prüfen könnt, was der gute und wohlgefällige und vollkommene Wille Gottes ist. Denn ich sage kraft der Gnade, die mir gegeben ist, jedem unter euch, dass er nicht höher von sich denke, als sich zu denken gebührt, sondern dass er auf Bescheidenheit bedacht sei, wie Gott jedem einzelnen das Maß des Glaubens zugeteilt hat." (Römer 12,1-3).

Eine Gewohnheit daraus machen

An früherer Stelle habe ich schon einmal erwähnt, dass ein Mensch 20.000 Stunden Erfahrung braucht, um in einer bestimmten Sache ein „Experte" zu werden. Das ist im menschlichen Sinne enorm viel Zeit. Sie können in keinem Bereich Ihres Lebens vollkommen werden, bis Sie nicht bereit sind, einen angemessenen Zeitraum dafür zur Verfügung zu stellen. Die Zeit macht eine Sache zur Gewohnheit – dasselbe immer und immer wieder tun, bis wir nicht mehr darüber nachdenken und uns anstrengen müssen. Das ist die Definition der Gewohnheit.

Viele von uns haben es sich zur Gewohnheit gemacht, ungeistliche und armselige Väter und Ehemänner zu sein. Die Vorbilder, mit denen wir aufgewachsen sind und die Beispiele, die wir überall um uns herum sehen, befähigen uns nicht, ein effektiver geistlicher Leiter unserer Familie zu sein. Wir müssen einen festen Entschluss fassen und eine längerfristige Verpflichtung eingehen, wenn wir neue geistliche Gewohnheiten aufbauen wollen.

Wie stark eine Gewohnheit ist, wird bestimmt von der Häufigkeit, mit der sie wiederholt wird. Wenn Sie eine Zeit festsetzen, wann Sie jeden Tag beten und in der Bibel lesen wollen und Sie sich an diese Verpflichtung halten, wird es ungefähr 39 Tage dauern, bis diese Zeit zu einer festen Gewohnheit geworden ist. Wenn Sie diese Zeit vernachlässigen oder versäumen, wird es etwas länger dauern. Tatsächlich könnte die Vernachlässigung oder das Versäumnis zur neuen Angewohnheit werden.

Nehmen Sie sich Zeit für Gott

Die Frage, die mir an dieser Stelle am häufigsten gestellt wird, ist: „Wie kann ich mich ändern?“ Die wichtigste Entscheidung, die die meisten Männer treffen müssen, ist die Frage, ob sie ihren Zeitplan so aufstellen werden, dass sie darin Raum für Gott und für ihre Familie lassen. Wenn ich in meinem Herzen wirklich glaube, was Gott sagt, werde ich anfangen, meinen Zeitplan anzupassen und meine Energie so einzuteilen, dass ich die geistlichen Bedürfnisse meiner Familie an die erste Stelle setze.

Ich werde damit anfangen, dass ich mir regelmäßig Zeit nehme für mein persönliches Bibelstudium und für Andachten. Ich werde jeden Tag für die Bedürfnisse meiner Frau und meiner Kinder beten und auch für meine eigenen. Ich werde mein Leben einbringen in das Leben anderer Männer, die ebenfalls Christen sind, indem ich die Gottesdienste, Bibelstunden, Gebetstreffen, Hauskreise, Männergruppen und welche Gruppen auch immer besuche. Ich werde jede Gelegenheit nutzen, nach geistlicher „Nahrung“ zu suchen.

Während Sie das tun, werden Sie allmählich Wege entdecken, wie Sie Ihrer Familie geistlich dienen können. Das wird nicht deshalb geschehen, weil Sie es auf Ihre „To-Do“-Liste gesetzt haben, sondern weil Ihr Leben in

Christus zum Überfließen kommt. Sie werden damit anfangen, Ihre Familie geistlich zu leiten, indem Sie in erster Linie selbst ein gottgefälliges Beispiel sind, aber auch durch die Einstellung Ihres Herzens und durch die Worte, die Sie sprechen.

Ich habe keine Zeit!

Der Protest, den ich am häufigsten von den Männern zu hören bekomme, lautet: „Ich habe überhaupt keine Zeit mehr übrig, die ich zur Verfügung stellen kann!" Das trifft wahrscheinlich zu, solange Sie nicht bereit sind, andere Dinge aufzugeben. Für viele bedeutet das, dass sie etwas so Einfaches wie ihr Hobby oder die Zeit vor dem Fernseher aufgeben müssen. Für andere bedeutet es vielleicht einen Berufswechsel.

Wir leben alle im selben Universum. Jedem von uns stehen nur 24 Stunden am Tag zur Verfügung. Was uns unterscheidet, ist die Entscheidung, wie wir diese Stunden verbringen wollen. Jesus erinnert uns daran: „Denn wo euer Schatz ist, da wird auch euer Herz sein." (Matthäus 6,21). Wir dienen alle treu unserem Gott. Die Frage ist, welchem Gott dienen Sie?

Für emotionale Bestätigung sorgen

Die Sorge für die emotionalen Bedürfnisse meiner Familie sollte natürlicherweise aus meiner persönlichen geistlichen Erfahrung überfließen. Der Apostel Johannes erklärte: „Gott ist Liebe, und wer in der Liebe bleibt, der bleibt in Gott und Gott in ihm." (1. Johannes 4,16). Ebenso erklärte auch Paulus den Galatern „Die Frucht des Geistes aber ist Liebe..." (Galater 5,22). Beachten Sie, dass diese Liebe eine „Frucht" ist. Ich habe noch nie gesehen, dass eine Frucht vor Anstrengung schweißgebadet ist. Früchte sind die Auswirkung eines Baumes, der in gutem, sicherem, nahrhaftem Boden gepflanzt ist. Wenn Sie den Wurzeln Ihres persönlichen, aufopfernden Lebens erlauben, sich tief in Gott einzugraben, werden Sie auf natürliche Weise die entsprechende Sorte Frucht hervorbringen: LIEBE!

Praktisch gesehen bedeutet das, dass die Liebe sichtbar zum Ausdruck gebracht wird, weil ihr die Bedürfnisse derer, um die sie sich kümmert, bewusst gemacht werden. Wir vernachlässigen niemals die Dinge, die wir hoch schätzen. Das wird umgesetzt in einige ganz praktische Handlungen.

1. Gebet: Wir beten für die, um die wir uns sorgen. Wir bitten, dass Gott sie in jeder Lebenslage schützt und versorgt. Auch Samuel erklärte Saul: „Es sei aber auch ferne von mir, mich an dem Herrn zu versündigen, dass ich aufhören sollte, für euch zu beten und euch den guten und richtigen Weg zu lehren!" (1. Samuel 12,23).

2. Lehre: Wir unterweisen die, die wir lieben so, dass sie in der Lage sind, selbstständig geistlich zu wachsen. Mose gibt uns dafür ein wundervolles Modell. Er wies Israel an:

> „Und diese Worte, die ich dir heute gebiete, sollst du auf dem Herzen tragen, und du sollst sie deinen Kindern einschärfen und davon reden, wenn du in deinem Haus sitzt oder auf dem Weg gehst, wenn du dich niederlegst und wenn du aufstehst; und du sollst sie zum Zeichen auf deine Hand binden, und sie sollen dir zum Erinnerungszeichen über den Augen sein; und du sollst sie auf die Pfosten deines Hauses und an deine Tore schreiben." (5. Mose 6,6-9).

Mit seinen Worten schildert er ein Leben, das zu jedem Zeitpunkt von der Gegenwart Gottes durchdrungen ist. Es ist nicht etwas, das aus einer Gewohnheit oder einer Verpflichtung heraus getan wird. Es ist das natürliche Überfließen eines Herzens, das sich jeden Tag an Gott und an Seinem Wort weidet, der nicht nur gelegentlich, sondern konstant gegenwärtig ist.

Dafür muss Gott für einen Mann mehr sein, als nur jemand, den man für ungefähr eine Stunde am Sonntagmorgen im Gemeindehaus besucht. Es bedeutet, dass man erkennt, dass Gott nicht von unserer Anbetung abhängig ist (obwohl sie Ihm gefällt und Er sich danach sehnt), sondern dass ich es bin, der es nötig hat, Gott regelmäßig anzubeten. Die Schlussfolgerung daraus ist ein Bewusstsein Seiner Gegenwart, überall, zu jeder Zeit, ein Bewusstsein, dass Er den Wunsch hat, in jedem Bereich unseres Lebens und jeden Moment unseres Tages Gemeinschaft mit uns zu haben.

Ich liebe es, an Sommerabenden spazieren zu gehen. Oft begleiten mich eins oder mehrere meiner Kinder. Für mich sind das die besten Zeiten, in denen ich mit ihnen über geistliche Dinge sprechen kann. Sie haben viele Fragen zur Bibel und wollen wissen, wie sie sie in ihrem Leben anwenden können. Ihre Fragen sind natürlich und ehrlich. Ich kann mir nicht helfen, aber ich habe das Gefühl, dass das die Methode ist, wie Gott dem Volk Israel Seine Anweisungen durch Mose gegeben hat. „Lass sie jederzeit deine Hingabe an mich erkennen", sagte Er. „Dann werden sie erkennen, dass ich nicht nur ein Teil deines Lebens bin, sondern dass ich dein Leben bin."

Meine Kinder hatten jahrelang die Gelegenheit, meine Lehren als Pastor in der Gemeinde anzuhören. Aber wenn Sie sie fragen, werden sie Ihnen sagen, dass Gott in meinem Leben für sie nicht an diesem Ort sichtbar wurde. Das geschieht zu Hause.

3. Wertschätzen: Wir gehen sorgsam mit unseren Werten um. Sie bekommen einen erhöhten Platz, wo sie sicher sind und von anderen bemerkt werden. Wir flicken sie wieder zusammen, wenn sie zerbrochen sind und vergießen dabei oft Tränen der Trauer oder des Bedauerns.

Wenn Gott uns ein größeres Gespür für den Wert gibt, den unsere Frau und unsere Kinder in unserem Leben haben, werden wir dasselbe auch mit ihnen tun. Wir haben Hochachtung vor ihnen und wir nutzen jede Gelegenheit, anderen Gutes von ihnen zu erzählen. Wenn sie verletzt sind, sind wir da, um sie zu trösten und, wenn möglich, helfen wir ihnen, dass ihre Verletzung heilt. Wir spüren oft ihren Schmerz und ihre Traurigkeit. Wenn sie verwundet sind, ist es so, als ob wir selbst verwundet worden wären.

Hören Sie einmal auf die Worte, mit denen Paulus seine emotionale Sorge um seine „Kinder“ im Glauben beschreibt: „... sondern wir waren liebevoll in eurer Mitte, wie eine stillende Mutter ihre Kinder pflegt. ... Denn wer ist unsere Hoffnung oder Freude oder Krone des Ruhms? Seid nicht auch ihr es vor unserem Herrn Jesus Christus bei seiner Wiederkunft?“ (1. Thessalonicher 2,7.19). Er klingt wie ein stolzer Vater!

Männer, wir müssen eine Kombination aus Härte und Zärtlichkeit darstellen: Härte, wenn es darum geht, diejenigen, die wir lieben, vor den Dingen zu beschützen, die ihnen Schaden zufügen wollen; Zärtlichkeit, wenn es an der Zeit ist, Zuneigung und Trost zu spenden.

Für die finanziellen Bedürfnisse der Familie sorgen

Wir enden da, wo die meisten von uns lieber anfangen würden. Das sollte uns nicht überraschen. Die meisten von uns verbringen einen Großteil ihres Lebens damit, Dinge verkehrt herum anzupacken. Die Verlockung, unsere Verantwortung hauptsächlich im finanziellen Bereich zu sehen, ist groß. Diese Stimme in uns ist so dominant, sie macht den größten Lärm und zieht deshalb am häufigsten unsere Aufmerksamkeit auf sich.

In keinem anderen Bereich kommen unsere Prioritäten deutlicher zum Vorschein, wie in unserer Sichtweise von Geld und unserem Umgang damit. Wenn wir die Bibel zur Hand nehmen, stellen wir fest, dass Geld eines der heikelsten Themen ist, mit denen wir uns auseinandersetzen müssen. Der Stellenwert, den das Geld in unserem Leben hat, steht in absolut keinem Verhältnis zu seinem tatsächlichen Wert. Für viele ist Geld ein gewaltiger Stolperstein.

Der Hauptgrund für eine Scheidung

Der am häufigsten genannte Grund für das Versagen einer Ehe ist finanzieller Stress. Warum? Nichts ist für eine Frau aufreibender als finanzielle Instabilität. Wie viele Streitgespräche und Auseinandersetzungen haben Sie mit Ihrer Frau schon wegen Geld gehabt? Ich muss Ihnen nicht sagen, dass das ein ernsthaftes Problem ist, aber nur wenige Menschen haben ein klares Verständnis davon, wie man mit Geld umgeht. Noch weniger Menschen ist bewusst, dass die Hauptursache für Geldprobleme nicht knappe finanzielle Mittel sind; die Ursache liegt hauptsächlich darin, dass sie das Geld, das sie haben, nicht richtig verwalten.

Zu diesem Thema erklärte Salomo: „Der Neubruch der Armen gibt viel Speise, aber der Ertrag mancher Leute wird weggerafft durch Ungerechtigkeit." (Sprüche 13,23). Wenn wir das lesen, ziehen wir als Erstes den Schluss, dass wir deshalb arm werden, weil andere sich ungerecht uns gegenüber verhalten. Doch der Vers spielt auch darauf an, dass wir zu wenig Weisheit in unserem Urteilsvermögen besitzen, wie wir unser Geld verwalten.

Seitdem wir verheiratet sind, hatten meine Frau und ich die meiste Zeit über nur ein sehr geringes Einkommen. Dadurch waren wir gezwungen, ein sehr genügsames Leben zu führen. Meine Frau benutzt für ihren Lebensmitteleinkauf immer noch Geschenkgutscheine. Unsere Kleidung und Haushaltsartikel kaufen wir nie zum vollen Einzelhandelspreis. Wenn wir etwas brauchen, vergleichen wir die Preise in den Geschäften und warten dann, bis es den Artikel im Sonderangebot gibt. Oft müssen wir uns fragen, ob wir den Artikel wirklich brauchen oder ob wir ihn nur haben wollen. Durch unsere Sorgfalt beim Einkauf reichte das Geld viel länger, als andere es für möglich halten würden.

Vor Kurzem veranstalteten wir in unserer Gemeinde eine Reise nach Israel. Eine der Frauen, die sich anmeldete, hatte kein Geld für die Reise, aber sie glaubte, dass der Herr wollte, dass sie mit uns fuhr. Sie betete und bat den Herrn, dass er für sie sorgte. Sie übernahm Gelegenheitsjobs, und jedes Mal, wenn sie ihren Gehaltsscheck bekam, brachte sie ihn schnell zur Bank, bevor sie die Möglichkeit hatte, das Geld auszugeben. Als die Zahlung fällig war, hatte sie mehr als genug für die Reise gespart. Was mich am meisten beeindruckte, als sie uns ihre Geschichte erzählte, war die Lektion, die sie und ihr Mann dadurch gelernt hatten. „Wir haben es nie geschafft, Geld zu sparen“, erklärte sie uns. „Aber nach dieser Begebenheit weiß ich, dass wir es doch schaffen können.“

Ein stabiler Lebensstandard ist von entscheidender Bedeutung für das Gefühl der Sicherheit und das Wohlbefinden Ihrer Frau. Sicher gibt es Zeiten, in denen Gott sowohl den Mann als auch die Frau lehren will, Ihm zu vertrauen, indem Er ihnen ihr Einkommen kürzt. Aber im Allgemeinen ist Sein Wunsch für uns Stabilität und Beständigkeit

Wenn das in Ihrer Familie nicht der Fall ist, fragen Sie einen christlichen Finanzberater um Rat. Vielleicht gibt es jemand bei Ihnen in der Gemeinde, der dafür geeignet ist. Bitten Sie Ihren Pastor, ihnen eine Person zu empfehlen, mit der sie darüber sprechen können.

Ich weiß, dass das vielleicht peinlich für sie ist. Nach meiner Feststellung fällt es Männern unter anderem am schwersten, finanzielle Probleme zuzugeben. Wir fühlen uns wie Versager. Doch Veränderung kann nur durch Zugeständnis und Bekenntnis stattfinden. Erlauben Sie es Ihrem Ego nicht, Sie vor Schritten zurückzuhalten, die Ihre Ehe retten können.

Wem gehört das Geld?

Wir sollten unser Geld nicht als unser Eigentum betrachten, mit dem wir machen können, was uns gefällt. Es gehört Gott, der es uns durch Seine Barmherzigkeit und Gnade gegeben hat (1. Chronik 29,14). Wir sollten es dazu verwenden,

1. dass wir Gott die Ehre damit geben und das Evangelium durch unseren Zehnten und unsere Opfergaben vorantreiben (Sprüche 3,9.10);

2. dass wir für die Bedürfnisse unserer Familie sorgen (und sie damit segnen);

3. dass wir anderen in ihrem Elend und in ihrer Not helfen (1. Johannes 3,17).

Gott wird uns dafür zur Verantwortung ziehen, wie wir mit unserem Geld umgehen (Lukas 16,10-12). Wenn wir treu mit dem umgehen, was Er uns gibt, wird Er uns in Treue noch mehr geben. Wenn wir untreu sind, wird Er Seinen Segen zurückhalten (Haggai 1,6).

Schlimmer als ein Ungläubiger?

Es gibt zwei Möglichkeiten, wie wir in unserer Rolle als finanzieller Versorger unserer Familie versagen können. Die erste ist die, die am offensichtlichsten ist. Wir haben schon an früherer Stelle die Anweisungen gelesen, die Paulus an Timotheus weitergab: „Wenn aber jemand für die Seinen, besonders für seine Hausgenossen, nicht sorgt, so hat er den Glauben verleugnet und ist schlimmer als ein Ungläubiger." (1. Timotheus 5,8). Finanzielle Versorgung ist nicht etwas, das wir mit Widerwillen tun sollten oder nur dann, wenn wir etwas übrig oder im Überfluss haben. Es bedeutet, dass wir selbst dann geben sollen, wenn wir selbst dabei leer ausgehen.

Bedauernswerterweise muss ich sagen, dass ich Männer gekannt habe, die so egoistisch waren, dass sie zuerst dafür sorgten, dass ihre eigenen Bedürfnisse und Wünsche gestillt wurden, bevor sie das, was übrig blieb, für die Versorgung ihrer Familie verwendeten. Jedem Mann, der ein Christ ist, sollte klar sein, dass bei der Einteilung seiner finanziellen Mittel zuerst die Bedürfnisse seiner Frau und Kinder abgesichert sein müssen, und dass er dann erst frei ist, seine eigenen Bedürfnisse zu stillen.

Ein Mann muss auf aufopferungsvolle Weise für seine Familie sorgen. Wenn er das nicht tut, zeigt er damit, dass er nur aus Habsucht handelt. Er zeigt dadurch einen habgierigen und abgöttischen Glauben an die Macht des Geldes, anstatt an die Liebe und Kraft Gottes (Kolosser 3,5). Weil unser Gott ein eifersüchtiger Gott ist, ist Er mit denen, die Geld zum Mittelpunkt in ihrem Leben machen, sehr kurz angebunden. Ein böses Herz wird von Ihm gezüchtigt werden. Aus diesem

Grund warnt Paulus: „Denn die Geldgier ist eine Wurzel alles Bösen; etliche, die sich ihr hingegeben haben, sind vom Glauben abgeirrt und haben sich selbst viel Schmerzen verursacht." (1. Timotheus 6,10)!

Im Laufe der Jahre habe ich viele christliche Männer gesehen, die sehr wohlhabend geworden sind. In den meisten Fällen verändern sie sich dadurch. Am Anfang waren sie überwältigt und gedemütigt durch die Vermehrung ihres Vermögens, mit dem Gott in seiner Gnade ihre Anstrengungen gesegnet hatte. Mit der Zeit jedoch schlich sich der Hochmut ein – wie bei dem alten Nebukadnezar, der ausgerufen hatte: „Ist das nicht das große Babel, das ich mir erbaut habe zur königlichen Residenz mit meiner gewaltigen Macht und zu Ehren meiner Majestät?" (Daniel 4,27)! Genauso, wie Gott Nebukadnezar gedemütigt hat, hat er auch die Männer rechtzeitig gedemütigt, die ich beobachtet habe. In manchen Fällen endete das auf tragische Art und Weise. Selbst nachdem ihnen ihr Vermögen genommen wurde, waren sie immer noch von dem Verlangen danach erfüllt. Manche verloren noch mehr als nur ihr Geld; ihre Frauen und Kinder gingen ebenfalls weg. Am Ende erlebten sie nur noch „Not und Leid".

Die Lektionen, die wir vermitteln

Vor kurzem erklärte ein Berufssportler, der wegen seines Verhaltens kritisiert wurde, er stehe ja schließlich nicht als Vorbild für andere da. Die Absurdität seiner Aussage war vielen nicht entgangen. Er ist ein Vorbild, weil er eine Person ist, die in der Öffentlichkeit steht. Darüber hat er selbst keine Kontrolle. Ob es ihm gefällt oder nicht, Millionen junger Menschen werden ihn einfach nur aus dem Grund imitieren, weil er in der Öffentlichkeit so erfolgreich und bekannt ist.

Dasselbe gilt auch für Ehemänner und Väter. Egal, ob Sie es realisieren oder akzeptieren, Sie sind ein Vorbild für Ihre Frau und Kinder. Das gehört zu Ihrer Funktion in Ihrer Rolle als Familienoberhaupt. Sie werden Sie imitieren, sowohl Ihre guten Seiten als auch Ihre schlechten.

Warum ist das so? Gott hat das Zuhause für die Kinder so gestaltet, dass sie sich entwickeln können. Die Mutter und der Vater dienen beide einem wesentlichen, wenn auch unterschiedlichen Zweck. Kinder brauchen beide. Wenn einer von ihnen fehlt, fehlt den Kindern ein zentrales Element, das sie für ihre sachgemäße Bildung brauchen, und sie leiden darunter.

Die Rolle der Mutter ist es, ein „Nest für ihre Brut" zu schaffen, einen Ort, an dem sie umsorgt und gepflegt werden. Mütter geben ihren Kindern ein Gefühl der Sicherheit, der Geborgenheit und der emotionalen Wärme. Selbst nachdem wir erwachsen geworden sind, regt sich in uns ein Gefühl der Wärme, wenn wir nach Hause zurückkehren – wenn wir ein normales Zuhause gehabt haben. Der Ort, an dem wir aufgewachsen sind, verbreitet eine behagliche Sicherheit. Das hat nur wenig mit dem Gebäude oder dem Ort selbst zu tun. Es ist vielmehr das Resultat der mütterlichen Fürsorge und Pflege.

Die Rolle des Vaters besteht darin, dass er zu der Entwicklung der Grundbestandteile einer Persönlichkeit beiträgt. Zutrauen, Unabhängigkeit, Zielausrichtung, Selbstdisziplin, Moral und geschlechtsspezifische Typisierung entstehen hauptsächlich durch das Vorbild des Vaters. Das geschieht ganz im Stillen, indem unsere Kinder uns beobachten, wie wir unser Leben vor ihnen führen. Was sie tun und wie sie es tun, lernen sie, indem sie es bei uns abkucken. Sie entwickeln ihre eigenen Prioritäten, indem sie beobachten, welches unsere Prioritäten sind.

Wenn Sie möchten, dass Ihre Kinder selbstlos sind, dann müssen Sie auch selbstlos sein. Wenn Sie möchten, dass sie selbstsüchtig und egoistisch werden, dann beschäftigen Sie sich nur noch damit, wie Sie Ihre eigenen Bedürfnisse stillen können. Sie werden schnell begreifen, dass jeder nur für sich selbst lebt. Der ernüchterndste und demütigste Teil für mich als Ehemann und Vater ist, dass unsere Frau und unsere Kinder viel mehr das widerspiegeln, was wir sind, als das, was wir behaupten zu sein.

Welche Botschaft über das Thema Geld vermitteln Sie Ihrer Frau und Ihren Kindern? Sie können ihnen sagen, dass Geld nicht das Wichtigste ist, aber zeigen Sie das auch mit Ihrem Leben? Wenn ich immer nur über Geld spreche, wenn ich mir Sorgen mache oder ich gestresst bin, weil ich nicht genug habe, oder mir Geld durch die Lappen geht, drücke ich damit nicht aus, dass Geld die größte Bedeutung für mich hat? Wenn ich verschwenderisch und maßlos lebe, wenn ich Gott nicht mit meinem Geld die Ehre gebe, kommuniziere ich anderen dadurch nicht, dass Geld in erster Linie für den Zweck da ist, vor allem meine eigenen Bedürfnisse zu stillen? Wir sollten dem Beispiel des Paulus folgen, als er sich von den Ältesten der Gemeinde von Ephesus mit folgenden Worten verabschiedete: „In allem habe ich euch gezeigt, dass man so arbeiten und sich der Schwachen annehmen soll, eingedenk der Worte des Herrn Jesus, der selbst gesagt hat: Geben ist glückseliger als Nehmen!" (Apostelgeschichte 20,35).

Was die finanziellen und ehelichen Bedürfnisse Ihrer Familie betrifft, setzen Sie sich als oberstes Ziel, ein Vorbild zu sein im Glauben, in der Selbstlosigkeit, im Dienen und in der Opferbereitschaft.

Liebe lässt sich nicht kaufen

Das Letzte, was ich zu diesem Thema sagen möchte, ist, dass Sie Liebe nicht mit Geld ersetzen können. Diese Behauptung ist so klischeehaft, dass ich sie zuerst vermeiden wollte. Aber ich habe den Verdacht, dass einige von Ihnen genau das tun, ohne dass es ihnen bewusst ist.

Wenn Sie knapp bei Kasse sind, trifft das wahrscheinlich nicht auf Sie zu. Eigentlich ist das genau das Gegenteil von dem, was ich vorher angesprochen habe.

Ihre Frau und Ihre Kinder brauchen Sie mehr als Ihr Geld. Sie müssen wissen, wie Sie denken, wie Sie sich fühlen, dass Sie sie mehr lieben als irgendetwas anderes in Ihrem Leben.

Wenn sie Sie bei der Arbeit anrufen, müssen Sie sich Zeit nehmen und ihnen zuhören. Sie müssen ihnen Zeit einräumen in Ihrem Terminkalender; damit Sie die Ferien mit ihnen gemeinsam verbringen können; damit Sie sich mit ihnen zusammensetzen können, um in Ruhe über ihre Fragen, Sorgen, Freuden und Probleme zu sprechen. Sie haben Tausende von Fragen, die nur Sie ihnen beantworten können, Tausende Dinge, die sie zu sagen haben, und die nur für Ihre Ohren bestimmt sind.

Sie brauchen Ihr Geld, aber sie brauchen auch Ihre Zeit und Ihre Energie. Wenn Sie ihnen nur eines oder zwei davon geben, das dritte aber vernachlässigen, wird das letztendlich seinen Tribut fordern. Investieren Sie in Ihre Familie, und Sie werden einen Lohn ernten, der Ihre höchsten Erwartungen übersteigt. Vernachlässigen Sie sie, dann werden Sie es, wenn Sie älter werden, im Nachhinein bereuen und darunter leiden.

Kapitel 10
Frauen, die nicht folgen wollen!

„Mein Sohn, vergiss meine Lehre nicht, und dein Herz bewahre meine Gebote! Denn sie werden dir Verlängerung der Tage und Jahre des Lebens und viel Frieden bringen. Gnade und Wahrheit werden dich nicht verlassen! Binde sie um deinen Hals, schreibe sie auf die Tafel deines Herzens, so wirst du Gunst und Wohlgefallen erlangen in den Augen Gottes und der Menschen. Vertraue auf den Herrn von ganzem Herzen und verlass dich nicht auf deinen Verstand; erkenne Ihn auf allen deinen Wegen, so wird Er deine Pfade ebnen. Halte dich nicht selbst für weise; fürchte den Herrn und weiche vom Bösen! Das wird deinem Leib Heilung bringen und deine Gebeine erquicken!" (Sprüche 3,1-8).

Es gibt noch eine andere Seite zum Thema Leitung, die wir noch nicht so offen angesprochen haben wie den Rückzug des Mannes von seinen Pflichten. Es geht um den zunehmenden Widerwillen der Frau, sich der Leitung ihres Mannes unterzuordnen.

Angeregt durch den modernen Feminismus glauben immer mehr Frauen, ihr höchstes Glück dann erreicht zu haben, wenn sie in größtmöglicher Unabhängigkeit von ihrem Mann leben. Sie haben in hohem Maße der Botschaft aus den 1970er Jahren Glauben geschenkt: „Frauen, ihr braucht keinen Mann." Dieser Glaube war gekennzeichnet von einem scherzhaften Ausspruch, der in jenem Jahrzehnt unter den Gruppen der „Bewusstseinserweiterung" kursierte. Er lautete so: „Eine Frau ohne Mann ist wie ein Fisch ohne Fahrrad".

Die anfänglichen Auswirkungen dieses „neuen Denkens“ waren ziemlich bald verhängnisvoll. Die Anzahl der Männer, die im Jahr 1967 ihre Familien im Stich ließen, überwog bei weitem die der Frauen, die ihre Familien ebenfalls verließen. Auf 500 Männer, die fortgingen, kam nur eine Frau. Um das Jahr 1977 schwang das Pendel dramatisch in die andere Richtung. In jenem Jahr kam auf zwei Frauen, die ihre Familie im Stich ließen, nur ein Mann, der dasselbe tat.

Heute ist vielen dieser Frauen bewusst geworden, dass sie einen Fehler gemacht hatten. Kay Ebling schrieb einen Artikel für die Zeitschrift „Newsweek“, in dem sie ein ziemlich treffendes Fazit zog:

> Heute sehe ich den Feminismus als das „Große Experiment“, das versagt hat, und die Frauen aus meiner Generation, die „Täter“, sind jetzt die Opfer. Viele von uns, ich selbst eingeschlossen, müssen jetzt die Bürde tragen, ihre Kinder allein großzuziehen. Durch die daraus resultierende Armut sind wir zu Experten in der Zusammenstellung von Maismehlgerichten geworden und haben Wege gefunden, wie wir am Wochenende kostenlos unsere Freizeit gestalten können. Gleichzeitig sammeln die Männer aus unserer Generation ein Vermögen durch Bank- und Immobiliengeschäfte an, so dass sie unbekümmert ihre Skiwochenenden verbringen können. Der Feminismus hat die Männer befreit, nicht die Frauen. Den Männern bleibt jetzt das Ärgernis erspart, eine Frau und eine Familie zu unterstützen. Wenn seine Frau nach der Geburt nicht wieder einen Taillenumfang von 60 cm erreicht, kann der Mann einfach gehen und sich eine schlankere Frau suchen. Für die Frau, die jetzt an ein Baby gebunden ist, ist es viel schwerer, wieder einen Mann zu finden ...
>
> Was noch schlimmer ist: Wir haben es so gewollt. Viele Frauen haben sich entschlossen: Du brauchst keine Familienstruktur, um deine Kinder zu erziehen.

> Wir schickten sie weg in Tageseinrichtungen, wo sich Fachleute um sie kümmerten. Dann zogen wir unsere Anzüge und Krawatten an, packten unseren Aktenkoffer und starteten das „Große Experiment" in der Überzeugung, dass uns nichts von den Jungs in den anderen Büros unterschied.
>
> Wie Unrecht wir doch hatten ... Die Realität des Feminismus sind ein Haufen wahnsinniger und überarbeiteter Frauen, die ihre Kinder in Tageseinrichtungen absetzen.[23]

Das ist nicht die Art und Weise, wie es in den Medien berichtet wird, aber diejenigen, die diesem Weg gefolgt sind, wissen, dass die Äußerungen von Frau Ebling die Realität widerspiegeln.

Wie dem auch sei, wovor sind die Frauen denn weggelaufen? Ich bin überzeugt davon, dass es den Feminismus nie gegeben hätte, wenn die Männer ihre Familie so geleitet hätten, wie Gott es geplant hatte. Wenn die Männer ihre Frauen geliebt und geachtet hätten, wie Christus das mit Seiner Gemeinde tut, wenn sie bereit gewesen wären, sie zu beschützen, zu versorgen und sich aufzuopfern, wie Er es befohlen hatte, dann hätten die Frauen keinen Gedanken daran verschwendet, dem Mann als Familienoberhaupt zu entfliehen.

Auch wenn ich das so behaupte, war und ist der Feminismus in all seinen Abwandlungen und Variationen immer noch kein gutes Konzept. Das Ergebnis ist das, was zählt. Die Folgen sind offenkundig und sie lügen nicht.

Diese unglückseligen Frauen haben versucht, gegen ein Gesetz des Universums anzugehen, das so unantastbar ist wie die Schwerkraft. Es ist unmöglich, sich über die Schwerkraft hinwegzusetzen. Wir können in ein Flugzeug steigen und über die Erde hinwegfliegen, aber letztendlich müssen wir wieder auf den Boden zurückkehren. Man kann der Schwerkraft nicht für immer trotzen. Früher oder später setzt sich das Gesetz der Schwerkraft durch.

So ist das auch mit Gottes Gesetzen. Man kann gegen sie rebellieren und ohne Rücksicht auf Seine Wege leben. Für eine Weile wird man sich frei, unabhängig, emanzipiert fühlen. Doch bald holt die Realität des Lebens selbst die ein, die am meisten davon überzeugt waren. Dann werden sie mit den Folgen ihrer Entscheidungen konfrontiert – für den Rest ihres Lebens! Der Tribut, der von uns im Sinne von verlorener Zeit, verlorenen Beziehungen und verlorenen Gelegenheiten gefordert wird, ist oft verheerend.

Den Trend umkehren

Wie bei jeder Diagnose eines Problems müssen wir auch hier ein Heilmittel finden. In diesem Fall geschieht das allein dadurch, dass wir wieder zu den Prinzipien zurückkehren, die Gott gleich zu Anfang gegeben hat. Die Männer müssen die Rolle als Leiter so ausführen, wie Gott es ihnen aufgetragen hat; und die Frauen müssen ihnen folgen.

Die „Fliege in der Salbe"* ist unsere sündhafte Natur. Wir sind oft nicht bereit, uns Gottes Wegen unterzuordnen. Furcht und Eigenwille führen oft dazu, dass wir gegen jede Art von Autorität rebellieren. Das tun wir alle in großer Regelmäßigkeit. Jeder Mann macht sich schuldig, weil er Gott ungehorsam ist. Jede Frau macht sich schuldig, weil sie ihrem Mann ungehorsam ist. Jedes Kind rebelliert gegen seine Eltern.

Wie bei fast jeder Sünde fällt es uns leicht, sie beim anderen zu erkennen, aber in uns selbst sehen wir sie nur schwerlich. Wenn jemand gegen uns rebelliert, erkennen wir sofort, dass das nicht richtig ist. Wenn wir gegen andere rebellieren, finden wir schnell eine vernünftige Erklärung, warum das so richtig, ja, sogar notwendig ist.

Die Bibel lehrt uns ganz deutlich, dass die Menschen am glücklichsten sind, wenn sie ihr Leben nach dem Muster leben, wie Gott sie geschaffen hat – wenn sie sich Gottes Wegen und

---

* nach Prediger 10,1; Anm. der Übers.

Seinem Willen unterordnen. Weil unsere Natur dazu „neigt", von Gottes Wegen abzukommen oder gegen sie zu rebellieren, müssen wir immer wieder Buße tun. Leider wissen manche nicht genau, was Buße eigentlich ist. Die beste Definition für Buße, die ich je gelesen habe, stammt von William Barclay. Er hat es folgendermaßen erklärt:

> Was bedeutet Buße? Das Wort wurde ursprünglich im Sinne eines nachträglichen Einfalls verwendet. Oft erkennt man beim zweiten Gedanken, dass der erste Gedanke falsch war; und so bekam das Wort die Bedeutung von Sinneswandel. Aber, wenn man ehrlich ist, erfordert ein Sinneswandel auch eine Änderung der Taten. Buße muss beides beinhalten, die Änderung des Sinnes und die Änderung der Taten. Ein Mann mag vielleicht seine Gesinnung ändern und erkennen, dass seine Taten nicht richtig waren, aber sein alter Lebenswandel gefällt ihm womöglich so sehr, dass er ihn nicht ändern möchte. Ein Mann mag vielleicht seinen Lebenswandel ändern, aber seine Gesinnung bleibt dieselbe, und er ändert sich vielleicht nur aus Angst oder aus Vorsicht. Zur wahren Buße gehören eine Änderung der Gesinnung und eine Änderung der Taten.[24]

Wenn Ehen und Familien je ihr volles Potential erreichen wollen, muss sowohl der Mann als auch die Frau bereit sein, Gottes Wege, die Er für sie bestimmt hat, zu akzeptieren – eine Änderung der Gesinnung und der Taten muss folgen.

Der Weg der Buße

Der Mann muss Buße tun von der Vernachlässigung und dem Mangel an Sensibilität, die er in der Vergangenheit gezeigt hat, und er muss anfangen, die Leitung zu übernehmen – geistlich, emotional und körperlich. Die Frau muss Buße tun von vergangener Bitterkeit und Feindseligkeit und anfangen, die Rolle ihres Mannes als Familienoberhaupt zu akzeptieren und zu unterstützen. Sie muss ihren Kindern die Unterordnung unter eine Autorität vorleben, damit die Kinder ebenfalls Autoritäten respektieren.

Wie oft war eine Mutter schon frustriert über den Ungehorsam ihrer Kinder und hat dabei nicht erkannt, dass sie häufig den Willen und die Wünsche ihres Mannes missachtet hat? Wie oft war ein Mann schon verletzt oder verärgert über seine Frau, weil sie so lieblos war oder weil sie seiner Leitung nicht vertraut hat, und er ist nicht bereit, Gott selbst in den kleinsten Dingen zu vertrauen? Respekt vor uns als Autoritätsperson kommt nur durch unser Vorbild, wenn wir diejenigen respektieren, die über uns Autorität haben. Wenn wir wollen, dass andere unsere Position als Leiter respektieren, müssen wir anfangen, denen Respekt zu zeigen, die über uns Autorität haben.

Am Anfang meines Pastorendienstes hegte ich Bitterkeit gegen den Mann, den Gott als Autorität über mich gestellt hatte. Diese Bitterkeit äußerte sich in unfreundlichen und kritischen Bemerkungen, die ich vor anderen über ihn machte. Ich wusste, es war Sünde, aber ich war arrogant. Doch wie die meisten Menschen, die über andere richten, dachte auch ich, dass das, was ich tat, gerechtfertigt war. Ich hatte die Einstellung: „Ich habe Recht und er hat Unrecht." Der Glaube, dass ich Recht hatte, schien mir als Rechtfertigung ausreichend zu sein.

Dann begann Gott mir zu zeigen, wie die Ursache und Wirkung meines Verhaltens im Verhältnis zueinander standen. Ich fand heraus, dass viele in meiner Gemeinde mich sehr kritisierten. Tatsächlich kritisierten sie mich auf genau die gleiche Art und Weise, wie ich den kritisierte, der über mir stand. Eines Tages, als ich mich beim Herrn über diese unfreundlichen und undankbaren Leute beklagte, öffnete Er mir die Augen über meine Sünde. Ich musste wortwörtlich „ernten, was ich gesät hatte". Ich wurde „gerichtet mit demselben Urteil, mit dem ich andere gerichtet hatte". Ich hatte vergessen, dass „der Barmherzigkeit erfahren wird, der selbst barmherzig ist", und dass der in Kritik gerät, der selbst kritisch ist.

Wie ging ich also mit meiner Sünde um? Zuerst bekannte ich sie Gott, nicht weil Gott darüber noch nicht Bescheid wusste. Gott war derjenige, der mir überhaupt erst meine Sünde bewusst gemacht hatte. Aber ich musste die Verkehrtheit meiner Einstellung und meines anschließenden Verhaltens zugeben. Dann machte ich einen Termin bei meinem Pastor. Ich bekannte ihm meine Sünde und bat ihn um Vergebung.

Was dann folgte, war wundervoll. Mein Pastor vergab mir freundlicherweise meine Arroganz, und wir freuten uns, dass unsere Gemeinschaft nun wiederhergestellt war. Ich verbrachte auch einige Zeit damit, anderen, bei denen ich mich beklagt hatte, meine Sünde zu bekennen.

Seitdem haben die, die mich kritisiert hatten, entweder die Gemeinde verlassen oder sind zu mir gekommen und haben persönlich Buße getan. Die Atmosphäre in der Gemeinde änderte sich, und die Leute waren nun nicht mehr kritisch, sondern liebevoll und unterstützten sich gegenseitig. Meine Gemeinde ist so gütig zu meiner Frau und mir, dass es manchmal beschämend ist.

Wenn Sie ein Ehemann sind, der seine Rolle als geistlicher Leiter der Familie vernachlässigt hat, wenn Sie Gott nicht wegen ihrer Bedürfnisse um Rat gefragt haben, dann müssen Sie zuerst vor Gott Buße tun und dann auch vor Ihrer Familie und sie um Vergebung bitten.

Wenn Sie eine Ehefrau sind, die nicht bereit war, ihrem Mann zu vertrauen, wenn Sie ihm als Familienoberhaupt keinen Respekt erwiesen haben, dann müssen auch Sie Buße tun vor Gott und vor Ihrem Ehemann.

Wenn Sie sich auf diese Weise voreinander demütigen, werden Sie eine geistliche Grundlage bilden, auf die Ihre Familie wieder aufgebaut werden kann. Sie laden dadurch Christus ein, der Leiter Ihrer Familie und Ihres Lebens zu werden. Seine Gegenwart wird einen tiefgreifenden Unterschied ausmachen.

Zwei Arten der Leitung

Es gibt normalerweise zwei verschiedene Arten, wie man jemanden leitet. Die eine ist die autoritative Leitung. Sie ist die erstrebenswerte Art der Leitung, aber sie ist selten. Die andere ist die autoritäre Leitung. Die autoritäre Leitung kommt viel häufiger vor. Wenn wir über Leitung sprechen, denken wir normalerweise an diese Art.

Viele sind der Meinung, dass jede Leitung autoritär ist. Autoritär sein bedeutet „die Ausübung von Autorität ohne äußeren Zwang". Wer sich so verhält, handelt willkürlich, autokratisch, despotisch und tyrannisch. Seine Autorität als Leiter ist für ihn die Lizenz, tun und lassen zu dürfen, was er will. Er handelt unabhängig von anderen, außer wenn er jemandem mit noch mehr Macht begegnet. Dann ordnet er sich unter, jedoch nur vorübergehend. Sein Ziel ist eine noch größere Macht, gewöhnlich auf Kosten anderer.

Das ist nicht das Autoritätsprinzip, das die Bibel lehrt. Die Lehre der Bibel spricht von autoritativer Leitung. Autoritativ bedeutet „hohe Akzeptanz aufgrund der Einhaltung strikter Regeln". Synonyme für diese Art der Leitung sind „authentisch, glaubhaft, treu, vertrauenswürdig". Autoritative Leiter beginnen ihre Aufgabe mit der Einsicht, dass ihre Autorität nicht von ihnen selbst stammt, sondern dass sie ihnen von Gott übergeben wurde. Dieser Leiter ist sich bewusst, dass Gott ihn für die Art und Weise, wie er seine Autorität ausübt, zur Verantwortung ziehen wird. Die Autorität wurde ihm gegeben, um damit anderen zu dienen. Im Zusammenhang mit der Familie bedeutet das ein Dienst an seiner Frau und an seinen Kindern.

Jakobus nimmt dazu Stellung in Bezug auf die Lehrer in der Gemeinde: „Werdet nicht in großer Zahl Lehrer, meine Brüder, da ihr wisst, dass wir ein strengeres Urteil empfangen werden!" (Jakobus 3,1). Jakobus hatte begriffen, dass die Position als „Lehrer" in einer Gemeinde große Autorität mit sich bringt. Ein Lehrer kann eine Gruppe von Menschen sowohl in heilige als auch in unheilige Richtungen lenken. Deshalb warnt er die Lehrer: „Ihr werdet beurteilt nach strengeren Maßstäben." Dazu gehört jedoch noch ein anderer Grundsatz: „Denn wem viel gegeben ist, bei dem wird man viel suchen; und wem viel anvertraut ist, von dem wird man desto mehr fordern." (Lukas 12,48).

Ich glaube, es war Lord Ashton, der als Erster die Aussage machte: „Macht verdirbt den Charakter, und uneingeschränkte Macht verdirbt uneingeschränkt den Charakter." Gott, der diese menschliche Schwäche kennt, will diesen Missbrauch der Macht durch ein System der Rechenschaftspflicht verhindern. Ein Mann Gottes wird durch Sein Wort regelmäßig daran erinnert, dass Gott uns sieht, und dass Er uns nach der Art und Weise richten wird, wie wir unsere Autorität ausgeübt haben. Wir sollen sie nutzen, um anderen damit zu dienen, sie anzuleiten und zu segnen. Wenn wir sie für selbstsüchtige Zwecke nutzen, wird Er uns dafür bestrafen. Wir müssen lernen, andere auf behutsame Weise zu leiten.

> „... sondern wir waren liebevoll in eurer Mitte, wie eine stillende Mutter ihre Kinder pflegt." (1. Thessalonicher 2,7).

Ein Wort über Härte

Ich habe schon viel über die Unterschiede zwischen Mann und Frau gesagt. Dennoch gibt es noch eine weitere Sichtweise zu diesem Thema, die ich erklären muss. Sie betrifft die Art und Weise, wie wir miteinander kommunizieren. Ich hoffe, dass meine Worte es Ihnen ermöglichen, einfühlsamer zu sein.

Männer tendieren zu Härte, Frauen zu Grausamkeit. Bevor Sie jetzt etwas erwidern, lesen Sie zuerst weiter, und lassen Sie mich das erklären.

Die Welt des Mannes ist von Natur aus härter als die der Frau. Wenn Männer spielen, bringen sie ihren Körper viel mehr zum Einsatz als Frauen. Männer mögen Sportarten mit Kontaktmöglichkeiten. Selbst wenn wir Sportarten ohne Kontaktmöglichkeiten ausüben, wie Basketball oder Baseball, schmeißen wir uns schließlich doch auf den Boden oder rempeln uns gegenseitig an. Danach stehen wir auf, umarmen uns oder klopfen uns gegenseitig auf die Schulter. Das ist alles noch in Ordnung, so lange die Spielregeln eingehalten werden, die oft nur locker interpretiert werden.

Wenn wir Witze machen, machen wir uns oft auf eine Weise lustig übereinander, dass es den meisten Frauen die Tränen in die Augen treiben würde. Wir betiteln uns oft mit Spitznamen, die normalerweise für eine Frau beschämend wären. Männer tun Dinge oft, um zu gewinnen. Wir kämpfen um den Sieg. Frauen dagegen sagen oft Dinge, wie: „Es ist doch nur ein Spiel." Der Prozess des Spiels ist für sie genauso wichtig wie das Endergebnis.

Bei einem Gespräch möchte der Mann sachlich bleiben und wissen, worum es geht, damit er Antwort geben und eine Lösung anbieten kann. Wenn seine Frau mit ihm über ein Problem sprechen will, bestürmt er sie wie bei einer Vernehmung: „Bleib bei den Fakten, Frau!" Sein Ziel ist die „Lösung des Problems". Ich kann nicht sagen, wie oft meine Frau deswegen schon frustriert war mit mir. Sie unterbricht mich dann immer und sagt: „Ich will darauf keine Antwort von dir. Ich weiß, was die Bibel dazu sagt. Ich weiß, dass meine Gefühle nicht richtig sind. Aber ich brauche einfach nur jemanden, mit dem ich darüber reden kann; ich brauche jemanden, der mir zuhört!"

Offen gesagt, den meisten Männern fällt das nicht leicht. Trotzdem, wenn Männer es lernen wollen, mit Frauen zu reden, müssen sie verstehen, dass ihr „Schlauberger-Gehabe" für die meisten Frauen zu hart und zu unsensibel ist. Für die emotionalen Bedürfnisse einer Frau ist es entscheidend, dass sie ein Gegenüber hat, das ihr zuhört und sie versteht. Eine Frau schätzt den Mann am meisten, der ihr den Freiraum gibt, ihre Gefühle mit Worten auszudrücken. Männer finden emotionale Befreiung durch Taten. Frauen finden sie durch Worte.

In gewissem Maße liegt das an unseren körperlichen Unterschieden, aber es hat auch etwas mit den Unterschieden in unserer Persönlichkeit zu tun. Wenn Männer miteinander reden, sind ihre Worte oft unverblümter, direkter und härter als die der Frauen. Es sieht so aus, als ob Worte Männern weniger bedeuten als Frauen. Männer können eine verbale Beleidigung viel schneller vergessen als Frauen, besonders wenn sich der andere entschuldigt hat. Frauen neigen zu Elefantengedächtnissen. Sie klammern sich an Worten oder Aussagen fest, die im Ärger oder in der Eile gesagt wurden, als ob sie direkt aus den Zehn Geboten stammen.

Männer, wenn Sie zornig sind auf Ihre Frau, passen Sie sehr gut auf, was Sie sagen. Worte, die Sie Ihrer Frau und Ihren Kindern in Eile an den Kopf werfen, können ihre Seele zerbrechen. Kennen Sie den Kinderreim „Sticks and stones may break my bones, but words will never hurt me" (Stöcke und Stecken können Knochen brechen, aber Worte tun mir nicht weh)? Die Wahrheit ist, Worte können tödlich sein.

Denken Sie an die Worte des Jakobus:

> „So ist auch die Zunge ein kleines Glied und rühmt sich doch großer Dinge. Siehe, ein kleines Feuer - welch großen Wald zündet es an! Und die Zunge ist ein Feuer, eine Welt der Ungerechtigkeit. So nimmt die Zunge ihren Platz ein unter unseren Gliedern; sie befleckt den ganzen Leib und steckt den Umkreis des Lebens in Brand und wird selbst von der Hölle in Brand gesteckt. Denn jede Art der wilden Tiere und Vögel, der Reptilien und Meerestiere wird bezwungen und ist bezwungen worden von der menschlichen Natur; die Zunge aber kann kein Mensch bezwingen, das unbändige Übel voll tödlichen Giftes! Mit ihr loben wir Gott, den Vater, und mit ihr verfluchen wir die Menschen, die nach dem Bild Gottes gemacht sind; aus ein und demselben Mund geht Loben und Fluchen hervor. Das soll nicht so sein, meine Brüder!" (Jakobus 3,5-10).

Männer, lernen Sie Ihre Zunge zu zähmen. Gebrauchen Sie sie als Werkzeug zur Erbauung und nicht als Waffe zur Verteidigung oder zum Angriff.

Pickende Hennen

Meine Damen, ich bete, dass Sie mir meinen ungeschminkten Vergleich verzeihen. Haben Sie schon einmal Küken großgezogen? Am Anfang, wenn Sie sie beim Züchter abholen, sind sie soo süß – weich, gelb, rund und überall ganz flaumig. Doch schon bald kommt ihre wahre Natur zum Vorschein.

Denn im Hühnerhof kämpft jeder für sich selbst ums Überleben. So lange es genug Futter und Platz gibt, ist alles in Ordnung. Dann ändert sich eines Tages plötzlich etwas. Ein einziger Tropfen Blut auf einem der Küken verändert das Bild in eine grausige Szene.

Sobald eines der Küken den Blutstropfen bemerkt, fängt es an, darauf herum zu picken. Schnell gesellen sich auch die anderen dazu. Sie picken und picken und picken. Ehe Sie sich versehen, liegt das Opfer tot auf dem Boden.

Das Beispiel beschreibt das Bild, das der Mann von einer Frau hat, wenn sie von ihm kritisiert wird. Die Frau wird ihn dafür als „Pantoffelheld" bezeichnen. Dieser Ausdruck bedeutet für den Mann eine Bedrohung seiner gesamten Identität.

Eine Frau kann ihren Mann am meisten damit verletzen, wenn sie ihn immer wieder auf seine Fehler und sein Versagen hinweist. Sie fragen, warum das so ist? Weil die meisten Männer ihr Wertgefühl als Mann in ihrer Fähigkeit finden, die Frau glücklich zu machen. Nichts schadet seiner Selbsterkenntnis mehr als die Unfähigkeit, sie glücklich zu machen. Sie kommen mit seiner Härte und seinem Mangel an Sensibilität nicht zurecht? Er kommt mit Ihren Vorwürfen nicht klar!

Ich weiß, dass einige von Ihnen das hier lesen und dabei denken: „Na ja, wenn er sich anders verhalten würde, dann würde ich aufhören, ihm Vorwürfe zu machen."

Grundsätzlich enthält Ihre Denkweise drei Fehler:

1. Viele Frauen benutzen ihren Mann, um bei ihm ihren Stress abzulassen. Sie bringen ihm ihren Ärger und ihren Frust, selbst wenn der Mann nicht die Ursache dafür ist. Sie laden den Stress

von der Arbeit oder der Kindererziehung bei ihrem Mann ab, weil sie wissen, dass sie ihrem Chef oder ihren Freunden dieselben Emotionen nicht vorbringen und gleichzeitig ihre Arbeit und ihre Freunde behalten können. Sie begründen das vielleicht damit, dass er es leichter hat als sie und dass er deshalb irgendwie verantwortlich ist für ihre Konflikte. Oder sie denken vielleicht, dass er schon damit umgehen kann und dass es deshalb egal ist. Für sie bedeutet es vielleicht nur, dass sie Ihren „Dampf ablassen" können. Für ihn ist es vernichtend und entmutigend.

2. Viele Frauen beschweren sich aus einer Gewohnheit heraus. Sie hören noch nicht einmal selbst, dass sie es tun.

3. Die meisten Frauen unterliegen dem Irrtum, dass sie ihren Mann verändern können, indem sie ihn auf seine Fehler und sein Versagen hinweisen. Lassen Sie mich das klarstellen: Das können Sie nicht!

Ich behaupte nicht, dass er sich unmöglich ändern kann, oder dass er sich nie ändern wird. Ich weise nur darauf hin, dass nicht Sie diejenige sind, die ihn ändert. Tatsächlich kann kein Mensch den anderen wirklich ändern. Nur Gott kann das tun. Gott verändert die Herzen, nicht nur äußere Taten.

In der Zwischenzeit passiert vielleicht nichts anderes, als dass er durch Ihre Worte allmählich das Bedürfnis verliert, sich zu verändern oder Ihnen zu gefallen. Möglicherweise kann er nicht mehr hören, was Gott ihm sagt, weil Sie die „leise Stimme" Gottes übertönen.

Meine Frau hat sich jahrelang über meinen schnellen Fahrstil beschwert. Jedes Mal, wenn Sie das tat, habe ich mich darüber geärgert. Ich habe ihre Klagen als persönliche Kritik interpretiert. Jedes Mal, wenn Sie sich aufregte, fühlte ich mich abgelehnt. Für mich klang es so, als wolle sie mir sagen, ich sei inkompetent.

Irgendwann änderte ich meinen Fahrstil, aber nicht, weil sie sich immer darüber beschwerte. Es fing damit an, dass Gott mich als Gesetzesbrecher überführte, als jemand, der nur an seine eigenen Interessen denkt und nicht an andere. Ich begann darüber nachzudenken, wie schrecklich es sein würde, wenn ich jemand verletzen oder töten würde. Ich begann über das Vorbild nachzudenken, das ich für meine Kinder war und wie sie später einmal fahren würden.

Um die Wahrheit zu sagen, durch die Vorwürfe meiner Frau brauchte ich länger, um mich zu ändern, als wenn ich mich nur mit Gott darüber auseinandergesetzt hätte. Er war viel erfolgreicher darin, meine Aufmerksamkeit zu bekommen. Er gebrauchte eine Reihe von Verkehrsvorschriften, die schließlich die Kündigung meiner Versicherung zur Folge hatten. Das zog nun wirklich meine Aufmerksamkeit auf sich.

Wie reagiert ein Mann auf die Vorwürfe seiner Frau? Er wird bitter. Wenn das einmal geschehen ist, zieht er sich für gewöhnlich an einen sicheren Ort zurück. Vielleicht sitzt er einfach nur in der Ecke und sieht fern oder liest die Zeitung. Vielleicht sucht er nach Möglichkeiten, wie Sport, Hobbys oder Freunde, um von zu Hause wegzubleiben. Für ihn ist das eine natürliche Reaktion auf Schmerz. Ihre Vorwürfe lösen einen tiefen Schmerz in ihm aus, und er wird alles tun, was nötig ist, um das zu umgehen.

Meine Damen, eure Männer wollen eure Helden sein. Reden Sie mit ihm nicht nur über seine Fehler. Reden Sie mit ihm über das, was er richtig macht. Und wenn es etwas gibt, das Sie stört, dann konzentrieren Sie sich nicht auf das Negative, sondern bringen Sie es ihm auf positive Weise bei. Sagen Sie ihm, was er Ihrer Meinung nach tun soll, anstatt ihn für das zu kritisieren, was er falsch gemacht hat.

Wenn Sie zum Beispiel Hilfe bei der Hausarbeit benötigen, sagen Sie ihm nicht, wie faul oder selbstsüchtig er ist. Vergleichen Sie ihn niemals mit einem anderen Mann, sondern teilen Sie ihm Ihre Last mit. Sagen Sie ihm, wie sehr Sie sich darüber freuen würden, wenn er Ihnen behilflich ist. Er wird wahrscheinlich nicht sofort loslegen, aber jedes Mal, wenn er Sie bei Ihrer Hausarbeit beobachtet, wird er daran denken, was Sie ihm gesagt haben. Gott wird ihn allmählich dazu bringen, dass er Ihnen hilft, und Er wird ihn verändern. Vielleicht dauert es eine Weile, bis er es verstanden hat. Beten Sie also für ihn, und bitten Sie den Herrn, dass Er es ihm aufs Herz legt, Ihnen zu helfen.

Wenn Sie Ihre Probleme auf diese Art angehen, geben Sie ihm Freiraum, sich zu verändern. Am Ende wird er sich durch seinen Wunsch, Ihr Held zu sein und Ihnen einen Gefallen zu tun, indem er tut, worum Sie ihn gebeten haben, alle seine schlechten Gewohnheiten abgewöhnen.

Vertrauen Sie mir, ich weiß, wovon ich rede. Mir ist es selbst so gegangen.

Welche Erwartungen haben Sie tatsächlich an Ihren Ehemann?

Neulich begleitete ich meinen Sohn zu einem Basketballspiel. Neben mir saß die Mutter eines anderen Spielers aus dem Team meines Sohnes. Als das Spiel ungefähr zur Hälfte vorbei war, sprach sie mich an. Ich weiß nicht mehr, wie wir auf das Thema Ehe kamen, aber sie fing an, mir zu erzählen, auf welch wundervolle Weise Gott in ihrer Ehe gearbeitet hat. Ich will versuchen, ihre Worte hier noch einmal frei wiederzugeben.

> Kurz nach unserer Hochzeit entwickelte ich eine regelrechte Wut auf meinen Mann. Er ist ein begeisterter Golfspieler. Er hing ständig am Telefon, um sich mit seinen Kumpels zum Golfspielen zu verabreden. Er investierte so viel Mühe und Vorbereitungen in diese Spiele. Er telefonierte und verabredete sich zum Essen und er musste manchmal mehrere verschiedene Termine koordinieren, damit er genügend Zeit auf dem Golfplatz verbringen konnte. Sie trafen sich zum Mittagessen und oft auch so, und alles drehte sich dabei ums Golfspielen.
>
> Ich stellte fest, dass ich wirklich sehr ärgerlich darüber war, aber ich konnte mir nicht erklären, warum. Mein Verstand sagte mir, dass es dumm war,

so zu empfinden, aber innerlich kochte ich. Also fing ich an, mit Gott über meine Gefühle zu sprechen. Dann verstand ich es plötzlich. Ich war eifersüchtig. Er gab sich nie so viel Mühe, Zeit mit mir zu verbringen. Wenn wir zum Essen ausgingen, war das meine Idee. Oft musste ich alles arrangieren. Er zeigte selten, dass er begeistert davon war; jedenfalls nicht so sehr wie beim Golfspielen. Ich wusste, er konnte wirklich begeistert sein, denn ich hatte es an ihm beobachtet, wenn er sich mit dem Golfspiel beschäftigte. Ich wollte, dass er für mich dieselbe Begeisterung zeigte.

Was sie dann tat, empfand ich wirklich als Segen. Sie setzte sich hin mit ihrem Mann und erzählte ihm, was in ihr vorging. Sie tat es, ohne ihn zu verurteilen oder anzuschreien. Sie entschuldigte sich, dass sie so unvernünftig und ärgerlich gewesen war. Dann erklärte sie ihm, was sie sich von ihm wünschte: dass er ihr mindestens genauso viel Zeit widmete wie dem Golfspiel.

Auf diese Weise formulierte sie ihr Problem so, dass er es leicht verstehen konnte. Nachdem sie alles gesagt hatte, entschuldigte er sich bei ihr, dass er nicht sensibler gewesen war, und er versprach ihr, dass es von nun an anders werden würde. Sie bestätigte mir, dass er Wort gehalten hatte.

Sie sagte: „Ich wünschte, ich könnte jeder Frau, die ich kenne, erzählen, wie glücklich ich bin.“

Kapitel 11
Romantik in der Ehe

„Siehe, du bist schön, meine Freundin, siehe, du bist schön; deine Augen sind [wie] Tauben hinter deinem Schleier; dein Haar gleicht der Ziegenherde, die vom Bergland Gilead herabwallt. Deine Zähne gleichen einer Herde frischgeschorener Schafe, die von der Schwemme kommen, die allesamt Zwillinge tragen, und von denen keines unfruchtbar ist. Deine Lippen sind wie eine Karmesinschnur, und dein Mund ist lieblich; wie Granatäpfelhälften sind deine Schläfen hinter deinem Schleier. Dein Hals gleicht dem Turm Davids, zum Arsenal erbaut, mit tausend Schildern behängt, allen Schilden der Helden. Deine beiden Brüste gleichen jungen Gazellen, Gazellenzwillingen, die zwischen den Lilien weiden. Bis der Tag kühl wird und die Schatten fliehen, will ich auf den Myrrhenberg gehen und auf den Weihrauchhügel! Schön bist du, meine Freundin, in allem, und kein Makel ist an dir! Komm mit mir vom Libanon, [meine] Braut, komm mit mir vom Libanon! Steig herab vom Gipfel des Amana, vom Gipfel des Schenir und des Hermon, von den Lagerstätten der Löwen, von den Bergen der Leoparden! Du hast mir das Herz geraubt, meine Schwester, [meine] Braut; mit einem einzigen deiner Blicke hast du mir das Herz geraubt, mit einem einzigen Kettchen von deinem Halsschmuck! Wie schön ist deine Liebe, meine Schwester, [meine] Braut; wie viel besser ist deine Liebe als Wein, und der Duft deiner Salben als alle Wohlgerüche! Honigseim träufeln deine Lippen, [meine] Braut, Honig und Milch sind unter deiner Zunge, und der Duft deiner Kleider ist wie der Duft des Libanon! Ein verschlossener Garten ist meine Schwester, [meine] Braut; ein verschlossener Born, eine versiegelte Quelle. Deine Schösslinge sind ein Lustgarten von Granatbäumen mit herrlicher Frucht, Cyperblumen mit Narden; Narden und Safran, Kalmus und Zimt, samt allerlei Weihrauchgehölz, Myrrhe und Aloe und den edelsten Gewürzen; eine Gartenquelle, ein Brunnen lebendigen Wassers, und Bäche, die vom Libanon fließen! Erwache, du Nordwind, und komm, du Südwind, durchwehe meinen Garten, dass sein Balsam träufle! Mein Geliebter komme in seinen Garten und esse seine herrliche Frucht!" (Hoheslied 4,1-16).

Ich weiß nicht, wie sie an meinen Namen geraten sind, aber hier lag er: ein Umschlag von der Zeitschrift Playboy. Ich öffnete ihn und las Folgendes:

Sie haben einen ausgesprochen guten Geschmack! Deshalb laden wir Sie ein, den „anspruchsvollen Mann der Neunziger Jahre" zu repräsentieren und der Zeitschrift PLAYBOY dabei zu helfen, die „perfekte Frau" zu gestalten.

Sie lesen richtig! Aus den zahlreichen intelligenten Männern unseres Landes haben wir SIE für unsere Umfrage über die perfekte Frau im Jahr 1994 ausgewählt. PLAYBOY möchte Ihre Erkenntnisse, Vorstellungen und Kommentare darüber hören, wie genau die „perfekte Frau" in Ihren Augen aussieht und wie sie sich verhält...

Zweifellos haben Sie sich schon ein Bild von ihr gemacht und sie sogar schon in Ihren Träumen gesehen.

Vielleicht hoffen Sie schon seit Jahren, auf der Straße ihr Begleiter zu sein. Mit ihr zusammen im Aufzug zu stehen. Oder in einer Konferenz, im Zug oder im

> Flugzeug neben ihr zu sitzen. (Vielleicht - nur vielleicht - gehören Sie zu den wenigen Glücklichen, die sie tatsächlich schon gefunden haben!)
>
> Zumindest wissen wir, dass Sie, als Vollblutmann, sie sich wahrscheinlich schon zusammengesetzt haben, diese „perfekte Frau". Stück für Stück. Eigenschaft für Eigenschaft – vor Ihrem geistigen Auge!

Meinen diese Jungs das wirklich Ernst? Dann lag dem Brief noch ein zweiseitiger Fragebogen bei, in dem alle möglichen Themen angeschnitten wurden, wie z.B.: „Meiner Meinung nach sind die perfekten Maße einer Frau ..." Ich kenne noch nicht einmal die Maße meiner eigenen Frau!

Sie stellten gezielte Fragen zu jedem Bereich, den man sich bei einer Person vorstellen kann: Schönheit, Körperteile, Intelligenz, Mode, Lebensstil, Arbeitsstil, sexuelle Einstellung. Ehrlich gesagt, sie stellten Fragen über Dinge, bei denen ich wette, dass noch kaum ein Mann sich je die Zeit genommen hat, darüber nachzudenken.

Das kann nur eines heißen: Diese Fragen muss sich eine Frau ausgedacht haben. Genau das sind die Einzelheiten, über die die Frauen nachdenken, nicht die Männer. Kein Mann würde seine Zeitgenossen als „Vollblutmänner" bezeichnen, und er würde auch keine Zeit mit dem Versuch verschwenden, das Aussehen der perfekten Frau zu analysieren. Die erste Entscheidung, ob ein Mann eine Frau attraktiv findet, trifft er in den ersten 15-20 Sekunden ihrer Begegnung. Ob er sie später dann mehr oder weniger attraktiv findet, hängt davon ab, wie er ihre Persönlichkeit wahrnimmt – es hat nichts mit ihrer Oberweite zu tun!

Hyper-romantisch

Wo auf der Welt bekommt man diese Art von Müll in den Briefkasten geworfen? Nur in Amerika. In den meisten Ländern würde man das als geschmacklos empfinden, als eine Sache, die keinen etwas angeht. Die meisten Kulturen sind, was Sex betrifft, nicht annähernd so überdreht, wie wir es sind.

Ich denke, die wenigsten würden sich mit mir streiten, wenn ich behaupte, dass wir in einer hyper-romantischen Kultur leben. Wenn Sie nicht der Meinung sind, dann schalten Sie doch einfach einmal Ihr Radio an, und hören Sie auf die Liedtexte. Schalten Sie den Fernseher an und sehen Sie, was dort gezeigt wird. Neunzig Prozent der Programme handeln von Liebe und Romantik. Gehen Sie zur Stadtbücherei, zum Videoshop, zur Kasse in Ihrem Lebensmittelgeschäft. Dort werden Sie eine Flut von Illusionen über Romantik, Liebe und Sexualität vorfinden. Es gibt kein Thema, über das mehr gesprochen, mehr nachgedacht, mehr gesungen, mehr geschrieben, sogar mehr geträumt wird als über die wahre Liebe und über Romantik!

Denken Sie an einige Ihrer Lieblingsaussprüche:

„Liebe macht blind."

„Jeder Mensch braucht einen Geliebten."

„Liebe heißt, sich niemals entschuldigen zu müssen."

„Es ist besser, geliebt und verloren zu haben, als überhaupt nicht geliebt zu haben."

„Wie ich dich liebe? Lass mich zählen, wie."

Bill Hybels fasste zusammen, wie es auch sein könnte:

> Liebe. Sie bringt die Welt zum Drehen, besiegt alles und pervertiert den Verstand. Wir stehen unter ihrem schlechten Stern, werden von ihr mitgerissen, laufen ihr in die Falle. Man kann sie nicht kaufen, aber manche haben teuer für sie bezahlt. Bei ihr geht es um Gerechtigkeit. Kriege wurden wegen ihr geführt und auf Königreiche wurde verzichtet. Sie ist besser als Wein, süßer als Süßigkeiten und herrlicher als ein Sommertag. Und jeder wird Ihnen sagen, dass es besser ist, geliebt und verloren zu haben, als überhaupt nicht geliebt zu haben.[25]

Doch trotz der Bedeutung, der Faszination und der Fantasie, die wir der Liebe und der Romantik beimessen – wie viele von uns werden sie jemals so verstehen, wie Gott sie geplant hat? Was wissen wir wirklich über Romantik?

Unerschöpfliche Liebe und Güte

Warum sind wir so besessen von Liebe und Romantik? Die Bibel gibt darauf eine einfache und direkte Antwort: „Beharrliche Liebe, danach sehnt sich ein Mensch ..." (Sprüche 19,22; übersetzt aus der New International Version). Leider entdecken die meisten von uns bald, dass Romantik oft nicht dasselbe ist wie Liebe und Güte.

C.S. Lewis hat in seinem Klassiker *The Four Loves* (deutscher Titel: *Was man Liebe nennt*) das Grundproblem erklärt, das wir bei der Romantik, die er hier als „Venus" bezeichnet, antreffen:

> Venus wird manchmal abgleiten in reine Sexualität. Zehnmal schlimmer noch ist der Wunsch, dass das Verlangen nach der Geliebten, nach der völligen Einheit eine makabre Form annehmen kann. Dies kann sich zu einer Art Imperialismus entwickeln, einer Sehnsucht danach, in Anspruch zu nehmen, anstatt selbst beansprucht zu werden, zu besitzen, ohne selbst in Besitz genommen zu werden, die Geliebte, jeden Gedanken, Wunsch und jedes Interesse zu einem Spiegelbild der eigenen Person zu machen. Und da die Geliebte eventuell genau dasselbe Programm plant, dürfte der Erfolg – der, wenn er erreicht würde, eine Schande wäre – nicht sehr glaubhaft sein.[26]

Mit anderen Worten, die natürliche, selbstsüchtige Neigung unserer menschlichen Natur, die nicht von einem starken Gewissen und/oder vom Heiligen Geist zurückgehalten wird, wird sich immer in einen Zustand der Begierde und der Eroberung verschlechtern. Die Geliebte wird zu einem Objekt, das man besitzen und für sich in Anspruch nehmen will, anstatt sie zu ehren und zu versorgen.

Das Problem der Definition

Wir müssen klar definieren, was wir meinen, wenn wir jemandem sagen: „Ich liebe dich." Denn das ist ein Problem. Wer Englisch spricht, hat weniger Möglichkeiten, genau auszudrücken, was er meint, als die, die eine andere Sprache sprechen. Die Griechen verwenden beispielsweise vier verschiedene Ausdrücke, um das Wesen und die Art der Liebe genau zu definieren, auf die sie anspielen. Sie haben jeweils ein Wort für die Liebe innerhalb der Familie (*storge*), für die romantische Liebe (*eros*), für die brüderliche Liebe (*philia*) und für die göttliche Liebe (*agape*).

Wenn wir dagegen sagen „Ich liebe dich", muss der andere herausfinden, welche Liebe gemeint ist, indem er darauf achtet, in welchem Zusammenhang diese Worte gesagt wurden. Wenn ein Mann das zu seiner Frau sagt, hat das eine Bedeutung. Wenn derselbe Mann diese Worte an sein Kind richtet, sollte es eine andere Bedeutung haben. Und wenn er es zu seinen Eltern oder zu einem Freund sagt, hat es wieder eine andere Bedeutung.

Das macht deutlich, dass wir uns sorgfältiger überlegen müssen, wie wir die verschiedenen Gefühle der Liebe ausdrücken und welche Grenzen wir um diesen Ausdruck ziehen wollen. Außerdem muss uns klar sein, dass andere unseren Worten der Liebe eine weitaus andere Bedeutung beimessen können, die sich auf das gründet, was sie mit uns erlebt haben, anstatt auf das, was wir sagen. Wenn ein Mann seiner Frau sagt, dass er sie liebt, und wenn er daraufhin jedes Mal versucht, sie zum Sex zu überreden, dann wird sie jedes Mal, wenn er diese Worte benutzt, darunter verstehen „Ich will Sex", was ja möglicherweise der Fall ist.

Wenn wir unser Wörterbuch aufschlagen, stellen wir fest, dass das Wort Romantik früher eine andere Bedeutung hatte als heute. Für unsere Vorfahren bedeutete es soviel wie Ritterlichkeit, Idealismus, die höchste Verkörperung von Liebe, Opferbereitschaft und Pflicht. Später bekam es dann eine fantasievolle und wirklichkeitsfremde Bedeutung.

Heute wird Romantik fast ausschließlich im Zusammenhang mit sexuellem Verhalten verwendet. Viele verstehen unter romantischem Verhalten alles, was am Ende in sexuellen Berührungen gipfelt.

Valentinstag

Während ich jetzt schreibe, ist der Valentinstag gerade eine Woche her. Ich wurde an einen Vorfall erinnert, der mir letztes Jahr um diese Zeit passiert ist, von dem ich glaube, dass er dieses Kommunikationsproblem veranschaulicht.

Früher fiel es mir sehr leicht, meiner Frau ein Geschenk zum Valentinstag zu kaufen. Sie liebte eine ganz bestimmte Sorte Schokolade. Meine Aufgabe war es, ihr jedes Jahr einen ausreichenden Vorrat davon zu besorgen.

In letzter Zeit macht sie sich Sorgen, dass sie zunehmen könnte, so dass sie mehr auf ihre Ernährung achtet (trotz der Tatsache, dass sie in zehn Jahren nicht ein Pfund zugenommen hat). Sie erklärte: „Kauf mir keine Schokolade. Das enthält zu viel Fett." Ich war ganz verwirrt. Was sollte ich ihr jetzt kaufen? Alles, was ich mir leisten konnte, hat sie bereits. Und was ich mir nicht leisten kann, gibt sie wieder zurück.

Als sie mein Dilemma bemerkte, hatte sie Mitleid und gab mir den Hinweis, dass sie gerne einen Schlafanzug aus Seide hätte. Ich zog sofort los zum Einkaufszentrum. Mein zwölfjähriger Sohn begleitete mich. (Wenn wir meiner Frau etwas zum Anziehen kaufen, verlasse ich mich bei allen endgültigen Entscheidungen auf ihn. Er trifft selten ins Schwarze, aber er hat sehr überzeugte Ansichten, was mir dann hilft, eine Entscheidung zu treffen.)

Als wir das Kaufhaus betraten, das für seine Spezialisierung auf Damenwäsche bekannt ist, fühlte ich mich sofort unwohl. Überall standen Dutzende von Männern, die sich von einer Verkäuferin beraten ließen. Sie wühlten in Bergen von Damenwäsche, die so knapp bemessen waren, dass man sie kaum als „Wäschestücke" bezeichnen konnte.

Schließlich bot mir eine der Verkäuferinnen höflich ihre Hilfe an, nachdem sie meine offensichtliche Verwirrung und mich als „Fremden in einer fremden Welt“ erkannt hatte. Als ich ihr erklärte, dass ich nach einem Schlafanzug für Damen suchte, zeigte sie mir dieselben „Fummel“, die sich auch die anderen Männer ansahen. An dieser Stelle klärte ich sie auf, dass ich nicht etwas suchte, was mir gefiel, sondern meiner Frau. Ich sagte, ich könne mir nicht vorstellen, dass diese Teile in irgendeiner Weise bequem sein sollten. Die arme Frau schaute für einen Moment ganz verwirrt drein. Sie war nicht im Mindesten beeindruckt von der Sachlichkeit meines Einkaufs. Ganz sicher hatte sie Zweifel, ob ich überhaupt eine romantische Ader in mir hatte. Ich bezweifle, dass sie begreift, dass „Teddys“ wenig mit Romantik zu tun haben, zumindest nicht mit der von Gott vorgesehenen Art.

Geistlichkeit und Romantik

Das Zeitalter der sexuellen Revolution brachte gewisse Hypothesen in puncto Religion und Sex hervor, von denen die meisten weder hinterfragt noch erörtert wurden. Wie der Osten und Westen, so wird behauptet, können die beiden niemals aufeinander treffen. In unserer Gesellschaft ist der Glaube weit verbreitet, dass gläubige Menschen auf extreme und manchmal störende Weise Hemmungen in Bezug auf sexuelle Intimität haben, dass wir verklemmt sind, was Romantik betrifft, und dass wir ein Leben voller Einschränkungen und Frustrationen führen.

Deshalb war die Betroffenheit groß, als die Zeitschrift *Redbook* über die Ergebnisse ihrer landesweiten Umfrage unter 18.349 weiblichen Lesern berichtete. Die Frauen sollten Hunderte von Fragen beantworten über ihre Ansichten, Gefühle und Überzeugungen bezüglich ihrer Familie, Liebe, Ehe, Romantik und Sex. Mit dem Ergebnis hatten sie absolut nicht gerechnet.

Sie fanden Folgendes heraus: Je liberaler eine Frau war, und je weniger sie mit Religion zu tun hatte, desto unzufriedener war sie mit der Romantik in ihrem Leben und mit ihrer Ehe, und das in jeder Altersstufe. Im Gegensatz dazu gaben die Frauen, die konservativer und religiöser waren, die engere Ansichten über vorehelichen und außerehelichen Sex hatten, einen höheren Grad der Zufriedenheit bezüglich ihrer Ehe, Sex und Romantik an. Außerdem war nur die Hälfte von ihnen geschieden.[27]

Falsche Hypothesen

Eine Hypothese, die viele Menschen über Gott und die Bibel aufstellen, ist, dass Gott etwas gegen Romantik hat. Wenn diese Menschen tatsächlich in der Bibel lesen würden, wäre ihnen sofort klar, dass das nicht richtig ist. Die Bibel enthält viele Geschichten, die voller Romantik sind. Adam und Eva, Abraham und Sara, Isaak und Rebekka, Jakob und Rahel – ihre Geschichten handeln alle von wahrer Romantik. Das Hohelied Salomos ist eindeutig eine sinnliche Liebeserklärung. Selbst wenn man es als ein Bild für Gottes Liebe zu Israel oder zur Gemeinde betrachtet, zeigt es, dass Gottes Liebe ein Ausmaß der Leidenschaft umfasst, das erstaunlich ist.

Die Bibel verdammt nicht die Romantik. Sie präsentiert sie als Teil und Tatsache eines normalen Lebens. Sie als etwas anderes zu behandeln wäre abnormal. Sie warnt jedoch vor unerlaubter Lust, besonders wenn sie außerhalb der ehelichen Pflichten umgesetzt wird.

Eine zweite irrtümliche Hypothese ist, dass die Bibel die sexuelle Seite unseres Lebens nicht anspricht oder wahrnimmt. Auch hier ist das Gegenteil der Fall.

Die Bibel spricht dieses Thema häufig und im Detail an mit der Absicht, unsere Sexualität unter Kontrolle zu bringen, damit sie uns nützen kann, anstatt uns zu dominieren und zu kontrollieren. Sowohl Sex als auch Romantik finden ihre größte Erfüllung innerhalb einer überzeugten und liebevollen Beziehung, einer Beziehung, die für das ganze Leben auf einen Mann und eine Frau begrenzt ist. Gott will, dass wir verstehen, dass die endgültige Erfüllung und das Glück einer menschlichen Beziehung in der monogamen Einheit eines Mannes und einer Frau für ihr gesamtes Leben liegen.

Schließlich gibt es einige, die zu dem Schluss gekommen sind, dass die Bibel gegen Sex ist. Und auch das stimmt überhaupt nicht mit der Bibel überein. Tatsächlich wird uns genau das Gegenteil gesagt. Im Buch der Sprüche ermahnt uns Salomo:

> „Deine Quelle sei gesegnet, und freue dich an der Frau deiner Jugend! Die liebliche Hindin, die anmutige Gemse, ihr Busen soll dich allezeit sättigen, von ihrer Liebe sollst du stets entzückt sein!" (Sprüche 5,18.19)

Auch Paulus gab die Anweisung, dass Männer und Frauen in der Ehe darauf achten sollen, dass sie sich ihrer sexuellen Intimität nicht entziehen, damit das nicht zum Ehebruch führt.

> „Der Mann gebe der Frau die Zuneigung, die er ihr schuldig ist, ebenso aber auch die Frau dem Mann. Die Frau verfügt nicht selbst über ihren Leib, sondern der Mann; gleicherweise verfügt aber auch der Mann nicht selbst über seinen Leib, sondern die Frau. Entzieht euch einander nicht, außer nach Übereinkunft eine Zeitlang, damit ihr euch dem Fasten und dem Gebet widmen könnt; und kommt dann wieder zusammen, damit euch der Satan nicht versucht um eurer Unenthaltsamkeit willen." (1. Korinther 7,3-5).

Es ist die Untreue und der Ehebruch, die Gott verdammt. Auch der Schreiber des Hebräerbriefs gibt die Anweisung: „Die Ehe soll von allen in Ehren gehalten werden und das Ehebett unbefleckt; die Unzüchtigen und Ehebrecher aber wird Gott richten!" (Hebräer 13,4).

Unterschiedliche Zielvorstellungen

Männer und Frauen betrachten die Themen Liebe, Sex und Romantik aus einer sehr unterschiedlichen Perspektive. Sie haben sehr unterschiedliche Bedürfnisse und lassen sich deshalb aus sehr verschiedenen Gründen auf sexuelle Intimität ein. Beide werden die sexuelle Intimität nach ihrem eigenen Bewertungsmaßstab einschätzen. Allein das erklärt, warum die sexuelle Intimität für Ehepaare oft so kompliziert, frustrierend und sogar schmerzhaft ist.

Dr. Willard F. Harley gibt in seinem Buch *His Needs, Her Needs* (freie Übersetzung: *Seine Bedürfnisse, Ihre Bedürfnisse*; siehe Quellennachweis) an, dass er durch seine Erfahrung als Seelsorger jeweils fünf Grundbedürfnisse des Mannes und der Frau aufzeigen kann. Beide erwarten, dass der andere sie ihm erfüllt.

Die fünf Grundbedürfnisse des Mannes in der Ehe sind:

1. sexuelle Erfüllung
2. Gemeinschaft, in der er sich erholen kann
3. eine attraktive Ehefrau
4. Hilfe im Haushalt
5. Bewunderung

Die fünf Grundbedürfnisse der Frau in der Ehe sind:

1. Zuneigung
2. Gespräche
3. Ehrlichkeit und Offenheit
4. finanzielle Unterstützung
5. familiäres Engagement[28]

Wenn Sie sich diese zehn Bedürfnisse ansehen, werden Sie sehen, dass beide Seiten entweder zu einer gegenseitigen Ergänzung oder zum Konflikt führen können. Das erste Bedürfnis des Mannes auf der Liste, die sexuelle Erfüllung, fehlt auf der Liste der Frau gänzlich. Ihr erstes Bedürfnis ist Zuneigung. (Männer verstehen unter Zuneigung etwas anderes als Sex.) Ein Mann möchte Sex, und die Frau möchte Zuneigung. In den meisten Beziehungen wird diesbezüglich ein Kompromiss geschlossen. Die Frau ist bereit zum Sex, damit sie Zuneigung bekommt. Der Mann zeigt ihr seine Zuneigung, damit er Sex bekommt.

Diese drastische Darstellung verursacht vielleicht ein unangenehmes Gefühl in Ihnen, aber wir müssen mit der Tatsache zurechtkommen, dass wir sexuelle Wesen sind. Jesus sagte seinen Jüngern, dass die Befreiung von dem Bedürfnis und Wunsch nach ehelichem Sex nur dann geschieht, wenn Gott sie uns schenkt (Matthäus 19,11.12). Der normale Wunsch eines Menschen ist die sexuelle Intimität mit einem anderen.

Und doch ist der Aspekt, dass Viele in ihrer Beziehung um ihr Bedürfnis feilschen der Grund, warum es wegen Sex so oft zum Konflikt kommt. Sex ist so ein zerbrechlicher Teil unseres Wesens, dass dieser Bereich stets mit äußerster Sorgfalt behandelt werden muss. In keinem anderen Moment stehen sich Mann und Frau so ungeschützt gegenüber, als dann, wenn sie beide dem anderen ihren Körper zum Geschlechtsverkehr überlassen.

Die sexuelle Reaktion der Frau

Wenn die Frau ihrem Mann ihren Körper überlässt, ist das eine Äußerung des Vertrauens und der Unterordnung. In gewissem Sinne hat sie sich selbst bereitwillig ihm übergeben. Es ist ein Ausdruck ihrer Zuversicht, dass er ehrlich und offen zu ihr ist, und dass er sich ihr allein hingibt. In den meisten Fällen zielt sie nicht auf ein Feuerwerk der Gefühle oder auf die Erregung ab, sondern sie sehnt sich vielmehr nach Zärtlichkeit und Zuneigung. Die Geschichte von Ruth und Boas ist ein hervorragendes Bild dafür. Als sie in der Nacht zu Boas kommt und sich ihm zu Füßen legt, spricht sie zu ihm: „Ich bin Ruth, deine Magd! So breite deine Flügel über deine Magd; denn du bist ja Löser!“ (Ruth 3,9). Seine Großzügigkeit, sein Schutz und seine Fürsorge in der Zeit, als sie sich in Not befand, hatten in ihr großen Respekt und Bewunderung für ihn ausgelöst. Dadurch konnte sie ihm ihr Herz öffnen und ihm ihre Liebe geben.

Die alten Rabbiner beschrieben die Frau als eine zerbrechliche Rose, der gestattet werden muss, dass sie ihre Blüten langsam, in ihrem eigenen Tempo, öffnet. Sie muss das Recht bekommen, sich freiwillig hinzugeben. Das tut sie nur dann, wenn ihr Mann die anderen Bedürfnisse ihres Lebens erfüllt – ihr Bedürfnis nach Hingabe, finanzieller Unterstützung, Ehrlichkeit und Offenheit und liebevolle Gespräche (z. B. ihr zuhören). Für die meisten Frauen fängt Verführung am Anfang des Tages an. Für andere hingegen muss sie am Anfang der Woche beginnen. Die Leidenschaft wächst bedrohlich und langsam in einem Menschen, bis sie schließlich im Geschlechtsverkehr endet.

Die sexuelle Reaktion des Mannes

Im Gegensatz zur Frau ist der Mann ziemlich unkompliziert in seiner sexuellen Reaktion. Das erklärt mehr als alles andere, warum die Frau für den Mann so verwirrend ist. Die meisten Männer sind ziemlich schnell erregt und noch schneller ist die Erregung wieder abgeklungen. Der eigentliche Akt wird von ihnen nicht so intensiv empfunden, wie von den Frauen, und er hat auch keine so emotionale Bedeutung.

Das heißt nicht, dass Geschlechtsverkehr ein rein mechanischer Akt seitens des Mannes ist. Für sein emotionales Wohlbefinden spielt er eine entscheidende Rolle.

Männer fühlen sich von Frauen angezogen, die sie bewundern und unterstützen. Wenn eine Frau beim Geschlechtsverkehr ihren Körper auf liebevolle Art dem Mann zur Verfügung stellt, bedeutet das für ihn den äußersten Ausdruck der Bewunderung und Unterstützung. Beachten Sie, dass ich gesagt habe „auf liebevolle Weise". Diesen Unterschied mache ich, weil mir wohl bewusst ist, dass die Frau sich sehr oft der sexuellen Beziehung mit ihrem Mann „fügt", aber nicht, weil sie ihn bewundert oder unterstützt. Oft tut sie es nur, weil sie es als ihre Aufgabe, Verantwortung und Pflicht empfindet. Oft gibt die Frau sich ihrem Mann nur deshalb hin, damit er ihr nicht auf die Nerven geht.

Ich behaupte nicht, dass ein Ehepaar nur dann Geschlechtsverkehr haben sollte, wenn beide das Optimum ihrer Wünsche erreicht haben. Dann gäbe es in 99 Prozent der Ehen viel zu wenig Geschlechtsverkehr. Es wird Zeiten geben, wenn der Mann oder die Frau sich auf Sex einlassen, auch wenn ihnen nicht ganz danach ist. Sie tun es, weil sie dem Bedürfnis ihres Partners entgegenkommen wollen, selbst wenn ihr eigenes Verlangen nicht so stark ist.

Man sollte jedoch nicht vergessen, dass Geschlechtsverkehr nicht als einseitige Angelegenheit gedacht ist. Wenn er nur dazu dient, dass man sich von seinem sexuellen Druck befreit, wird der Partner mit diesem Aspekt der Beziehung bald unzufrieden sein. Ein ernsthaftes Interesse am anderen, selbst auf verspielte Art, kann und sollte regelmäßig Teil der gemeinsamen Intimität sein.

Wenn eine Frau ihrem Mann den Sex verweigert, ist das für sein Ego und für seine Persönlichkeit vernichtend. Dasselbe gilt auch, wenn sie ihn für sein Verhalten beim Sex kritisiert. Ich charakterisiere die Männer oft als Wesen, die Ähnlichkeit mit Eiern haben. Sie haben eine harte Schale. Aber wenn man sie fallen lässt, dann laufen sie aus und hinterlassen eine große Sauerei.

Ein Mann kann zwar derb und wild sein oder vortäuschen, dass er nicht so leicht verletzt werden kann, aber glauben Sie nur nicht, dass das auch stimmt. Er ist abhängig von Ihrer Bestätigung, und daraus schöpft er die Kraft, gegen die Kämpfe des Lebens anzugehen. Wenn Sie an ihn glauben, glaubt er auch an sich. Wenn Sie es nicht tun, wird er von Selbstzweifeln zerstört.

Ein Wort an die Frauen: Wenn Sie in diesem Bereich Ihrer Beziehung Schwierigkeiten haben, dann teilen Sie Ihrem Mann Ihre Bedürfnisse und Gefühle mit. Sagen Sie ihm, was Sie vom Sex in Ihrer Ehe erwarten. Fragen Sie ihn, was ihm gefällt.

Sex ist nicht so unkompliziert, wie viele Menschen annehmen. Erstens sind wir alle völlige Anfänger darin. Unsere Erwartungen sind hoch und unsere Geduld ist klein. Das Wundervolle daran ist die Möglichkeit, dass es mit der

Zeit und durch Übung immer besser werden kann. Das hängt jedoch davon ab, ob wir aus unseren Fehlern lernen. Ehepaare müssen miteinander kommunizieren. Sie müssen sich beide einigen, was für sie angenehm und akzeptabel ist. Es ist niemals richtig, den Partner zu etwas zu zwingen oder ihm Druck zu machen, dass er sich auf irgendetwas einlässt, bei dem er sich unwohl fühlt oder das gegen Gottes Maßstäbe der Gerechtigkeit verstößt.

Gott wollte, dass die sexuelle Intimität einer der reichsten und erfüllendsten Aspekte Ihres gemeinsamen Lebens als Mann und Frau wird. Wenn wir sie mit einer Blume vergleichen, dann ist die Hingabe die Wurzel und die Gemeinschaft der Stiel. Sie wird durch Opferbereitschaft und Dienst ernährt. Die sexuelle Intimität ist die Blüte. Leider wollen die meisten Leute heute nur die Blüte. Sie beeilen sich, sie zu pflücken und ihren Duft zu genießen. Bald verwelkt sie und stirbt.

Ist es ein Wunder, dass so viele Ehen so oft in die Brüche gehen?

Kapitel 12
Ehebruch – der Todesstoß für die Ehe

„Denn um einer hurerischen Frau willen kommt man an den Bettelstab, und die Frau eines anderen gefährdet die kostbare Seele! Kann jemand Feuer in seinem Gewand tragen, ohne dass seine Kleider in Brand geraten? Oder kann einer auf glühenden Kohlen schreiten, ohne sich die Füße zu verbrennen? So ergeht es dem, der zu der Ehefrau seines Nächsten eingeht. Keiner wird ungestraft bleiben, der sie anrührt! Man verachtet den Dieb nicht, wenn er stiehlt, um sein Leben zu fristen, weil er Hunger hat; wird er ertappt, so muss er siebenfach bezahlen und alles hergeben, was er im Haus hat; wer aber mit einer Frau Ehebruch begeht, ist ein herzloser Mensch; er richtet seine eigene Seele zugrunde, wenn er so etwas tut. Schläge und Schmach werden ihn treffen, und seine Schande ist nicht auszutilgen; denn die Eifersucht versetzt einen Mann in glühenden Zorn, und am Tag der Rache wird er nicht schonen; er wird nicht bereit sein, ein Lösegeld anzunehmen, und lässt sich auch durch das größte Geschenk nicht besänftigen." (Sprüche 6,26-35).

In den über zwanzig Jahren, in denen ich Pastor bin, hatte ich die Ehre, bei Hunderten von Paaren an einer Erfahrung teilzuhaben, die, wie ich hoffe, in ihrem Leben einmalig ist. Sie haben vor mir, vor ihrer Familie und vor Freunden gestanden und öffentlich Gott und Menschen geschworen, dass sie sich lieben, achten und ehren alle Tage ihres Lebens, dass sie sich ewig die Treue halten, bis dass der Tod sie scheidet, „so wahr mir Gott helfe".

Ich habe keinen Zweifel daran, dass sie in diesem Augenblick jedes Wort, das sie sagen, ehrlich meinen. Um sicherzugehen, erinnere ich sie daran: „Wenn du Gott ein Gelübde ablegst, so versäume nicht, es zu erfüllen; denn er hat kein Wohlgefallen an den Toren; was du gelobt hast, das sollst du auch erfüllen!" (Prediger 5,3).

Und doch musste ich auch die schmerzliche Erfahrung machen, Jahre später mit einigen von ihnen zusammenzusitzen, und bei diesem Gespräch ging es dann um Ehebruch. In diesem Moment, wenn sie mir beschämt und verlegen erzählen, was passiert ist, wenn sie Probleme haben, einen Weg zu finden, wie sie „den Riss wieder flicken können", dann ist die Leidenschaft, das Vergnügen vorbei, der Reiz des Gedankens an eine Affäre ist vergangen und zurück bleiben nur Schmerz und Bedauern. In manchen Fällen vergebens.

Dann muss ich jedes Mal an die düstere Warnung denken, die der Schreiber des Hebräerbriefes gab:

> „… dass nicht jemand ein Unzüchtiger oder ein gottloser Mensch sei wie Esau, der um einer Speise willen sein Erstgeburtsrecht verkaufte. Denn ihr wisst, dass er nachher verworfen wurde, als er den Segen erben wollte, denn obgleich er ihn unter Tränen suchte, fand er keinen Raum zur Buße." (Hebräer 12,16-17).

Todesstöße

Es gibt viele Möglichkeiten, wie eine Ehe zerstört werden kann. Wenn man sich die Liste mit den am häufigsten genannten Gründen ansieht, dann ist Geld das Problem Nummer eins, dicht gefolgt von unüberwindlicher Abneigung. Der Ehebruch ist normalerweise der letzte Schritt in den „Tod" einer Ehe, er ist nicht die eigentliche Ursache.

Wenn ich erklären müsste, was beim Ehebruch anders ist, würde ich es mit einer tödlichen Krankheit vergleichen. Die meisten Eheprobleme ähneln dem Krebs. Wenn man ihn früh genug feststellt, kann man ihn noch behandeln. Die „Ursachen" können sich noch einmal zurückbilden, die Ehe kann sich wieder erholen und schließlich gerettet werden.

Ehebruch dagegen ist wie Selbstmord. Selbst der abgestumpfteste Mensch unter uns kann erkennen, dass Ehebruch oft der Todesstoß für eine Ehe ist. Seine Auswirkungen sind so verheerend für eine Beziehung, dass er in der Bibel als unbestreitbare Rechtfertigung für eine Scheidung gilt.

> „Es ist auch gesagt: »Wer sich von seiner Frau scheidet, der gebe ihr einen Scheidebrief«. Ich aber sage euch: Wer sich von seiner Frau scheidet, ausgenommen wegen Unzucht, der macht, dass sie die Ehe bricht. Und wer eine Geschiedene heiratet, der bricht die Ehe." (Matthäus 5,31-32).

Mit diesen Worten verurteilte Jesus die übliche Praxis unter seinen Zeitgenossen, sich von seiner Frau zu trennen, weil sie einem nicht mehr gefiel. Er erklärte ihnen, dass es KEINEN berechtigten Grund dafür gibt, „außer die Untreue gegenüber dem Partner". Wir nennen das eine Ausnahmeregelung. Alle anderen Optionen für eine Scheidung sind ausgeschlossen, nur diese nicht.

Eine Epidemie?

Wenn Brautpaare vor dem Pastor, der Familie und vor Freunden stehen und ihren Eid wiederholen, haben sie die feste Absicht, diesen bis auf den letzten Buchstaben zu erfüllen. Ehebruch und Scheidung sind hoffentlich das Letzte, woran sie denken. Und doch haben statistische Studien gezeigt, dass nicht weniger als 70 Prozent der Männer und 50 Prozent der Frauen mindestens eine ehebrecherische Affäre in ihrem Leben gehabt haben. Ich muss zugeben, ich finde diese Anzahl unglaublich hoch. Selbst wenn wir sie halbieren würden, gehörte immer noch ein großer Teil von uns dazu.

Was ist Ehebruch?

Unter dem Begriff „Ehebruch“ versteht man im Allgemeinen, sich freiwillig auf Geschlechtsverkehr mit jemandem einzulassen, mit dem man nicht verheiratet ist. Jesus schnitt dieses Thema im Matthäusevangelium zweimal an.

> „Ich aber sage euch: Wer sich von seiner Frau scheidet, ausgenommen wegen Unzucht, der macht, dass sie die Ehe bricht. Und wer eine Geschiedene heiratet, der bricht die Ehe.“ (Matthäus 5,32).
>
> „Ich sage euch aber: Wer seine Frau entlässt, es sei denn wegen Unzucht, und eine andere heiratet, der bricht die Ehe; und wer eine Geschiedene heiratet, der bricht die Ehe.“ (Matthäus 19,9).

Das Wort „betrogen“ ist eine Übersetzung des griechischen Wortes *porneia*. Es bedeutet jede Art von „rechtswidrigem Geschlechtsverkehr“, wie „Ehebruch, Prostitution, Homosexualität, Lesbianismus, Sexualverkehr mit Tieren, Geschlechtsverkehr mit engen Verwandten und/oder Geschlechtsverkehr mit einem geschiedenen Mann oder mit einer geschiedenen Frau“.

Einige haben versucht, die Definition einzugrenzen, um dadurch bestimmtes sexuelles Verhalten zu rechtfertigen, aber der Text ist sehr spezifisch und eindeutig – damit, wie Paulus verkündete „sie keine Entschuldigung haben“ (Römer 1,20).

Wie kann es soweit kommen?

Wenn ich mit einer Person oder einem Ehepaar zusammen sitze, die der Realität einer Affäre ins Auge sehen müssen, richte ich mich oft zuerst an den Schuldigen mit der Frage: „Wie ist das passiert?“ Die folgenden Erzählungen sind nicht tatsächlich so geschehen. Es sind Szenarien, die ich einigen meiner seelsorgerlichen Gespräche mit Ehepaaren entnommen habe, die das Trauma eines Seitensprungs erlebt haben. Sie sind ein zusammengesetztes Bild davon, wie es in vielen Fällen passiert.

Szenario für Fallbeispiel Nr. 1

Es war eine ganz gewöhnliche Geschäftsreise. Bill hatte schon viele solcher Reisen hinter sich. Sein Flugzeug landete, der Shuttlebus brachte ihn zu seinem Hotel, er richtete sich in seinem Zimmer ein. Er mochte diese Reisen nicht. Er hasste es, allein zu reisen. Er hatte die Präsentation schon so oft gehalten, dass sie keine große Herausforderung mehr für ihn darstellte. Er hasste die langen, einsamen Abende in einem Hotel, in einer fremden Stadt.

Nachdem er sein Abendessen in einem Restaurant durchgestanden hatte, ging er zurück in sein Zimmer. Er schaltete ein paar Minuten durch die Fernsehprogramme, fand jedoch nichts, was ihn interessierte. Nachdem er eine Weile nachgedacht hatte, entschloss er sich, einen Spaziergang zu machen und eine Beschäftigung zu finden.

Als er den Aufzug verließ und die Lobby betrat, konnte er Gelächter hören, das aus dem Foyer kam. Bill war kein Trinker. Er wusste nicht viel über Bars. Der Gedanke, dort hinein zu gehen, schüchterte ihn ein. Außerdem, was wäre, wenn er jemanden träfe, den er kannte, jemanden aus seiner Gemeinde? „Ach nein, das wird schon nicht passieren", dachte er, um sich selbst zu beruhigen. „Ich bin tausend Meilen von zu Hause entfernt. Was schadet es schon, wenn ich hineingehe und eine Cola trinke?"

Als Bill das Foyer betrat, fühlte er sich befangen und fehl am Platz. Er setzte sich auf einen Stuhl an einen Nebentisch. Die meisten Leute waren entweder gefesselt von dem Footballspiel, das im Fernsehen lief, oder unterhielten sich angeregt über das Spiel.

Nach ein paar Minuten kam eine Kellnerin hinüber an seinen Tisch und fragte ihn, was er trinken wolle. Er bestellte ein Glas Wein. (Schließlich steht doch in der Bibel, dass ein wenig Wein gut ist für den Magen, oder nicht?) Was würde es schon schaden? Während er an seinem Wein nippte, entspannte er sich allmählich.

Das war der Moment, als alles anfing. Zuerst bemerkte er sie nicht. Sie saß mit einer anderen Frau zusammen am anderen Ende des Foyers. Als sich ihre Augen das erste Mal trafen, blickte er schnell zur Seite und tat so, als würde er sie nicht anstarren. Sie war nicht das, was man eine Schönheit nennen würde, aber sie war auf eine interessante Art und Weise attraktiv.

Als sie aufstand und in seine Richtung lief, dachte er zuerst, sie wollte gehen. Aber dann kam sie zu seinem Tisch hinüber. „Sie sehen aus, als wenn Sie ganz allein hier sind. Macht es Ihnen etwas aus, wenn ich mich ein paar Minuten zu Ihnen setze?“ Sie machte eine kurze Pause und streckte ihm dann ihre Hand entgegen. „Ich heiße Michelle, und wie heißen Sie?“

Wie soll man auf so eine Frage antworten? Man kann sie doch nicht einfach ignorieren. Man will ja nicht unhöflich sein. Außerdem wäre es doch nett, einen Gesprächspartner zu haben. Eigentlich würde es sicher irgendwie Spaß machen. Es würde ja nichts weiter passieren. Die Situation erinnerte Bill an seine Zeit im College, als er ständig versucht hatte, die Mädchen aufzugabeln, aber nie richtig erfolgreich darin war. Wenn Karen ihm nicht nachgelaufen wäre, hätte er wahrscheinlich nie geheiratet. Er war nicht besonders gut darin gewesen, sich mit Mädchen zu verabreden.

Anfangs fühlte sich Bill etwas unbehaglich, aber nach ein paar weiteren Gläsern Wein ging es ihm allmählich besser. Michelle gab ihm mit ihrer Art das Gefühl, etwas Besonderes zu sein. Er empfand sich selbst nicht als gewandten Gesprächspartner, aber mit ihr war es so leicht, sich zu unterhalten. Sie lachte über seine Witze. Sie interessierte sich für das, was er erzählte.

Sie war mindestens fünfzehn Jahre jünger als Bill. Es gab noch so viele andere junge Männer in ihrem Alter, die sie ansprechen konnte, aber sie machte Bemerkungen darüber, wie gut er aussah und wie reif er dadurch wirkte. Er konnte sich nicht daran erinnern, wann eine Frau, besonders eine jüngere, ihn das letzte Mal attraktiv gefunden hatte.

Es war Michelle, die als Erste den Vorschlag machte, an einen ruhigeren Ort zu gehen, wo sie sich unterhalten konnten. Keiner sprach es aus, es schien ganz normal zu sein, dass sie in ihr Zimmer gingen. Sie nahm seinen Arm, als sie aus dem Foyer gingen. Es schien ganz natürlich zu sein. Einen Moment lang fragte Bill sich, ob sie jemand bemerken oder erkennen würde ... andererseits, wie sollten sie?

Sobald sie im Aufzug waren, lehnte sie sich an ihn. In ihrem Stockwerk angekommen, legte er seinen Arm um sie. Sie liefen zu ihrem Zimmer, sie öffnete die Tür. Sobald sie den Raum betreten hatten, war jeder Vorwand verschwunden. Sie umarmten sich und ...

Erst im Nachhinein wurde Bill klar, was er getan hatte. Er kannte noch nicht einmal Michelles Nachnamen. Im Laufe des nächsten Tages dachte er immer wieder an Karen. Was wäre, wenn sie es herausfinden würde? Wenn jemand ihn erkannt hatte? Was sollte er tun? Wie hatte er nur so etwas Dummes tun können?

Er beschloss, es sei wohl die beste Strategie, wenn er das Ganze einfach vergessen würde und so tat, als ob es nie geschehen war. Es war vorbei. Nur ein Zufall. Ein Fehler. Keiner musste davon erfahren. Zumindest war das seine Absicht, bis er nach Hause kam.

Als Karen Bill am Flughafen sah, merkte sie sofort, dass etwas nicht stimmte. Sie wollte herausfinden, was es war und begann, ihm Fragen zu stellen über seine Reise. Bill versuchte, ihren Fragen auszuweichen, aber es gelang ihm nicht sehr gut. Vielleicht war es weibliche Intuition; Karen stellte ihm schließlich die Frage und betete dabei, dass sie nicht die Antwort bekommen würde, die sie befürchtete: „Bist du mit einer anderen Frau zusammen gewesen?"

Bill senkte seinen Kopf und hauchte mit kaum hörbarer Stimme: „Ja."

Als Bill und Karen das erste Mal zu mir kamen, waren die Anzeichen der Versöhnung hoffnungsvoll. Keiner von beiden wollte, dass ihre Ehe vorbei war. Aber Karen war sich nicht sicher, ob sie das Geschehene vergessen konnte. Sie war enttäuscht und desillusioniert. Sie hatte nie gedacht, dass Bill und ihr so etwas geschehen konnte. Er gehörte nicht zu dieser Art von Männern, zumindest hatte sie das gedacht.

Erstens, konnte sie Bill jemals wieder vertrauen? Aufgrund seines Berufes musste er weiterhin auf Geschäftsreisen gehen und die Stadt verlassen. Die Vorstellung, tagelang zu Hause zu sitzen und sich zu fragen, ob er da noch einmal hineingeraten würde, war fast unerträglich.

Zweitens hatte sie unzählige Fragen, wie so etwas passieren konnte. Wenn ein Mann einen Seitensprung begeht und damit gegen den Bund der Ehe verstößt, ist es oft die Frau, die sich dafür größtenteils selbst die Schuld in die Schuhe schiebt. Sie interpretiert seine Tat als Zurückweisung ihrer Rolle als Liebhaberin und Freundin. Die Tatsache, dass Michelle jünger war als sie, trug noch zu Karens Unsicherheit bei. Sie fragte sich, ob er beim Sex mit ihr wohl an die andere Frau gedacht hatte. Verglich er sie beide miteinander?

Karen betrachtete den Vorfall naturgemäß von ihrem Standpunkt aus. Die Vorstellung, mit einem Fremden zu schlafen, fand sie abscheulich. Noch unbegreiflicher war ihr, dass Bill noch nicht einmal Michelles Nachnamen kannte. Wie konnte er mit jemandem Sex haben, den er noch nicht einmal kannte? Und wenn der Geschlechtsverkehr mit dieser fremden Person so unpersönlich gewesen sein soll, was sagte das dann über die Zeiten aus, als ihre Körper beieinander gelegen hatten?

Glücklicherweise reagierte Bill auf Karens Kampf mit großer Reife. Er versuchte nicht, die Verantwortung auf Karen oder auf Michelle zu schieben. Er hatte gesündigt und keiner außer ihm trug die Schuld dafür.

Zweitens erlaubte er Karen, ihm alle Fragen zu stellen, die sie beschäftigten. Er versuchte, so ehrlich und direkt zu antworten, wie es nur möglich war. Wenn sie wütend wurde, ließ er sie ihren Ärger ablassen. Er nahm seine Strafe auf sich. Wenn sie deprimiert war und sich zurückzog, ermutigte er sie, über ihre Gefühle zu sprechen. Wenn sie das dann tat, hörte er ihr aufmerksam zu und gab sich alle Mühe, sie zu verstehen.

Drittens, Bill akzeptierte, dass nun Karen am Zug war. Wenn der Bund der Ehe erneuert werden sollte, war es ihre Entscheidung. Biblisch gesehen war sie frei, die Ehe zu beenden. Sie war nicht verpflichtet, ihn zurückzunehmen. Ich versicherte ihm, dass sie dieses Gefühl der freien Entscheidung brauchte, wenn sie es schaffen wollte, ihren Ärger loszuwerden.

Ich bin überzeugt davon, dass Ehebruch den Bund der Ehe außer Kraft setzt. Der unschuldige Partner hat dann das Vorrecht zu entscheiden, ob er oder sie bereit ist, den Bund wieder zu erneuern. Oft sage ich dann dem Ehepaar, dass sie die Sünden aus der Vergangenheit nicht mehr erwähnen dürfen, wenn sie den Bund erneuern wollen. Es muss einen Neuanfang geben.

Es dauerte einige Monate, bis die Beziehung zwischen Karen und Bill über den Berg war, aber die Zeit heilt, wenn wir es zulassen.

Was in der Vergangenheit geschehen ist, werden sie nie ganz vergessen. Doch auch Joseph, der von seinen Brüdern aus Eifersucht und Bitterkeit in die Sklaverei nach Ägypten verkauft wurde, erklärte ihnen: „Ihr gedachtet mir zwar Böses zu tun; aber Gott gedachte es gut zu machen ..." (1. Mose 50,20).

Satan hatte beabsichtigt, Bills Sünde zu benutzen, um seine Ehe, seine Familie, sein Zeugnis und sein gesamtes Leben zu zerstören. Aber unser Gott, von dem wir wissen, dass „denen, die Gott lieben, alle Dinge zum Besten dienen, denen, die nach dem Vorsatz berufen sind" (Römer 8,28), hat die Katastrophe in Segen verwandelt.

Ihre Ehe wird nie wieder dieselbe sein, aber sie ist besser geworden.

Szenario für Fallbeispiel Nr. 2

Jim und Janice waren fast fünf Jahre verheiratet. Sie führten keine schlechte Ehe. Sie war nur nicht mehr so gut, wie sie einmal gewesen war. Am Anfang war es so gut gelaufen, aber dann wurde einfach alles zur „Routine".

Sie arbeiteten beide lang und hart. Wenn das Wochenende kam, waren sie beide ziemlich müde. Samstags schliefen sie normalerweise lange aus und sonntags lagen sie vor dem Fernseher. Bevor sie sich versahen, war das Wochenende vorbei, und es war Zeit, sich für die nächsten fünf Tage wieder an die Arbeit zu machen.

Keiner von beiden scherte sich um die Routine. Sie hatten Ziele, die sie erreichen wollten. Ihre finanzielle Belastung vom Haus war hoch, sie wollten noch viel renovieren und sie brauchten neue Möbel. Eines Tages wollten sie dann eine Familie gründen. Wenn Janice mit dem Baby zu Hause bleiben sollte, mussten sie zusehen, dass sie finanziell zurechtkamen.

Die Zeit, die sie miteinander verbrachten, war nicht das, was man „qualitative Zeit" nennen würde. Wenn sie zusammen waren, schienen sie Schwierigkeiten zu haben, miteinander zu sprechen, oder zumindest fand Janice es schwer. Nicht, dass sie nicht reden wollte, aber Jim schien nie sonderlich an dem interessiert zu sein, was sie zu erzählen hatte. Wenn sie ihm von ihrem Tag erzählte oder von dem, was sie beim Einkaufen erlebt hatte, schien er ihr nicht zuzuhören. Er erwiderte ihre Worte mit einem Grunzen oder mit einem „Mhm"; es war nicht gerade das, was man eine „qualitative Unterhaltung" nennen würde. Meistens las er irgendetwas oder er sah fern. Oft brachte er abends Arbeit vom Büro mit nach Hause.

Was sie wirklich störte, war die Tatsache, dass er keine Probleme hatte, sich mit seinen Freunden stundenlang über so blöde Themen wie Football oder Golf zu unterhalten. Wenn sie versuchte, sich mit ihm über wichtige Dinge zu unterhalten, wie z. B. über neue Möbel oder über ihre gemeinsame Zeit, sagte er bloß: „Tu, was du für richtig hältst. Es ist mir egal."

Zu seiner Ehre soll gesagt sein, dass er sich bemühte, ihr an Weihnachten und an ihrem Geburtstag schöne Geschenke zu kaufen. Am Valentinstag schickte er ihr sogar Blumen ins Büro. Sie zeigte sie gern den anderen Mädchen im Büro, aber wenn sie nach Hause kam, verhielt Jim sich so, als sei das nichts Besonderes. Er machte den Eindruck, als habe er nur eine weitere Aufgabe auf seiner „To-Do"-Liste abgehakt.

Das war der Punkt, an dem sie allmählich die Zeit genoss, die sie mit Brian verbrachte. Sie kannte ihn seit Jahren von ihrer Arbeit. Sie hatte ihn zwar im Büro immer wahrgenommen, aber ihm nie wirklich Aufmerksamkeit geschenkt. Er war jünger als sie, und ihm fehlte die Sorte Ehrgeiz und Antrieb, die sie an einem Mann so respektierte. Er war Jim überhaupt nicht ähnlich.

Eines Tages saß er ihr während einer Kaffeepause im Aufenthaltsraum der Mitarbeiter gegenüber. Das Gespräch war ziemlich belanglos, aber er schien ehrliches Interesse zu zeigen, als sie über ihre Verwirrung über das neue Softwareprogramm berichtete, auf das die Firma vor kurzem umgerüstet hatte. Er erklärte ihr, dass er das Programm schon ganz gut beherrschte und bot ihr an, wenn er Gelegenheit dazu hatte, ihr ein paar Tipps zu geben.

Sie rief sich ins Gedächtnis, wie sehr sie sich über seine Anteilnahme gefreut hatte, aber sie erwartete nicht wirklich, dass er sein Versprechen hielt. Fünf Jahre Ehe hatten sie genug über Männer und deren Versprechungen gelehrt. Sie musste ein Jahr warten, bis Jim endlich die undichte Stelle in der Spülmaschine repariert hatte. Er hatte ihr immer wieder versprochen, sich daran zu begeben, sobald er Gelegenheit dazu hatte – wenn die Arbeitswoche vorbei war, das Wochenende, das Ballspiel, bla, bla, bla. Jeden Tag kam sie herein und musste sich erneut die Wasserpfütze auf dem Fußboden ansehen.

Janice war ehrlich überrascht, als Brian am späten Nachmittag seinen Kopf über ihren Arbeitsplatz streckte und sie fragte: „Passt es dir jetzt?" „Klar", erwiderte Janice begeistert. Er zog einen Stuhl neben sie und fing an, mit ihr das Programm durchzugehen.

Sie war sehr beeindruckt von seiner Geduld und von der behutsamen Art, wie er sie korrigierte, wenn sie einen Fehler machte. Er hatte nichts von der Ungeduld und offensichtlichen Frustration an sich, die Jim immer zeigte, wenn sie einen falschen Eintrag in ihr Scheckheft machte.

In der kommenden Woche kam Brian immer wieder herein, um zu sehen, wie es ihr erging. Während sie zusammen arbeiteten, fand sie eine Menge über ihn heraus. Sie entdeckte, dass er Musiker war und Lieder textete. Sie hatte sich getäuscht, als sie gedacht hatte, dass er nicht ehrgeizig war. Er brauchte diese Arbeitsstelle nur, um seine Rechnungen zu bezahlen. Gleichzeitig ging er seiner wirklichen Leidenschaft nach, der Musik.

Im Laufe der Woche trafen sie sich häufig während der Kaffeepause. Dann sagte Janice eines Tages: „Weißt du was, Brian, ich habe mich noch nie bei dir bedankt, dass du mir mit dem Programm geholfen hast. Wie wäre es, wenn ich dich irgendwann einmal zum Mittagessen ausführe?“ Brian erwiderte: „Großartig.“ Danach gingen Brian und Janice immer öfter zum Mittagessen aus.

Einige von Janices Freunden aus dem Büro bemerkten allmählich, wie oft sie mit Brian zusammen war, besonders als sie nicht mehr mit ihnen zusammen zu Mittag aß. Alice fragte sie sogar, ob etwas zwischen ihnen lief, aber Janice lachte nur und erwiderte: „Natürlich nicht, wir sind nur Freunde.“

Zu Hause hatte sich nichts verändert, aber Janice schien sich nicht weiter daran zu stören. Sie erkannte allmählich, wie sehr die Freundschaft mit Brian ihrer Ehe geholfen hatte. Schließlich hatte Jim seine Freunde und sie hatte jetzt Brian.

Im Laufe der Zeit bekam Janice stärkere Gefühle für Brian. Sie erzählte den Leuten immer noch, dass sie nur Freunde waren, aber allmählich verglich sie Jim mit Brian. Manchmal, wenn sie neben Jim im Bett lag, fantasierte sie mit dem Gedanken, wie es wohl wäre, mit Brian zusammen zu sein.

Eines Tages erwähnte Brian im Büro, dass er zwei Karten für ein Konzert gekauft hatte, aber dass sein Kumpel jetzt verreisen musste. Kannte Janice jemanden, den er mit zu dem Konzert nehmen konnte?

Janice wusste, dass Jim niemals damit einverstanden wäre, dass sie „mit einem der Jungs aus dem Büro" ein Konzert besuchte. Aber es hörte sich nach so viel Spaß an, und sie hatte schon so lange keinen Spaß mehr gehabt. Außerdem würde ja nichts passieren. Sie waren doch nur Freunde. Also erklärte sie Brian, dass sie mit ihm gehen würde. Eine halbe Stunde vor der Show wollte sie sich dort mit ihm treffen.

Sie machte früher Schluss bei der Arbeit, damit sie noch vor Jim zu Hause sein würde. Sie wollte sich umziehen und ihm etwas zu Essen rausstellen und ihm dann eine Notiz hinterlassen. Auf diese Weise würde er ihr nicht zu viele Fragen stellen. Sie schrieb etwas auf den Zettel, dass sie sich mit ein paar Mädchen von der Arbeit zu einer „baby shower"* treffen würde und gegen 23:00 Uhr wieder zu Hause wäre.

Janice konnte sich nicht erinnern, wann sie das letzte Mal so viel Spaß gehabt hatte. Sie fühlte sich wieder wie ein Kind. Nach dem Konzert tranken sie noch einen Kaffee und unterhielten sich ungefähr eine Stunde lang. Brian schien so viel über Musik, Musiker und Instrumente zu wissen. Sie war tief beeindruckt von seinem Wissen und von seiner Leidenschaft für die Musik. Er hatte solch ein weites Herz. Jim kam da sicherlich nicht heran.

Dann hatte Brian eine Idee. „Würdest du gern mein Studio sehen?" Es lag nur ein paar Blocks von dem Café entfernt. Janice zögerte kurz, aber dann wollte sie doch nicht, dass dieser Abend schon zu Ende war. Also willigte sie ein, wollte aber nur ein paar Minuten bleiben, „weil sie dann nach Hause müsse".

Sie hielt Wort und blieb nur ein paar Minuten. Es war bereits 23:15 Uhr und sie würde erst um Mitternacht zu Hause sein.

---

* Geschenkparty für eine werdende Mutter, bei der sie Geschenke für ihr Baby bekommt; Anm. d. Übers.

In den folgenden Monaten gingen sie abends öfter heimlich aus. Die ganze Zeit über hatte Janice gemischte Gefühle. Sie genoss die Zeit mit Brian sehr, aber es störte sie wirklich, dass Jim niemals fragte, warum sie ausging, oder warum sie so spät nach Hause kam. Vielleicht liebte Jim sie nicht mehr. Es schien ihn nicht zu kümmern.

Sie traf sich abends weiterhin mit Brian und diese Treffen ähnelten allmählich mehr einer Verabredung. Eines Abends, als sie sich verabschiedeten, gab Janice Brian einen Kuss auf die Wange. Er reagierte darauf mit einer warmherzigen Umarmung. Bald liefen sie Händchen haltend zusammen. Schließlich trafen sie sich in seiner Wohnung und schliefen miteinander.

Janice konnte noch nicht einmal sagen, wann sie die Grenze überschritten hatte. Es passierte einfach langsam, schrittweise. Eines Tages wurde ihr einfach klar, dass sie Jim nicht mehr liebte. Sie liebte Brian. Sie konfrontierte Jim damit und erklärte ihm, dass sie die Scheidung wolle und dass sie wollte, dass er auszog.

Als Jim zu mir kam, befand er sich immer noch in einem Schockzustand. Er liebte seine Frau und wollte seine Ehe retten. Er hatte keine Ahnung von dem gehabt, was passiert war. Er war ein guter Ehemann gewesen und hatte gut für Janice gesorgt. Wie konnte so etwas nur passieren?

Ich telefonierte mehrere Male mit Janice. Endlich stimmte sie einem Gespräch mit mir zu, aber sie wollte, dass ich wusste, dass sie ihre Entscheidung getroffen hatte und dass sie Jim nicht mehr wollte. Schließlich ließen sich die beiden scheiden, und ich habe Janice seitdem nicht mehr gesehen.

Nachdem seine Ehe zerbrochen war, besuchte Jim regelmäßig die Gemeinde. Nach einer Weile wurde ihm klar, wie er als Ehemann und geistlicher Leiter zu Hause versagt hatte und er tat Buße. Er versuchte mehrere Male, sich mit Janice zu versöhnen, aber zu diesem Zeitpunkt hatte sie sich schon zu sehr auf Brian eingelassen. Schließlich heiratete er erneut und er und seine Frau haben gerade ihr erstes Baby bekommen.

Brian und Janice sind irgendwann einmal zusammen gezogen. Er hatte seine Stelle aufgegeben und widmete sich voll seiner Musikkarriere. Zuerst war alles sehr aufregend für Janice, aber mit der Zeit wurde es lästig. Sie arbeitete immer noch, um Brian in seiner Karriere zu unterstützen. Er blieb abends lange auf, um an seiner Musik zu arbeiten; sie stand morgens früh auf und ging zur Arbeit. Er schlief tagsüber die meiste Zeit, weil er abends seine Auftritte hatte.

Am Ende hatte sie genug und bat ihn zu gehen. Er lebt jetzt mit einer anderen Frau zusammen, mit der er schon ungefähr sechs Monate ausgegangen war, bevor er und Janice ihre Beziehung beendet hatten. Janice lebt jetzt allein.

Verschiedene Motive

Ich konnte nicht viel für Jim und Janice tun. Jim war zwar bereit zur Versöhnung, aber Janice war es nicht. Zum größten Teil liegt das an der unterschiedlichen Art und Weise, wie die Frau im Gegensatz zum Mann in eine Affäre gerät.

Wenn Männer sich auf eine Affäre einlassen, sind sie normalerweise oberflächlicher als eine Frau. Unsere erste Geschichte handelt von Bill, der mit einer Frau schlief, die er noch nicht einmal kannte. Janice dagegen entwickelte ihre Beziehung über Monate. Als sie die Bindung schließlich einging, war sie emotional schon tief verstrickt. Ihr Grad der Bindung an Brian war schon zu hoch, als dass sie ihn verlassen konnte.

Ein altes Sprichwort sagt: „Ein Mann, der fremdgeht, ist nur vom Weg abgekommen, aber eine Frau, die fremdgeht, ist eine Betrügerin.“ Männer sind ihrer Frau untreu, weil sie ihr Sexualleben und ihr Ego befriedigen wollen. Frauen sind ihrem Mann untreu, weil sie eher Freundschaft suchen als ein Liebeserlebnis. Normalerweise kann sich ein Mann viel schneller von einer Affäre trennen als eine Frau.

Veränderungen der gesellschaftlichen Atmosphäre!

Veränderungen innerhalb unserer Gesellschaft haben bedeutend dazu beigetragen, dass immer mehr Menschen ihrem Partner untreu sind. Heute ist es einfach viel leichter, den Ehepartner zu betrügen, als es in früheren Generationen möglich war.

Der Seelsorger und Autor Gary Collins stellte fest, dass wir in einem Zeitalter leben, wo überall um uns herum „die Betonung auf sofortiger körperlicher und sexueller Befriedigung“ liegt. „Die Medien, die Sex als Verkaufsschlager benutzen, sorgen dadurch für eine sexuell überladene Atmosphäre.“ Michael Campion pflichtet ihm bei: „Durch die sexuelle Revolution entwickelte sich eine aufgedrehte, übermäßig stimulierte Gesellschaft. Kleidung („oben ohne“), Fernsehprogramme (Erotikserien), Filme (die nicht jugendfrei sind und erst ab 17 freigegeben sind), Werbung und Musik sind übermäßig sexuell betont.“

Das Ergebnis ist, dass wir ein immer stärkeres sexuelles Bewusstsein bekommen und Sex eine übertriebene Bedeutung in unserem Leben erhält. Wenn Fachleute und Regierungsangestellte uns andeuten, dass wir unsere Teenager mit Kondomen ausstatten sollen, weil wir nicht verhindern können, dass sie sexuell aktiv werden, dann unterstützen und bestätigen sie diese verfälschte Gesinnung.

Die Amerikaner denken heute mehr an Sex, weil sie sich heute mehr mit sexuellen Bildern und Gedanken beschäftigen, als zu jedem anderen Zeitpunkt in unserer Geschichte.

Sexueller „Komfort“

Sex ist heute viel bequemer geworden als in der Vergangenheit. Verhütungsmittel, eine bessere Behandlung von sexuellen Krankheiten, Abtreibung und eine größere gesellschaftliche Toleranz haben dafür gesorgt, dass der Eindruck entstanden ist, es sei eine Sünde ohne Konsequenzen.

Natürlich hat die Seuche AIDS einige dazu gebracht, zweimal nachzudenken. Und doch können wir feststellen, dass Viele sich weiterhin auf unverantwortliches sexuelles Verhalten einlassen. Warum? Das liegt größtenteils an dem verfälschten Glauben, dass sexuelle Beziehungen zu Glück, Vertrautheit und zu wahrer Liebe führen.

Die Suche nach Identität und Vertrautheit

Für Viele liegt der eigentliche Grund für Untreue in ihrer Identität und Intimität. Männer, die ihre Frau betrügen, sind der Meinung, dass durch die Bewunderung einer Frau ihre persönliche Identität gestärkt wird. Sie halten sich selbst oft für romantisch. Sie lieben den Zustand der Verliebtheit, diese flüchtige Phase leidenschaftlicher Romantik. Es ist eine illusionäre Zeitspanne, die niemals anhält. Sie ist hauptsächlich auf Gefühlen gegründet. Wenn die Gefühle vorbei sind, hört die Romantik auf. An diesem Punkt hören wir dann Kommentare, wie: „Ich weiß nicht, wie das geschehen konnte. Ich liebe dich einfach nicht mehr."

In einer Ehe passiert das häufig bei der Geburt des ersten Kindes. Die Frau neigt von Natur aus dazu, dass sich ihre Welt von nun an nur noch um das neue Familienmitglied dreht. Das Baby ist völlig abhängig von ihr und sie reagiert darauf mit unbegrenzter Fürsorge und Zuneigung.

Viele Männer werden eifersüchtig, obwohl sie es kaum zugeben würden. Bevor das Baby kam, waren sie der Mittelpunkt im Leben ihrer Frau. Jetzt werden sie mehr als Partner betrachtet, der sich die profane Aufgabe, sich um das Baby zu kümmern, mit seiner Frau teilen muss. Die meisten Frauen sind durch die Sorge für das Neugeborene zu müde, um sich um die sexuellen Bedürfnisse ihres Partners zu kümmern. An diesem Punkt geschieht es häufig, dass Männer sich woanders nach der bewundernden Zuneigung umsehen, die sie in ihrer Ehe nicht mehr vorfinden.

Eine Frau dagegen möchte gebraucht werden. Gott hat sie als Gehilfin des Mannes geschaffen. Sie ist abhängig von seiner Aufmerksamkeit und Zuneigung, damit sie die Gewissheit hat, dass sie einen Zweck erfüllt und wichtig ist. Wenn ein Mann sich zurückzieht, hinterlässt das eine unglaubliche Leere in ihr. Viele Frauen füllen dieses Bedürfnis, indem sie sich ganz dem Leben ihrer Kinder widmen, doch wenn die Kinder älter werden, wollen diese sich naturgemäß von zu Hause loslösen. Schließlich ziehen sie aus und sind nicht mehr länger von ihren Eltern abhängig.

Diese beiden Umstände erklären wahrscheinlich, warum die meisten Scheidungen entweder innerhalb der ersten fünf Jahre oder nach fünfzehn Ehejahren stattfinden. Wenn Kinder in die Familie kommen, sorgt das oft für Verbitterung beim Mann; wenn die Kinder ausziehen, ist die Frau verbittert.

Garantie für eine Ehe ohne Ehebruch

Wie kann man dafür „garantieren", dass in der eigenen Ehe kein Ehebruch vorkommt? Im Laufe der Jahre habe ich mir vier Richtlinien einfallen lassen, die sich als sehr effektiv bewiesen haben. Und das sind sie:

1. Denken Sie nicht, Ihnen könne so etwas nicht passieren.
2. Fliehen Sie vor der Versuchung.
3. Fürchten Sie Gott und halten Sie Seine Gebote.
4. Bedenken Sie die Folgen.

„Mir könnte das nicht passieren!"

Chuck Smith, der Pastor der Calvary Chapel in Costa Mesa (Kalifornien), wies einmal auf ein Prinzip der geistlichen Kriegsführung hin, das ich nie vergessen werde. Bei einem Pastorentreffen erklärte er uns, dass wir selten in den Bereichen zu Fall kommen, wo wir schwach sind, weil wir dort normalerweise wachsamer sind. Wir sind eher da angreifbar, wo wir stark sind, weil wir uns in diesem Bereich nicht ausreichend schützen und uns der Gefahr nicht bewusst sind.

Jedes Mal, wenn ich höre, wie jemand damit prahlt, dass er die eine oder andere Sünde niemals begehen würde, denke ich an den Rat des Apostels Paulus: „Darum, wer meint, er stehe, der sehe zu, dass er nicht falle!" (1. Korinther 10,12). Auch Petrus warnt uns: „Ihr aber, Geliebte, da ihr dies im Voraus wisst, so hütet euch, dass ihr nicht durch die Verführung der Frevler mit fortgerissen werdet und euren eigenen festen Stand verliert!" (2. Petrus 3,17).

Petrus warnt uns, dass es hier um Dinge geht, die „wir bereits wissen". Wenn wir „uns nicht hüten", können andere uns „durch die Verführung fortreißen", und dabei können wir unseren „festen Stand" in Christus „verlieren".

Dr. Billy Graham ist heute einer der angesehensten religiösen Persönlichkeiten in Amerika und fast überall auf der Welt. Das liegt größtenteils an seinem enormen Erfolg, den er als internationaler Evangelist gehabt hat, aber es liegt auch an dem hohen Maß an Echtheit, die er sich sein ganzes Leben hindurch bewahrt hat.

Früh in seinem Dienst hat er mit seinen Mitarbeitern einen Bund geschlossen und einen Verhaltenscodex festgelegt, der sie und ihren Dienst schützen sollte. Ihm war bewusst, wie leicht jeder von ihnen zu Fall kommen konnte. Sie brauchten Grenzen, und andere sollten das Recht haben, ihn gegebenenfalls zur Verantwortung zu ziehen.

Das Resultat dieser Verpflichtung war, dass nie etwas passiert ist. Es gab nie den leisesten Hinweis oder ein Anzeichen dafür, dass er sich falsch verhalten hätte. In einem Zeitalter, wo sexuelle Skandale unangenehm häufig vorkommen, hat Dr. Graham ein Zeugnis aufrechterhalten, das den guten Ruf Christi bei den Ungläubigen bewahrt hat. Er hat sein hohes Maß an Echtheit beibehalten.

Der wichtigste Schutz vor einem Absturz ist, sich bewusst zu machen, wie angreifbar man ist.

Fliehen Sie vor der Versuchung!

Wenn Ihnen die Versuchung entgegen kommt, laufen Sie in die andere Richtung!

Abraham Lincoln wurde einmal von einem Kritiker gescholten, dass er seinen Feinden nicht auf aggressivere Weise begegnete. Er erwiderte daraufhin: „Ich habe es immer für klüger erachtet, einen Schritt zur Seite zu gehen, wenn mir ein tollwütiger Hund begegnet."

Die Bibel gibt einen ähnlichen Rat, was die Sünde, vor allem im sexuellen Bereich, betrifft:

> „Flieht die Unzucht! Jede Sünde, die ein Mensch [sonst] begeht, ist außerhalb des Leibes; wer aber Unzucht verübt, sündigt an seinem eigenen Leib." (1. Korinther 6,18).

> „So fliehe nun die jugendlichen Lüste, jage aber der Gerechtigkeit, dem Glauben, der Liebe, dem Frieden nach zusammen mit denen, die den Herrn aus reinem Herzen anrufen!" (2. Timotheus 2,22).

> „So unterwerft euch nun Gott! Widersteht dem Teufel, so flieht er von euch ..." (Jakobus 4,7).

Vergleichen Sie diesen Rat aus der Bibel mit der Geschichte von König Davids Ehebruch mit Bathseba:

> „Und es geschah im folgenden Jahr, zu der Zeit, da die Könige [zum Kampf] ausziehen, da sandte David Joab und seine Knechte mit ihm und ganz Israel; und sie schlugen die Ammoniter nieder und belagerten Rabba. David aber blieb in Jerusalem. Und es geschah, als David zur Abendzeit von seinem Lager aufstand und auf dem Dach des königlichen Hauses umherwandelte, da sah er vom Dach aus eine Frau sich baden, und die Frau war von sehr schönem Aussehen. Und David sandte hin und erkundigte sich nach der Frau, und man sprach: Ist das nicht Bathseba, die Tochter Eliams, die Frau Urijas, des Hetiters? Und David sandte Boten hin und ließ sie

holen. Und sie kam zu ihm, und er lag bei ihr (sie aber hatte sich [gerade] von ihrer Unreinheit gereinigt), und sie kehrte wieder in ihr Haus zurück. Und die Frau wurde schwanger und sandte hin und ließ es David ausrichten und sagen: Ich bin schwanger geworden!" (2. Samuel 11,1-5).

Flieht David vor der Versuchung? Nein! Er sieht eine Frau, die ein Bad nimmt. Wendet er seine Augen ab oder geht er weg? Nein, er betrachtet sie lange genug, um wahrzunehmen, dass sie sehr schön ist. Er beobachtet sie lange genug, dass ein unreines Verlangen in ihm entstehen kann. Dann stellt er Fragen über sie. Die Tatsache, dass sie die Frau eines anderen Mannes ist, ist ihm egal. Sein Voyeurismus hat ihn eingeholt.

Er dachte zu keinem Zeitpunkt über die Konsequenzen nach. Aber die Konsequenzen folgten, und sie waren schrecklich. Wegen seiner Sünde verlor er drei Söhne; seine Tochter Tamar wurde von ihrem Halbbruder vergewaltigt; er verlor vorübergehend sein Königreich und wurde vor der ganzen Nation blamiert. Das waren die Konsequenzen aus dem Gericht Gottes gegen David, wie der Prophet Nathan es verkündet hatte: „Nun soll auch von deinem Haus das Schwert nicht weichen ewiglich, weil du mich verachtet und die Frau Urijas, des Hetiters, genommen hast, dass sie deine Frau sei!" (2. Samuel 12,10).

Fürchte Gott und halte seine Gebote

Eines der fehlenden Elemente in der Geschichte von David und Batseba ist irgendein Hinweis darauf, dass David Gott fürchtete. In der Hitze der Leidenschaft waren seine Gedanken nur damit beschäftigt, seine Begierden zu befriedigen. Die Freude an Gott und an Seiner Macht war in der Hitze des Augenblicks verloren gegangen.

Vergleichen Sie das Versagen Davids mit dem herrlichen Sieg Josephs über die Versuchung. Als die Frau Potifars versucht, ihn in sexuelle Unmoral zu locken, weist er sie mit den Worten zurück:

„… es ist niemand größer in diesem Haus als ich, und es gibt nichts, das er mir vorenthalten hätte, ausgenommen dich, weil du seine Frau bist! Wie sollte ich nun eine so große Missetat begehen und gegen Gott sündigen?" (1. Mose 39,9).

Die Furcht vor Gott ist sowohl eine anbetungsvolle Verehrung als auch die Angst, von Gott gerichtet zu werden. Wer Gott fürchtet, versteht, dass Gott die Sünde nicht ignoriert, sondern, dass er jeden Menschen zur Verantwortung zieht, besonders die, die erklären, dass sie an Christus glauben.

Es ist kein Wunder, dass ausgerechnet Salomo, der Sohn von König David, eine der strengsten Warnungen der Bibel vor dem Ehebruch aussprach. Er hatte aus erster Hand die furchtbaren Konsequenzen dieser Sünde mitbekommen. Lesen Sie selbst seine warnenden Worte:

„Denn um einer hurerischen Frau willen kommt man an den Bettelstab, und die Frau eines anderen gefährdet die kostbare Seele! Kann jemand Feuer in seinem Gewand tragen, ohne dass seine Kleider in Brand geraten? Oder kann einer auf glühenden Kohlen schreiten, ohne sich die Füße zu verbrennen? So ergeht es dem, der zu der Ehefrau seines Nächsten eingeht. Keiner wird ungestraft bleiben, der sie anrührt! Man verachtet den Dieb nicht, wenn er stiehlt, um sein Leben zu fristen, weil er Hunger hat; wird er ertappt, so muss er siebenfach bezahlen und alles hergeben, was er im Haus hat; wer aber mit einer Frau Ehebruch begeht, ist ein herzloser Mensch; er richtet seine eigene Seele zugrunde, wenn er so etwas tut. Schläge und Schmach werden ihn treffen, und seine Schande ist nicht auszutilgen; denn die Eifersucht versetzt einen Mann in glühenden Zorn, und am Tag der Rache wird er nicht schonen; er wird nicht bereit sein, ein Lösegeld anzunehmen, und lässt sich auch durch das größte Geschenk nicht besänftigen." (Sprüche 6,26-35).

Bedauerlicherweise muss ich sagen, dass ich mehr als einmal gesehen habe, wie sich diese Warnung im Leben von Männern, die ich persönlich gekannt und geliebt habe, wortwörtlich erfüllt hat. Es handelt sich hier nicht nur um ein paar Ratschläge aus einem alten Buch. Das sind die Worte Gottes. Sie haben eine göttliche Kraft. Jesaja, der Prophet erklärte: „... genauso soll auch mein Wort sein, das aus meinem Mund hervorgeht: es wird nicht leer zu mir zurückkehren, sondern es wird ausrichten, was mir gefällt, und durchführen, wozu ich es gesandt habe!" (Jesaja 55,11).

Bedenken Sie die Folgen!

In einem Buch bin ich auf folgende Veröffentlichung gestoßen. Das Original war Randy Alcorn gewidmet. Ich habe die Worte etwas verändert, damit sie meine Situation besser beschreiben. Der Titel lautete „Die Konsequenzen des Moralischen Untergangs". Ich möchte Sie ermutigen, die Worte beim Lesen Ihrer eigenen Situation anzupassen, so wie ich es getan habe.

> Immer dann, wenn ich mich der sexuellen Versuchung besonders ausgeliefert fühle, finde ich es hilfreich zu prüfen, welche Auswirkungen mein Verhalten haben könnte:
>
> Ich würde den Herrn betrüben, der mich erlöst hat.
>
> Sein Heiliger Name würde in den Schmutz gezogen werden.
>
> Eines Tages, wenn ich vor dem Angesicht Jesu, des Gerechten Richters stehe, müsste ich ihm Rechenschaft ablegen für mein Verhalten.
>
> Ich würde den Fußstapfen all derer folgen, die durch ihr unmoralisches Verhalten ihr geistliches Amt verscherzt haben, so dass es mich schauderte (führen Sie die Namen auf).
>
> Ich würde Jamie, meiner besten Freundin und treuen Ehefrau, unsäglichen Schaden zufügen.
>
> Ich würde Jamies Respekt und ihr Vertrauen verlieren.

Ich würde meine geliebten Kinder verletzen: Beth, Ben, Britt und Brian.

Ich würde meine Vorbildfunktion und meine Glaubwürdigkeit bei meinen Kindern zerstören und alle Versuche zunichtemachen - egal ob heute oder in der Zukunft -, ihnen beizubringen, dass sie Gott gehorchen müssen. („Warum sollte ich einem Mann zuhören, der Mama und uns betrogen hat?“)

Wenn ich weiterhin verblendet bliebe oder meine Frau nicht in der Lage wäre, mir zu vergeben, würde ich vielleicht für immer meine Frau und meine Kinder verlieren.

Ich würde Schande über meine Familie bringen. („Warum ist Papa kein Pastor mehr?“)

Ich würde meine Selbstachtung verlieren.

Die Schuld, die ich dadurch verursachen würde, könnte ich kaum wieder von mir abschütteln. Selbst wenn Gott mir vergeben würde, würde ich mir selbst vergeben können?

Es würden prägende Erinnerungen an das Geschehene und Rückblenden entstehen, die eine Qual für die zukünftige Intimität mit meiner Frau bedeuteten.

Meine jahrelange Ausbildung als Pastor und all die Erfahrungen, die ich gesammelt hatte, würden für lange Zeit, vielleicht sogar für immer, verkümmern.

All die Jahre, in denen ich Zeugnis war für meine Familie, wären verloren.

Ich würde das treue Vorbild und die harte Arbeit anderer Christen aus unserem Ort entkräften.

Ich würde Satan, dem Feind Gottes und alles Guten, einen großen Gefallen tun.

Die Person, mit der ich fremdging, würde wegen mir mit Vorwürfen überhäuft werden und endlose Schwierigkeiten erleben.

Möglicherweise müsste ich die körperlichen Konsequenzen in Form von Krankheiten tragen, wie

Gonorrhoe, Syphilis, Chlamydien, Herpes und AIDS; vielleicht würde ich Jamie damit anstecken, oder, wenn sie AIDS bekommen sollte, ihren Tod verursachen.

Möglicherweise würde ich dadurch eine Schwangerschaft mit allen persönlichen und finanziellen Folgen auslösen. Dazu würde auch die lebenslange Erinnerung an meine Sünde gehören.

Ich würde die anderen Pastoren, Ältesten und Mitarbeiter der Gemeinde beschämen und sie verletzen.

Ich würde enge Freunde verletzen, ganz besonders die, die ich zu Christus geführt und ihnen den Weg gewiesen habe.

Ich müsste mich mein Leben lang über mich selbst schämen.

Wenn jeder Mann und jede Frau, die schon einmal Ehebruch begangen haben, zuerst innegehalten und über die Auswirkungen ihrer Sünde so sorgfältig nachgedacht hätten, hätten die meisten von ihnen der Versuchung wahrscheinlich nicht nachgegeben.

Kapitel 13
Die Macht der Hoffnung

„Ach, wenn ich nicht gewiss wäre, dass ich die Güte des Herrn sehen werde im Land der Lebendigen - Harre auf den Herrn! Sei stark, und dein Herz fasse Mut, und harre auf den Herrn!" (Psalm 27,13.14).

Vor einigen Jahren wurde eines der U-Boote aus der S-4-Klasse von einem anderen Schiff abseits der Küste von Massachusetts gerammt. Es sank sehr schnell auf den Grund. Die gesamte Crew war in diesem Todeshaus gefangen und saß in der Falle. Andere Schiffe kamen an den Ort der Katastrophe geeilt, und obwohl die Situation hoffnungslos war, schickte die Navy Taucher nach unten, um zu prüfen, ob es noch irgendeinen Weg der Rettung gab. Schließlich erreichte einer von ihnen den Schiffsrumpf des beschädigten U-Boots. Als er seinen behelmten Kopf an die Seite des Seefahrzeugs legte und lauschte, hörte er ein klopfendes Geräusch. Er erkannte, dass jemand mit Morsezeichen eine Frage an die Wand klopfte. Die Frage kam nur langsam: „Gibt ... es ... noch ... Hoffnung?" Tragischerweise war das nicht der Fall. Die gesamte Mannschaft kam ums Leben.

Die Bedeutung der Hoffnung

Wie wirkt sich Hoffnung auf unsere Art zu leben aus? Während ich diese Frage stelle, muss ich an ein Forschungsprojekt denken, das vor einigen Jahren durchgeführt wurde. Der Zweck der Studie war, herauszufinden, warum einige Menschen in der Lage sind, über einen langen Zeitraum verschiedene harte Umstände auszuhalten, während andere dagegen schneller aufzugeben schienen, obwohl sie dieselben Probleme hatten und ihnen dieselben Mittel zur Verfügung standen.

Für das Experiment wurden Ratten verwendet. Die Forscher begannen damit, dass sie die Ratten in einen großen Wasserbehälter setzten. Die Wände des Behälters waren sehr steil und glatt, so dass es unmöglich war, dass die Ratten ohne die Hilfe der Forscher herausklettern konnten. Sobald die Ratten sich im Wasser befanden, begannen sie fieberhaft zu schwimmen und bewegten sich dabei immer am Rand des Behälters entlang, wo sie nach einem Fluchtweg suchten. Weil es keinen Ausweg gab, wurden sie bald müde. Nach ungefähr 15 Minuten gaben die Ratten auf und sanken auf den Grund des Behälters.

Genau in diesem Moment nahm einer der Forscher die ertrinkende Ratte wieder aus dem Behälter, trocknete sie ab, wärmte sie auf und erlaubte ihr, sich ein paar Minuten auszuruhen. Sobald die Ratte wieder genügend Kräfte gesammelt hatte, setzten die Forscher sie wieder ins Wasser.

Wie zuvor begann die Ratte wieder, in dem Behälter im Kreis zu schwimmen. Aber anstatt den Versuch zu unternehmen, heraus zu klettern, wartete sie, bis sie, wie beim letzten Mal, gerettet wurde. Sie schwamm weitere zwei, manchmal auch drei Stunden, bevor sie erschöpft aufgab.

Worin lag der Unterschied? Mit einem Wort, sie hatte „HOFFNUNG". Beim ersten Mal verloren die Ratten ihre Ausdauer, sobald sie merkten, dass die Lage hoffnungslos war. Aber als sie erst einmal die Erfahrung gemacht hatten, dass die Forscher sie befreiten, machten sie weiter, bis sie sich körperlich völlig verausgabt hatten.

Wir können nicht ohne Hoffnung leben!

Wissen Sie, die Hoffnung ist es, die uns trägt. Samuel Johnson hat einmal geschrieben: „Die natürliche Reise der menschlichen Seele geht nicht von einem Vergnügen zum anderen, sondern von einer Hoffnung zur anderen."

Auch das wurde durch eine Studie des Psychologen William Marston gut veranschaulicht. Er stellte 3000 Menschen die Frage: „Wofür leben Sie?“ Er war schockiert, als er herausfand, dass 94 Prozent der Befragten die Gegenwart einfach nur duldeten, während sie die Zukunft abwarteten. Einige gaben einfach nur zur Antwort, dass sie „warteten, dass etwas geschehen würde ... bis nächstes Jahr warteten, bessere Zeiten abwarteten, warteten bis jemand starb, auf Morgen warteten ...“ Im Wesentlichen bestand ihr gesamter Lebenssinn nur aus der hoffnungsvollen Erwartung, dass die Zukunft ihnen Gutes bescheren würde.

An dem Luftwaffenstützpunkt „Fairchild“, der außerhalb von Spokane in Washington liegt, hat die Luftwaffe ihr winterliches Überlebenscamp. Hier werden die Flieger ausgebildet und auf die Probe gestellt, damit sie in kaltem Klima und selbstständig in der Natur überleben und im Fall einer Eroberung entkommen können.

Vor einigen Jahren habe ich an einer Besichtigung des Camps teilgenommen. Der Überlebenstrainer, der uns über das Camp führte, machte eine faszinierende Bemerkung. Er erklärte, dass das Überleben im harten Klima des nordwestlichen Winters sie Folgendes gelehrt hatte: „Ein Mann kann drei Monate im Freien, ohne Obdach, drei Wochen ohne Nahrung, drei Tage ohne Wasser und drei Minuten ohne Sauerstoff leben. Aber ohne Hoffnung kann er keine drei Sekunden überleben.“

Gibt es für meine Ehe noch Hoffnung?

Im Laufe der Jahre hatte ich viele Gespräche mit Ehepaaren und Einzelpersonen, bei denen es um ihre Ehe ging. Dabei wurde mir so oft die eine entscheidende Frage gestellt: „Herr Pastor, gibt es noch Hoffnung?“

Meine Antwort ist immer dieselbe. Wenn zwei Menschen bereit sind, sich dazu zu verpflichten, alles zu tun, was nötig ist, damit ihre Ehe funktioniert, dann gibt es immer Hoffnung. Eine Ehe geht dann in die Brüche, wenn einer von ihnen oder beide die Hoffnung aufgeben und keine weiteren Versuche unternehmen, dass die Ehe noch funktionieren kann. Das ist keine Theorie von mir. Den Beweis lieferten mir unzählige Ehen. Ich habe mit Ehepaaren zusammen gearbeitet, die mit Problemen zu mir gekommen sind, von denen ich glaubte, sie seien nicht zu lösen. Und doch konnte Gott Seine heilende Gnade in ihre Beziehung hineinbringen, weil sie bereit waren, an ihrer Ehe zu arbeiten. Unser Gott ist darauf spezialisiert, das Unmögliche zu tun. Jesus hat seine Jünger (und uns) immer wieder an diese Tatsache erinnert:

> „Denn wahrlich, ich sage euch: Wenn ihr Glauben hättet wie ein Senfkorn, so würdet ihr zu diesem Berg sprechen: Hebe dich weg von hier dorthin! und er würde sich hinwegheben; und nichts würde euch unmöglich sein." (Matthäus 17,20).

> „Jesus aber sah sie an und sprach zu ihnen: Bei den Menschen ist dies unmöglich; aber bei Gott sind alle Dinge möglich." (Matthäus 19,26).

> „Denn bei Gott ist kein Ding unmöglich." (Lukas 1,37).

Im Gegensatz dazu habe ich auch Ehepaare gesehen, deren Lage nicht ganz so aussichtslos war, aber einer von ihnen oder beide waren überzeugt davon, dass es zu schwer war oder zu lange dauern würde, bis ihre Ehe wiederhergestellt sein würde. Also gaben sie den Versuch einfach auf. Als Erklärung für ihr fehlendes Bemühen gebrauchen sie Schlagworte wie „unüberbrückbare Differenzen". Einige haben mir sogar erklärt, dass es von Anfang an nicht Gottes Wille gewesen war, dass sie heirateten, und dass das der Grund sei, warum ihre Ehe so unglücklich ist. Doch welche Erklärungen sie auch immer vorbringen, es läuft alles auf dasselbe hinaus: Sie haben einfach aufgegeben ... genau wie die Ratten. Sie haben die Hoffnung verloren, aufgegeben, und ihre Ehe ertrank in Vernachlässigung, Konflikten und Feindseligkeiten.

Klein-Annie

Sie kennen sicherlich die Geschichte von Helen Keller*. Sie wurde taubstumm geboren, man hielt sie für lernunfähig und es gab absolut keine Hoffnung auf Besserung. Sie war prädestiniert für ein Leben in einer Anstalt.

Aber haben Sie schon einmal die Geschichte von „Klein-Annie" gehört? Einige Jahre, bevor Helen Keller geboren war, lebte in einer psychiatrischen Anstalt außerhalb von Boston ein kleines Mädchen, das „Klein-Annie" genannt wurde. Sie war eingeschlossen in einem Kerker. Der Grund für eine solch unmenschliche Behandlung schien für die, die sich um sie kümmerten, klar auf der Hand zu liegen. Klein-Annie verhielt sich oft wie ein Tier. Von Zeit zu Zeit ging sie brutal auf andere los. An anderen Tagen ignorierte sie sie völlig, als wenn sie sie nicht wahrnehmen konnte; sie war völlig teilnahmslos. Nach Ansicht der Ärzte war der Kerker der einzige Ort, wo die geisteskranken hoffnungslosen Fälle hingehörten. Das war über Hunderte von Jahren die übliche Behandlung solcher Menschen.

Klein-Annies Fall war in ihren Augen hoffnungslos, und so war sie ihrem Schicksal ausgeliefert, in dem kleinen Käfig, der wenig Licht und noch weniger Hoffnung hereinließ, einen lebendigen Tod zu verbringen.

Zur gleichen Zeit gab es eine ältere Krankenschwester, die sich ihrem Ruhestand näherte. Aus Mitgefühl, das sich wohl keiner außer ihr erklären konnte, begann sie, ihr Mittagessen mit in den Kerker zu nehmen und außerhalb von Annies Käfig zu essen. Sie hatte wohl das Gefühl, dass sie dem kleinen Mädchen ein wenig Liebe und Hoffnung vermitteln sollte.

---

* *Helen Keller* (1880 – 1968), durch eine Erkrankung im Alter von 19 Monaten erblindet und taub geworden, wurde von Anne Sullivan unterrichtet. Annie entdeckte Helens Intelligenz, Lebensfreude und Kraft, sie erklärte ihr die Welt. Helen absolvierte schließlich das College und veröffentlichte autobiographische Bücher sowie Schriften über Blindenerziehung und Existenzprobleme der Blinden. Anm. d. Übers.

Anfangs, als die ältere Krankenschwester sie besuchte, zeigte Klein-Annie mit keiner Mine, dass sie sich ihrer Gegenwart auch nur bewusst war. Eines Tages brachte die Krankenschwester ein paar Brownies (kleine Schokoladenkuchen) mit in den Kerker und legte sie vor den Käfig. Klein-Annie zeigte nicht den Hauch einer Spur, dass sie sie bemerkte, aber als die Krankenschwester am nächsten Tag zurückkam, waren die Brownies verschwunden. Von diesem Tag an brachte die Krankenschwester jeden Donnerstag bei ihrem Besuch Brownies mit. Bald darauf bemerkten die Ärzte in der Anstalt, dass eine Veränderung stattfand. Einige Zeit später entschlossen sie sich, Klein-Annie nach oben zu verlegen. Schließlich kam der Tag, an dem sie dem „hoffnungslosen Fall" mitteilen konnten, sie könne nach Hause gehen. Aber Klein-Annie wollte nicht gehen. Sie entschloss sich zu bleiben und anderen zu helfen. Sie war es, die sich um Helen Keller kümmerte und sie unterrichtete und förderte. Ihr Name war Anne Sullivan.

Erwartung oder Vorfreude

Wenn ich das Neue Testament lese, stelle ich etwas ganz Interessantes fest. Gott hat nie gesagt, dass wir in Erwartung leben sollen, sondern in Vorfreude. Vielleicht können Sie zunächst keinen Unterschied zwischen diesen beiden Worten erkennen, aber es gibt ihn tatsächlich. „Erwartungen" sind mit der Freude auf ein Ziel verbunden. Wir können es uns in Gedanken genau vorstellen. Vielleicht arbeiten wir auf dieses Ziel hin, oder wir warten, bis es uns geschenkt wird. Aber unsere Erwartungen werden in unserem Leben oft enttäuscht. Sowohl Menschen als auch Umstände lassen uns im Stich. Das führt oft zu Depressionen, oder wie Salomo es formuliert hat: „Hingehaltene Hoffnung macht das Herz krank …" (Sprüche 13,12).

Die „Vorfreude" ähnelt der Erwartung, aber es gibt einen entscheidenden Unterschied. Während die Erwartung sich auf eine bestimmte Sache bezieht, ist die Vorfreude mit etwas Unbestimmtem verbunden. Die Vorfreude beruht auf der Liebe und Güte Gottes. Der Apostel Johannes erklärt das so:

„Geliebte, wir sind jetzt Kinder Gottes, und noch ist nicht offenbar geworden, was wir sein werden; wir wissen aber, dass wir ihm gleichgestaltet sein werden, wenn er offenbar werden wird; denn wir werden ihn sehen, wie er ist." (1. Johannes 3,2).

Als meine Kinder noch klein waren, legte ich immer Wert darauf, ihnen von meinen Reisen ein Geschenk mitzubringen. An jedem Flughafen, an dem ich mich auf meinen Reisen aufhielt, habe ich normalerweise den Laden mit Geschenkartikeln aufgesucht. Meine Kinder wussten nie, was ich kaufen würde. Sie wussten bloß, dass Papa ihnen ein Geschenk mitbringen würde. Meine Ankunft wurde immer mit großer Aufregung erwartet. Wenn sie ihr Geschenk entgegennahmen, freuten sie sich immer und waren dankbar. Sie erwarteten meine Rückkehr in Vorfreude.

Genau das beschreibt auch Paulus in seinem Brief an die Korinther und an die Epheser:

„... sondern, wie geschrieben steht: »Was kein Auge gesehen und kein Ohr gehört und keinem Menschen ins Herz gekommen ist, was Gott denen bereitet hat, die ihn lieben.«" (1. Korinther 2,9).

„Dem aber, der weit über die Maßen mehr zu tun vermag, als wir bitten oder verstehen, gemäß der Kraft, die in uns wirkt ..." (Epheser 3,20).

Als Nachfolger Christi können wir nicht immer wissen, was wir von Gott erwarten sollen, denn „Wie unergründlich sind seine Gerichte, und wie unausforschlich seine Wege!" (Römer 11,33). In Wirklichkeit können wir nur in der „Vorfreude" auf das Gute leben, das Er uns in unserem Leben schenken will.

Als meine Kinder älter wurden, äußerten sie allmählich spezielle Wünsche, was sie von mir haben wollten. Wenn ich ihnen diese Dinge besorgen konnte, waren sie glücklich. Warum? Weil sich ihre Erwartungen erfüllt hatten. Aber wenn ich das Gewünschte nicht finden konnte, waren sie enttäuscht.

In gewisser Hinsicht erleben das auch die meisten von uns, wenn wir heiraten. Wir heiraten und haben dabei bestimmte Erwartungen an die Ehe. Wenn überhaupt, dann haben unsere Vorstellungen von der Ehe nur wenig mit der Wirklichkeit zu tun. Was dann folgt, ist die Ernüchterung.

Wir müssen verstehen lernen, dass das, was Gott für uns bereit hält, besser ist als alles, was wir uns vorstellen können. Auch wenn wir es noch nicht erkennen können, Gott hat genau diese Person als unseren Partner ausgewählt, damit das Zusammenspiel und der Austausch zwischen uns Sein Werk vollendet, mit dem Er unser Leben formt und gestaltet. In Sprüche 27,17 wird dieser Prozess so beschrieben: „Eisen schärft Eisen; ebenso schärft ein Mann den anderen." Die „Reibung", der wir in unseren Beziehungen mit anderen oft aus dem Weg gehen wollen, ist oft genau das Werkzeug, das Gott benutzt, um unser Herz und unseren Verstand für Seine Zwecke zu „schleifen". Wenn Sie sehen, wie Gott in den Konflikten und Schwierigkeiten des Lebens arbeitet, werden Sie eine Freude verspüren, die in der Vorfreude auf das Gute wurzelt, das Er ganz sicher daraus entstehen lässt. Wenn Sie nicht glauben, dass Ihre Umstände etwas mit Gott zu tun haben, werden Sie enttäuscht, frustriert und sogar wütend sein. Sie werden nach einem Ausweg suchen. Sie werden die Hoffnung verlieren.

Doch die „Hoffnung" auf die Güte Gottes ist eines der charakteristischen Merkmale des Christen. Paulus erinnerte die Epheser:

> „Darum gedenkt daran, dass ihr, die ihr einst Heiden im Fleisch wart und Unbeschnittene genannt wurdet von der sogenannten Beschneidung, die am Fleisch mit der Hand geschieht – dass ihr in jener Zeit ohne Christus wart, ausgeschlossen von der Bürgerschaft Israels und fremd den Bündnissen der Verheißung; ihr hattet keine Hoffnung und wart ohne Gott in der Welt. Jetzt aber, in Christus Jesus, seid ihr, die ihr einst fern wart, nahe gebracht worden durch das Blut des Christus." (Epheser 2,11-13).

Es kommt auf die Perspektive an

Irgendwann einmal sind wir zu dem Schluss gekommen, dass wir das Recht haben, jederzeit glücklich zu sein, weil in den *Bill of Rights** die Aussage gemacht wird, dass es die Pflicht der Regierung ist, für meine Freiheit zu garantieren, damit ich dem „nachgehen" kann, was meiner Meinung nach am meisten zu meinem persönlichen Glück beiträgt.

Glück ist kein Geburtsrecht. Es ist zweifellos auch keine Emotion oder kein Gefühl. In Wirklichkeit ist Glück ein Zustand. Um das zu veranschaulichen, erzähle ich gerne die Geschichte von zwei eineiigen Zwillingen, die ich vor Jahren einmal gehört habe. Einer der beiden war extrem optimistisch, der andere extrem pessimistisch. Er konnte in allem Schlechten noch etwas Gutes erkennen, auch wenn es noch so finster war. Der andere konnte nie das Gute sehen, egal wie günstig die Umstände waren. Die Geschichte geht so:

> Es war einmal eine Familie, in der lebten zwei kleine Jungen mit ganz unterschiedlichen Persönlichkeiten. Der eine war extrem optimistisch, der andere extrem pessimistisch.
>
> Die Eltern der beiden Jungen beschlossen, dass sie etwas tun mussten, um diese Extreme in den Persönlichkeiten ihrer Kinder auszugleichen, denn je älter sie wurden, desto extremer wurde ihr Verhalten.
>
> Nachdem sie viele verschiedene Maßnahmen ergriffen und verschiedene Spezialisten aufgesucht hatten, standen sie kurz davor, aufzugeben. Doch da hörten sie von einer Klinik, die darauf spezialisiert war, sich mit solchen Persönlichkeitsstörungen zu befassen und sie zu beseitigen.
>
> Als die Ärzte die beiden Kinder untersucht hatten, verschrieben sie ihnen eine Behandlung, von der sie

* Die *Bill of Rights* sind die ersten zehn Zusatzartikel zur Verfassung der Vereinigten Staaten. Anm. d. Übers.

sicher waren, dass sie funktionierte. Zuerst führten sie das pessimistische Kind in einen Raum, der voll war mit allen Spielen und Spielsachen, von denen ein Kind in diesem Alter nur träumen konnte. Sie schlossen ihn über Nacht in diesem Raum ein, um zu sehen, wie sich das auf seinen Standpunkt auswirken würde. Dann steckten sie das zweite Kind, den unkontrollierbaren Optimisten, in einen Raum, der nichts weiter enthielt als Pferdemist. Sie dachten, dass das ansonsten optimistische Kind sicher ein wenig Pessimismus ausbrüten würde, nachdem es zuerst die ganzen Spielsachen in dem ersten Raum gesehen hatte und dann eine Nacht inmitten von Pferdemist verbringen musste.

Früh am anderen Morgen eilten die Ärzte zu den verschlossenen Räumen, um die Ergebnisse ihrer Therapie zu begutachten. Langsam öffneten sie die erste Tür und spähten herein. Dort saß, in der Mitte des Zimmers, umringt von einem Haufen zerbrochener Spielsachen, das pessimistische Kind. Es machte systematisch alle Spielsachen kaputt und murmelte die ganze Zeit über vor sich hin, was das doch für „ein Haufen Schrott“ war.

Das war entmutigend. Aber sie waren sicher, dass sie mit dem zweiten Kind ein besseres Resultat erzielt hatten. Als sie die Tür des zweiten Raums öffneten waren sie verblüfft über das, was sie da sahen. Das optimistische Kind rannte durch den Pferdemist im Kreis herum. Es bückte sich immer wieder nach unten, nahm eine Handvoll Pferdemist und warf ihn mit einem Jubelruf hoch in die Luft. Als sie ihn endlich bremsen und beruhigen konnten, fragten sie ihn, worüber er sich denn so freute. Er platzte sofort heraus: „Wo so viel Pferdemist ist, da ist auch irgendwo ein Pony!“

Halten Sie durch!

Meine Eltern führten nie das, was man eine gute Ehe nennen konnte. Sie waren nicht gläubig, und ihnen fehlte die Unterstützung der Gemeinde, des Wortes und des Herrn, aber sie schafften es, 39 Jahre verheiratet zu bleiben.

Es gibt einen Tag, der mir immer deutlich in Erinnerung bleiben wird, wenn ich an die Ehe meiner Eltern denke. Ich war vierzehn Jahre alt, Schüler im zweiten Schuljahr an der Highschool. Wir waren gerade beim Internat angekommen, das mein Bruder besuchte. Er war dort in der Abschlussklasse.

Nachdem wir meinem Bruder geholfen hatten sich einzurichten, setzten wir vier uns noch einmal ins Auto, um uns zu verabschieden. Dann geschah es. Die Stimme meines Vaters veränderte sich und bekam einen feierlichen und ernsten Unterton. „Jungs“, begann er. „Eure Mutter und ich haben beschlossen, dass wir uns scheiden lassen.“

Ich war so perplex, dass mir die Worte fehlten. Mein Bruder dagegen wurde wütend und versuchte, meine Eltern zu überreden, dass sie ihre Meinung änderten. Meine Eltern bemühten sich nicht, seine Argumente zu widerlegen, sie hörten einfach nur zu.

Sie sprachen nie wieder mit uns über dieses Thema. Jahre später erzählte mir meine Mutter, dass sie und mein Vater beschlossen hatten, dass die Auswirkung einer Scheidung für ihre beiden Jungen wohl zu schmerzhaft gewesen wäre. Sie blieben um unsertwillen zusammen.

Ich weiß, dass heute jeder der Meinung ist, dass es besser für sie gewesen wäre, wenn sie sich getrennt hätten. Der Meinung bin ich absolut nicht. Ihre Ehe ist nie viel besser geworden. Aber ich bin ihnen ewig dankbar dafür, dass sie bereit waren, ihre eigenen Wünsche für uns zurückzustellen. Indem sie zusammen blieben, haben sie es meinem Bruder und mir ermöglicht, in der emotionalen und finanziellen Sicherheit einer geordneten Familie aufzuwachsen. Wir mussten nicht das Chaos und die

Verwirrung erleben, mit Stiefeltern, Sorgerechtsproblemen und Unterhaltszahlungen aufzuwachsen. Ich glaube, das hat auch beträchtlich dazu beigetragen, dass ich selbst beschloss, mich nicht gleich scheiden zu lassen, wenn meine Ehe einmal durch eine schwere Zeit gehen sollte. Es ist allgemein bekannt, dass Kinder, die aus Scheidungsverhältnissen kommen, diesen Weg viel eher beschreiten, wenn sie später selbst in einer unglücklichen Ehe leben. Im Grunde ahmen sie dadurch nur dem Vorbild nach, das ihnen vorgelebt wurde.

Was habe ich davon?

Auch wenn die meisten von uns sich für selbstlos halten, ist unsere Motivation doch in Wahrheit unser persönlicher Gewinn. Dabei ist es nicht so einfach festzulegen, was – sowohl kurzfristig als auch langfristig – wirklich in meinem Interesse liegt.

Zu viele von uns leben für die sofortige Befriedigung ihrer Wünsche. Wir denken nur bis heute, bis nächste Woche oder bis zum nächsten Monat. Wenn unsere Ehe durch eine schmerzhafte Phase geht, haben wir nur den einen Gedanken, dass wir dem Schmerz so schnell wie möglich entkommen wollen. Dabei kommt uns selten in den Sinn, dass der Schmerz Teil von Gottes Plan für unser Leben ist, so wie es auch der Apostel Paulus verstanden hatte:

> „Denn unsere Bedrängnis, die schnell vorübergehend und leicht ist, verschafft uns eine ewige und über alle Maßen gewichtige Herrlichkeit ..." (2. Korinther 4,17).

Paulus deutete sein Leid und seine Nöte im Licht des endgültigen Königreichs Christi, und er sah die Fähigkeiten, die sich durch diese Schwierigkeiten entwickeln konnten, wenn man durchhielt.

> „Gelobt sei der Gott und Vater unseres Herrn Jesus Christus, der Vater der Barmherzigkeit und Gott alles Trostes, der uns tröstet in all unserer Bedrängnis, damit wir die trösten können, die in allerlei Bedrängnis sind, durch den Trost, mit dem wir selbst von Gott getröstet

werden. Denn wie die Leiden des Christus sich reichlich über uns ergießen, so fließt auch durch Christus reichlich unser Trost. Haben wir Bedrängnis, so geschieht es zu eurem Trost und eurer Rettung, die sich wirksam erweist in standhafter Erduldung derselben Leiden, die auch wir erleiden; werden wir getröstet, so geschieht es zu eurem Trost und eurer Rettung; und unsere Hoffnung für euch ist gewiss, da wir wissen: Gleichwie ihr Anteil an den Leiden habt, so auch am Trost." (2. Korinther 1,3-7).

Einer der befreiendsten Tage in meinem Leben war, als ich anfing, meine Eheprobleme aus dieser Perspektive zu betrachten. Ich hatte nicht einfach nur Eheprobleme, sondern ich litt für Christus. Als guter Streiter Jesu Christi ertrug ich die harten Umstände (2. Timotheus 2,3). Ich hielt sie aus und gewann auf diese Weise Erkenntnisse, erwarb Mitgefühl, so dass ich eines Tages in der Lage sein würde, anderen, die durch dieselben Anfechtungen gingen, zu helfen und sie zu ermutigen.

Dieses Buch ist das Zeugnis dafür, dass sich die obigen Worte aus der Bibel erfüllt haben. Im Laufe der Jahre bin ich Tausenden von Ehepaaren begegnet, die durch meine Worte ermutigt, korrigiert und geheilt wurden. Erst vor kurzem saß ich mit einem Pastor und seiner Frau zusammen, die eine schwere Zeit in ihrer Ehe durchmachten. Als die Frau von ihren Schwierigkeiten berichtete, konnte ich mich gleich damit identifizieren, weil meine Frau und ich durch genau dieselben Konflikte gegangen sind. Als sie erfuhr, dass ihre Schwierigkeiten, die sie als Pastorenfrau hatte, normal waren, nahm allein das eine Unmenge Druck von ihren Schultern. Sie war nicht eigenartig, weil sie diese Gedanken, Gefühle, Frustrationen und Konflikte durchlebte. Das waren keine Anzeichen, dass sie als Pastorenfrau versagt hatte. Vielmehr waren es die normalen Herausforderungen, die ein Leben im „Goldfischglas" des Dienstes mit allen geistlichen Kämpfen, die dazu gehören, mit sich bringt.

Vier gute Gründe, um durchzuhalten

Im Laufe der Jahre habe ich eine kurze Liste zusammengestellt, auf der ich einige triftige Gründe aufgeführt habe, warum sich die harte Arbeit an einer Ehe lohnt, damit sie bestehen bleiben kann.

1. Die Ehe ist das beste Geschenk Gottes an Ihre Kinder: Wenn Sie Kinder haben, ist der Zusammenhalt in Ihrer Ehe eines der größten Geschenke, die Sie ihnen machen können. Gott hat die Kinder so gemacht, dass sie ein angeborenes Bedürfnis nach ihren biologischen Eltern haben, weil sie die wichtigsten Menschen in ihrem Leben sind. Wenn Sie als Partner zusammenbleiben, ist das normalerweise das größte Geschenk, das Gott den Eltern und den Kindern gibt.

2. Die Ehe ist das beste Geschenk Gottes an unsere Nation: Wie ich bereits an früherer Stelle belegt habe, profitiert die Gesellschaft von „ganzen" Familien. Wenn eine Gesellschaft stabil und friedlich leben will, braucht sie den Prozess, in dem der Einzelne in die Kultur der ihn umgebenden Gesellschaft hineinwächst. Dieser Prozess kann nur in der Familie stattfinden.

3. Die Ehe ist das beste Geschenk Gottes an Sein Königreich: Wir bezeugen das Evangelium nicht nur mit unseren Worten. Wir bestätigen es auch mit unserem Leben. Viele, die mit uns im Dienst stehen, wissen, wie schwer es ist, zu denen zu predigen, die dem Christentum gegenüber zynisch geworden sind. Denn bei vielen, die behaupten, Nachfolger Christi zu sein, ist das Leben aus der Bahn geraten. Auch wenn wir sonst kein anderes Motiv haben, wir sollten alles tun, was in unserer Macht steht, dass unsere Familie gefestigt wird, damit das Evangelium im Leben derer nicht behindert wird, die uns jeden Tag beobachten.

4. Und zuletzt ist eine gesunde Ehe das beste Geschenk, das Gott für Sie hat. Sie ist es wert, dass man um sie kämpft und durchhält, weil wir am Ende immer am meisten davon profitieren, wenn wir Gottes Willen tun. So hat uns auch Paulus

im Galaterbrief ermahnt: „Lasst uns aber im Gutestun nicht müde werden; denn zu seiner Zeit werden wir auch ernten, wenn wir nicht ermatten.“ (Galater 6,9). Nach 25 Jahren Ehe glaube ich mehr denn ja an die Wahrheit dieser Worte.

Zum Schluss gebe ich Ihnen noch einen Vers zum Nachdenken mit. Die Worte stammen von König David. Ich bete, dass Sie daran festhalten und sie in Ihrem Leben und in Ihrer Ehe Wirklichkeit werden.

> „Ach, wenn ich nicht gewiss wäre, dass ich die Güte des Herrn sehen werde im Land der Lebendigen - Harre auf den Herrn! Sei stark, und dein Herz fasse Mut, und harre auf den Herrn!“ (Psalm 27,13.14).

Sela!

Quellennachweis

1. Webster's Encyclopedic Unabridged Dictionary of the English Language (Portland House, New York, 1989)

2. Spiros Zodhiates: *Happy or Blessed?* (Ministries Today, Jan./Febr. 1987, S. 13) (auf Deutsch: Glücklich oder Gesegnet?)

3. H. Norman Wright: Marital Counseling: A Biblically Bases, Behavioural, Cognitive Approach (Denver, Colorado, 1981, S. 10)

4. Born Again: A Look at Christians in America (The Barna Research Group, Glendale, Kalifornien, 1990)

(auf Deutsch: Wiedergeburt: Ein Blick auf die Christen in Amerika)

5. Richard Dobbins: *Divorce's Impact on Young People* (Zeitschrift Ministries Today, Ausgabe März/April 1990, S. 44)

(auf Deutsch: Einfluss der Scheidung auf die Jugend)

6. Bob Welch: *When Couples Say I Don't* (Zeitschrift *Focus on the Family*, Ausgabe April 1992, S. 10-11)

(auf Deutsch: Wenn Ehepaare sagen: Ich will nicht)

7. Chuck Swindoll: The Quest for Character (Multnomah Press Inc., Portland, Oregon, 1990)

8. The Church Today: Insightful Statistics and Commentary (Barna Research Group, Glendale, Kalifornien, 1990)

9. William Wilson: New Wilson´s Old Testament Word Studies (Grand Rapids: Kregal Publications, 1987, S. 215)

10. Webster´s Encyclopedic Unabridged Dictionary of the English Language (Portland House, New York, 1989)

11. James Mallory: The Kink and I (Wheaton, IL: Victor Books, 1976)

12. *Men vs. Women* (Zeitschrift U.S. News and World Report, 105, 50-7, 8. August 1988)

13. Alfred Edershim: The Life and Times of Jesus the Messiah (W.B. Eerdmans Publishing Co., Grand Rapids, Michigan, Nov. 1971)

14. W.E. Vine: An Expository Dictionary of New Testament Words (Fleming H. Revell Co., 1965, S. 58)

15. Bill Hybels: Who Are You When No One Is Looking (Intervarsity Press, Dovers Grove, Illinois, 1987)

16. Wuest´s Word Studies from the Greek New Testament, 1 Peter, Vol. 2 (Wm. B. Eerdmans Publishing Co., Grand Rapids, Mich, o.D., S. 75-76)

17. Ibid., S. 78

18. Gene Getz: The Measure of the Family (Glendale, Kalifornien: Regal Books Division, G/L Publishers, o.D.)

19. Jamieson, Fausset und Brown: Commentary on the Whole Bible (Grand Rapids: Zondervan Publishing House, o.D.)

20. Ibid.

21. W.E. Vine: An Expository Dictionary of New Testament Words (Fleming H. Revell Co. 1965)

22. George Gilder: Men and Marriage (Gretna: Pelican Press Co., 1986)

23. Key Ebling: *The Failure of Feminism* (Zeitschrift Newsweek, 19. November 1990, S. 9)

24. William Barclay: The Acts of the Apostles (The Westminster Press, Philadelphia, o.D., S. 28-29)

(deutscher Titel: Apostelgeschichte. Auslegung des Neuen Testaments, Aussaat Verlag, März 2000)

25. Bill Hybels: Christians in a Sex Crazed Culture (Victor Books, Wheaton, Ill., o.D.)

26. C.S. Lewis: The Four Loves (Harvest Books, New York, NY, 1971)

(deutscher Titel: Was man Liebe nennt, Brunnen Verlag Basel)

27. Time (The Weekly News Magazine; Copyright Time Inc., 1975, Time 106: 9. September 1975, S. 62)

28. Dr. Willard F. Harley: His Needs/Her Needs (Fleming H. Revell, Grand Rapids, Michigan, 1986)

(deutscher Titel: Meine Wünsche. Deine Wünsche: Die Bedürfnisse des Ehepartners erkennen und erfüllen, Gerth Medien, Febr. 2006)

29. Ken Hamel: The Online Bible (Woodside Bible Fellowship, Oakhurst NJ, 1993)

Studienführer

Die meisten von uns wissen, dass unser Verständnis für eine Sache immer mehr wächst, je mehr wir uns mit ihr beschäftigen. Umgekehrt haben wir aber auch alle die Erfahrung gemacht, dass wir ein Buch gelesen oder ein Seminar besucht haben und bald darauf alles Gehörte wieder in Vergessenheit geraten ist.

Dieser Studienführer soll Ihnen helfen, ein tieferes Verständnis zu bekommen und die Lehren aus diesem Buch anzuwenden. Ich hoffe, er dient Ihnen dazu, die Probleme und den nötigen „Wendepunkt" klar und deutlich zu erkennen. Zumindest wird er Sie permanent an die Dinge erinnern, die Sie gelernt haben.

Dieser Leitfaden besteht aus vier Teilen:

Teil eins, mit dem Titel **„Persönliches Bibelstudium"**, besteht aus einem Bibeltext und einigen Schlüsselfragen, die sich auf den Text beziehen.

Teil zwei trägt den Titel **„Zum Nachdenken"**. Der Zweck dieser Lektion ist, Ihnen dabei zu helfen, über das nachzudenken, was Sie in den genau bezeichneten Kapiteln der einzelnen Lektionen gelesen haben.

Teil drei habe ich die Überschrift gegeben **„Gespräche für die Gruppe"**. Hier sind Fragen aufgeführt, die für Gespräche in kleinen Gruppen geeignet sind.

Teil vier ist die **„Umsetzung in die Tat"**. Er enthält Vorschläge, die Ihnen helfen sollen, einige der Erkenntnisse, die Sie gewonnen haben, in die Tat umzusetzen.

1. Einheit: Glücklich sein oder heilig?

(Kapitel 1 & 2)

Persönliches Bibelstudium

Finden Sie die Antworten in der Bibel ... Lesen Sie zuerst die Seligpreisungen in Matthäus 5,1-16. Beantworten Sie dann die folgenden Fragen:

1. Was ist der Unterschied zwischen dem Wort „gesegnet" und der von uns gängigen Auffassung dieses Wortes im Sinne von „glücklich"?

2. Stellen Sie eine Liste mit den Verhaltensweisen auf, von denen Jesus sagt, dass sie zu einem „gesegneten" Leben führen. Klingen diese nach etwas, was Sie gerne tun? Schreiben Sie neben die einzelnen Verhaltensweisen den Lohn auf, der dem Verhalten folgen wird.

Verhalten	Lohn
„arm im Geist"	„ihnen gehört das Reich der Himmel"

Zum Nachdenken

Die besten Erlebnisse in meinem Leben waren nicht immer die glücklichsten. Das Beste, was mir z.B. passiert ist, war der Reihenfolge nach:

1. Der Tag, an dem ich Christus als meinen Retter annahm.

2. Der Tag, an dem ich meine liebe Frau geheiratet habe.

3. Der Tag, an dem ich Vater wurde.

Leider waren das nicht die glücklichsten Tage meines Lebens, weil ich damals noch nicht wusste, was ich heute weiß.

Stattdessen war jedes einzelne Ereignis ein Furcht einflößender, lebensverändernder Schritt in meinem Leben.

Im Rückblick waren sie die besten Entscheidungen meines Lebens, weil sie einen wundervollen positiven Effekt hatten.

Was sind die drei bedeutsamsten Entscheidungen, die Sie in Ihrem Leben getroffen haben? (Die, die Ihnen den größten Segen gebracht haben?) Waren es auch die glücklichsten Momente in Ihrem Leben?

Gespräche für die Gruppe

1. Jeder von uns ist mit den schmerzhaften Auswirkungen einer Scheidung schon einmal in Berührung gekommen. Welche negativen Auswirkungen haben Sie schon gesehen oder erlebt?

2. Was ist Ihrer Meinung nach der Hauptgrund, warum so viele Ehen in Amerika (und in Deutschland) in die Brüche gehen?

3. Welchen Rat würden Sie jemandem geben, der über die Scheidung als Ausweg aus einer unglücklichen Ehe nachdenkt?

4. Warum warnt die Bibel so sehr vor einer Scheidung?

Umsetzung in die Tat

Als Sie sich bei der Hochzeit das Eheversprechen gegeben haben, haben Sie gesagt, dass Sie bei Ihrem Partner bleiben werden, „bis der Tod uns scheidet". Bestätigen Sie diese Verbindlichkeit noch einmal, zuerst vor Gott, dann vor sich selbst. Reden Sie dann mit Ihrem Partner über diese Verpflichtung, und sagen Sie ihm, dass Sie ihm für den Rest Ihres Lebens treu sein werden.

2. Einheit: Geplante Gegensätze

(Kapitel 3 & 4)

Persönliches Bibelstudium

Lesen Sie zuerst 1. Mose, Kapitel 2 und 3. Beantworten Sie dann die folgenden Fragen:

1. Was (wer) ist das Herzstück von Gottes Schöpfung?

2. Alles war „gut" in Gottes Schöpfung, bis auf eine Sache. Was war das?

3. Welche drei Gründe werden in 1. Mose für die Erschaffung der Frau genannt?

4. In 1. Mose, Kapitel 3, wird die Wurzel aller Eheprobleme (und aller anderen Missstände in der Welt) aufgezeigt. Was ist der Hauptgrund für allen menschlichen Kummer und alles Leid?

5. Welche sechs Auswirkungen hat die Sünde auf die menschlichen Beziehungen? Führen Sie die jeweilige Stelle in 1. Mose auf, wo jede einzelne Auswirkung aufgezeigt wird.

Zum Nachdenken

Gott hat die Ehe anfangs in der idyllischen Umgebung des Gartens Eden gegründet. Eden war deshalb so utopisch, weil es dort keine Sünde gab.

Die Tatsache ist erwähnenswert, dass die Ehe nie dafür geschaffen war, in einer sündhaften Umgebung zu funktionieren. Bevor die Sünde in der Geschichte des Menschen auftauchte, hatten Adam und Eva eine perfekte Beziehung (1. Mose 2,25). Doch nach der Sünde brach ihre Beziehung allmählich auseinander.

Haben Sie jemals darüber nachgedacht, welche Rolle die Sünde in Ihren Ehekonflikten spielt? Haben Sie schon einmal in Betracht gezogen, welche Rolle die geistliche Kampfführung (satanischer Einfluss) in Ihrer Ehe spielt?

Ist Ihnen schon einmal bewusst geworden, dass Sie vor Gott Buße tun müssen, nachdem Sie mit Ihrem Partner einen Streit gehabt haben?

Nehmen Sie sich ein paar Minuten Zeit, um darüber nachzudenken, welche Rolle die Sünde in Ihrer Ehe schon gespielt hatte. Nennen Sie einige Bereiche, wo Sie speziell gesündigt haben (z. B. durch Stolz, Ärger, Bitterkeit und Lust), was dann negative Auswirkungen auf die Beziehung zu Ihrem Partner gehabt hat. Bekennen Sie sie dann vor Gott und, wenn nötig, auch vor Ihrem Partner.

Gespräche für die Gruppe

1. Emotional betrachtet durchläuft jede erfolgreiche Ehe drei Phasen: Illusion (wir reden auch vom Verliebtsein), Desillusion (wenn der Rauch sich verzieht und wir erkennen, wen wir wirklich geheiratet haben) und Bereicherung (wenn wir uns entschließen, den Menschen bedingungslos zu lieben, den wir geheiratet haben – mit allen „Macken", die er vielleicht hat). Beschreiben Sie kurz, wie Sie diese drei Phasen erlebt haben.

2. Wie hat Gott Ihren Partner als „Gehilfen" für Ihre Ehe gebraucht?

3. Nennen Sie einige grundlegende Merkmale, in denen Sie und Ihr Partner sich von Natur aus unterscheiden. Wie sind daraus Konflikte entstanden? Wie haben diese Unterschiede zu Ihrem persönlichen Wachstum beigetragen?

Umsetzung in die Tat

Kam es Ihnen jemals in den Sinn, dass Gott Sie und Ihren Partner absichtlich zusammen geführt hat, damit Er Ihren Partner zum Abschleifen Ihrer Ecken und Kanten gebrauchen kann?

Wir neigen dazu, uns nur auf die negativen Gefühle zu konzentrieren und dabei den positiven Effekt zu ignorieren. Nennen Sie einen Bereich Ihrer Persönlichkeit oder Ihres Charakters, der sich aufgrund Ihres Partners positiv verändert hat. Dann bedanken Sie sich bei ihm!

3. Einheit: Bedingungslose Liebe

(Kapitel 5 & 6)

Persönliches Bibelstudium

Lesen Sie zunächst Epheser 5,21-33. Bearbeiten Sie dann die folgende Aufgabe:

Der Brief des Paulus an die Gemeinde in Ephesus ist in zwei Hauptabschnitte unterteilt: Die Kapitel 1-3 sind eine lehrmäßige Erörterung der Grundlage unserer Beziehung zu Jesus Christus; Kapitel 4-6 sind die praktische Anwendung dieser Lehre in unseren Beziehungen zu anderen.

Paulus bewegt sich in seiner Erörterung von allgemeinen zu genauen Angaben, bis er in Kapitel 5 Vers 21 anfängt, sich auf die drei wichtigsten Beziehungen in unserem Leben zu konzentrieren: die Ehe, die Familie und der Beruf.

Für jeden dieser drei Bereiche gibt er spezielle Anweisungen, wie wir andere behandeln und auf sie eingehen sollen. Schreiben Sie eine Liste und führen Sie auf, wie wir uns in jeder dieser Beziehungen verhalten sollen.

In der Ehe:

Ehemänner	Ehefrauen

In der Familie:

Eltern	Kinder

Im Beruf:

Arbeitgeber	Arbeitnehmer

Zum Nachdenken

Philipper 2,5-9 ist eine Beschreibung der „Einstellung“, die Jesus gegenüber dem Leben im Allgemeinen und besonders gegenüber Menschen hatte. Wie lässt sich diese Einstellung vergleichen mit der Art, wie Sie sich selbst und andere sehen?

Wenn Sie sich durchweg so verhalten müssten, wie Paulus es hier beschreibt, welchen Einfluss hätte das auf Ihre Ehe?

Nehmen Sie sich ein paar Minuten Zeit, um darüber nachzudenken, und schreiben Sie dann auf, was Sie bei Ihrem nächsten Konflikt in Ihrem Verhalten ändern würden.

Gespräche für die Gruppe

1. Die Frauen beschweren sich oft, dass Paulus auf den Frauen „herumhackt“, als er in Epheser 5 über die Ehe schreibt. Wenn Sie diese Stelle jedoch genau lesen, können Sie erkennen, dass das kaum der Fall ist. Wer hat Ihrer Meinung nach die schwerere Verantwortung zu tragen? Der Mann oder die Frau? Warum?

2. Warum gibt Paulus Ihrer Meinung nach die Anweisung, dass die Frauen sich „unterordnen“, die Männer jedoch „lieben“ sollen? Sind diese beiden Worte wirklich so grundverschieden? Oder geht es hier um dasselbe Verhalten von einer unterschiedlichen Perspektive aus betrachtet?

3. Was ist Ihrer Meinung nach das endgültige Ziel oder der Zweck der Ehe? Stimmt Ihre Meinung überein mit dem, was Paulus als endgültiges Ziel nennt, oder unterscheidet sie sich von seinen Worten?

Der Schlüssel zu einer erfüllten Beziehung ist die gegenseitige Unterordnung. Frauen ordnen sich ihrem Mann unter, indem sie ihm Respekt entgegenbringen und seine Autorität und Leitung unterstützen. Männer ordnen sich ihrer Frau unter, indem sie sie aufopferungsvoll lieben.

Konzentrieren Sie sich auf das, was Sie tun können, um das Leben Ihres Partners zu erleichtern, anstatt darüber nachzudenken, wie er Ihr Leben leichter machen könnte.

4. Einheit: Hinzufügen von Wert

(Kapitel 7 & 8)

Persönliches Bibelstudium

Lesen Sie zunächst 1. Petrus 2,13-3,9. Beantworten Sie dann die folgenden Fragen:

1. Was ist das Thema dieses Abschnitts im 1. Petrusbrief? Lassen Sie sich nicht von der Einteilung des Kapitels irreführen. Lesen Sie sich den gesamten Abschnitt durch, und bedenken Sie, dass die Verse und Kapitelunterteilungen im Original nicht vorhanden sind. Das wird Ihnen helfen, den Zusammenhang zu erhalten.

2. Erstellen Sie eine Gliederung dieses Abschnitts.

    Anfangsvoraussetzungen:

    I.

    II.

    III.

    Abschließende Ermahnung:

3. Petrus warnt uns davor, unsere „Freiheit" als „Ausrede" für unser Fehlverhalten zu missbrauchen (2,16). Nennen Sie einige Beispiele, wie Petrus die Sklaven, Ehefrauen und Ehemänner für schuldig erklärt, weil sie mit dieser Einstellung der „Freiheit" leben.

    a. „Sklave" (2,18-25)

    b. „Ehefrauen" (3,1-6)

    c. „Ehemänner" (3,7)

4. In den letzten drei Versen dieses Abschnitts führt Petrus Einstellungen/Verhaltensweisen auf, die für eine Beziehung aufbauend oder vernichtend sind. Erstellen Sie für beide eine Liste.

Aufbauend	Vernichtend

Zum Nachdenken

Auf Seite 155 spreche ich über den „hinzugefügten Wert“. Dieses Konzept wird in der Bibel durch das Bild von dem „Töpfer und dem Ton“ veranschaulicht. Die Schreiber der Bibel wollen uns damit sagen, dass Gott versucht, unserem Leben „Wert hinzuzufügen“, in dem Er uns in das Bild Seines Sohnes formt und gestaltet.

In Epheser 5,1 und 1. Thessalonicher 2,14 ermahnt uns Paulus, „Nachahmer Gottes“ zu sein. Wenn ich wachse und in meinem Glauben reifer werde, sollte ich deshalb versuchen, anderen „Wert beizufügen“.

Nehmen Sie sich einen Moment Zeit und stellen Sie sich die Frage: „Auf welche Weise habe ich meiner Frau ‚Wert beigefügt‘? Meinen Kindern? Meinen Freunden?“

Gespräche für die Gruppe

1. Wir haben es schon oft gehört: Gegensätze ziehen sich an! Glauben Sie, dass das wahr ist? Auf welche Weise ähneln Sie Ihrem Partner? Auf welche Weise unterscheiden Sie sich?

2. Ich habe festgestellt, dass es oft die „Unterschiede“ zwischen den beiden Partnern sind, von denen sie sich anfangs angezogen fühlen. Paradoxerweise sind das später genau die Punkte, über die wir uns bei dem anderen ärgern. Warum glauben Sie, dass das so ist?

3. Ich glaube, dass Gott absichtlich dafür sorgt, dass Gegensätze sich anziehen. Stimmen Sie mir zu? Welchem positiven Zweck dienen diese Unterschiede Ihrer Meinung nach? Wie können sie uns helfen, in Christus zu wachsen?

Umsetzung in die Tat

Nennen Sie den Bereich, bei dem es Ihnen am schwersten fällt, sich als Ehefrau / Ehemann unterzuordnen / zu leiten. Bitten Sie Gott, dass Er Ihnen hilft, Ihm zu vertrauen, anstatt Ihrem Ehepartner zu misstrauen. Bitten Sie Ihn außerdem, Ihnen zu helfen, dass Sie diesen Bereich der Schwäche und die Sünde in Ihrem Leben ändern können.

Fassen Sie den Entschluss, dass Sie Ihrem Partner Gelegenheit geben werden, in diesem Bereich ohne Ihre Kritik und Korrektur zu wachsen.

5. Einheit: Wer trägt die Verantwortung?

(Kapitel 9 & 10)

Persönliches Bibelstudium

Lesen Sie zunächst 1. Korinther 11,3-16. Beantworten Sie dann die folgenden Fragen:

1. In diesem Abschnitt spricht Paulus darüber, dass Männer beim Beten, in der Anbetung oder während der Lehre in der Öffentlichkeit „keine Kopfbedeckung" tragen sollen, Frauen dagegen schon. Er äußert auch, dass es für den Mann eine Schande ist, „lange Haare" zu tragen, wie die Frau.

Dieser Brauch stand in direktem Gegensatz und Widerspruch zu den üblichen Bräuchen der Juden und Heiden jener Tage, bei denen sowohl Männer als auch Frauen ihren Kopf bei öffentlichen Anbetungszeremonien bedeckten.

Geht es in diesem Abschnitt hauptsächlich um Kopfbedeckungen, oder spricht Paulus hier über grundlegendere Fragen? Was glauben Sie, worum es hier ging?

2. Wie würden Sie in unserer heutigen Welt die Anwendung dieser Lehre erklären? Was ist die Kernaussage von Paulus´ Botschaft?

Zum Nachdenken

Wir stehen alle mehr oder weniger unter dem Einfluss der Kultur, in der wir aufwachsen. Und doch haben die meisten von uns kaum darüber nachgedacht, wie sehr und auf welche Weise wir von den nichtchristlichen Weltanschauungen beeinflusst werden.

Wie haben die modernen feministischen Philosophien und Phrasen Ihre Ansicht über das Thema Autorität bei Ihnen zu Hause beeinflusst? Ist Ihre Betrachtungsweise der Beziehung zwischen Ehemann und Ehefrau biblisch?

Gespräche für die Gruppe

1. Viele Feministinnen haben den Apostel Paulus angeklagt, er sei ein Unterdrücker der Frauen wegen seiner Lehren über die Autorität in der Familie und in der Gemeinde. Halten Sie diese Beurteilung für angemessen und korrekt?

2. Warum ist Ihrer Meinung nach das Thema Leitung in der Ehe und Familie so schwierig, und warum sorgt es oft für so viel Uneinigkeit?

3. Warum sind Ihrer Ansicht nach die Männer heute so verwirrt, was ihre Rolle in der Ehe und der Familie betrifft?

4. Warum haben so viele Frauen nach Ihrer Ansicht Angst davor, die Leitung ihrem Mann zu überlassen?

Umsetzung in die Tat

Ein großer Teil des Respekts vor einer Autorität besteht darin, Informationen mitzuteilen. Weiß Ihr Partner, warum Sie das tun, was Sie tun? Ich habe schon oft festgestellt, dass Ehepaare Geheimnisse voreinander haben.

Machen Sie einmal in der Woche eine Zeit aus, in der Sie über die wichtigen Bereiche Ihres Familienlebens sprechen wollen: Finanzen, Kindererziehung, Termine usw. Bitten Sie den anderen darum, Ihnen seine Gedanken und Sorgen mitzuteilen, und hören Sie ihm zu.

Wenn Sie das tun, kann das der Anfang einer funktionierenden Beziehung werden. Und ein Wort an die Frauen: Überlassen Sie Ihrem Mann die endgültige Entscheidung. Vielleicht wird Sie das am Anfang noch ein wenig beängstigen, aber wenn Sie das tun, ermutigen Sie ihn, seine Verantwortung als Leiter zu übernehmen.

Wenn Sie der Meinung sind, dass seine Entscheidung nicht richtig ist, sagen Sie es ihm freundlich. Wenn er nicht auf Sie hören will, beten Sie für ihn, und legen Sie es in Gottes Hand.

6. Einheit: Spaß und Treue in der Ehe!

(Kapitel 11 & 12)

Persönliches Bibelstudium

Lesen Sie zunächst Hohelied 4,1-16 und Hebräer 13,4. Beantworten Sie dann die folgenden Fragen:

1. Viele sind zu dem Schluss gekommen, dass Gott negative Ansichten über Sexualität und Romantik in der Ehe hat. Kommt dieser Gedanke daher, wie die Bibel mit diesem Thema umgeht?

2. Wenn Sexualität in der Bibel nicht verurteilt wird, welches sexuelle Verhalten wird dann verurteilt?

3. Was ist gemäß der Bibel die erfolgreichste Methode, um sexuelle Unmoral zu vermeiden? (1. Korinther 6,18; 2. Timotheus 2,22; Jakobus 4,7)

4. Vor welchen Konsequenzen der sexuellen Unmoral warnt uns die Bibel? (Sprüche 6,26-35)

Zum Nachdenken

Waren Sie jemals in Versuchung, Ehebruch zu begehen? Was hatten Sie sich von einer ehebrecherischen Affäre erhofft? War Ihre Erwartung begründet?

Welche Dinge können Sie bezüglich Ihrer Gedankenwelt ändern, die es Ihnen leichter machen würden, dieser Art der Versuchung aus dem Weg zu gehen?

Gespräche für die Gruppe

1. Jeder von uns kennt jemanden, der fremdgegangen ist. Was waren aus Ihrer Sicht der Dinge einige Konsequenzen dieses Verhaltens?

2. Wir leben in einer übermäßig romantischen Kultur. Warum ist das Ihrer Meinung nach so? Wie tragen Fernsehen und Filme zu unbegründeten Erwartungen an die Romantik bei?

3. Wonach suchen die Menschen Ihrer Ansicht nach, wenn sie Ehebruch begehen? Haben Männer dieselben Gründe wie Frauen?

4. Was hält Sie vom Ehebruch ab? Glauben Sie, dass es irgendwann möglich ist, dass Sie selbst dieser Sünde verfallen?

Umsetzung in die Tat

Die meisten Männer sind nicht sehr romantisch, weil es ihnen nie jemand vorgelebt oder erklärt hat. Manche Frauen wollen ihrem Mann nicht erklären, wie Romantik für sie aussieht, weil sie es „unromantisch" finden, wenn sie das tun. Also bleiben sie frustriert.

Setzen Sie sich zusammen, und sprechen Sie darüber, wie Romantik aus Ihrer Perspektive „aussieht". Beten Sie dann zusammen, und bitten Sie den Herrn, dass Er Ihnen hilft, in Ihrer Beziehung Taten umzusetzen, damit Sie dem anderen auf effektivere Weise Ihre Liebe mitteilen können.

Notizen